CONTENTS

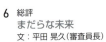

せんだいデザインリーグ2019
卒業設計日本一決定戦
Official Book

4 大会趣旨
 時代を映す鏡——「平成」最後の日本一決定戦
 文：西澤 高男

6 総評
 まだらな未来
 文：平田 晃久（審査員長）

FINALIST
ファイナリスト・入賞作品

日本一
ID118
8 大地の萌芽更新
 ——「土地あまり時代」におけるブラウンフィールドのRenovation計画
 富樫 遼太 + 田淵 ひとみ + 秋山 幸穂　早稲田大学

日本二
ID173
14 渋谷受肉計画
 ——商業廃棄物を用いた無用地の再資源化
 十文字 萌　明治大学

日本三
ID158
18 輪中建築
 ——輪中地帯の排水機場コンバージョンによる水との暮らしの提案
 中家 優　愛知工業大学

特別賞
ID071
22 都市的故郷
 ——公と私の狭間に住まう
 長谷川 峻　京都大学

ID155
24 海女島
 ——荒布栽培から始まるこれからの海女文化
 坂井 健太郎　島根大学

ファイナリスト5作品
ID022
26 浴場民主主義の世界
 福岡 優　京都工芸繊維大学

ID058
27 State of the Village Report
 工藤 浩平　東京都市大学

ID170
28 たとえば基準線にかさぶたを
 鈴木 遼太　明治大学

ID272
29 三匹のムネモシュネ
 ——建築と記憶術
 川永 翼　日本大学

ID401
30 あわいの島
 ——島のくらしに浮かぶmémento-mori
 畠山 亜美　新潟大学

Cover, pp1-3: Photos by Toru Ito, Izuru Echigoya.
pp8-30: Photos by Toru Ito.
＊本書の出展作品の作品名は、登録時のものから出展時のものに変更した。

31 PROCESS
審査過程

PROCESS_1
32 Preliminary Round
予選

33 予選投票集計結果

35 予選概要：地域資源を掘り起こすテーマ、繊細な木造の模型
文：本江 正茂

37 ボーダーラインを浮沈した42作品
コメント：友渕 貴之

42 2019 予選の「いいね！」
コメント：予選審査員

PROCESS_2
46 Semi-Final Round
セミファイナル

47 セミファイナル　作品選出結果

01_Group　グループ審査
48 グループ_1：トム・ヘネガン + 中川 エリカ
50 グループ_2：西澤 徹夫 + 武井 誠
52 グループ_3：家成 俊勝 + 栃澤 麻利
54 グループ_4：平田 晃久（審査員長）

02_Discussion　ディスカッション審査
56 セミファイナル審査員プレゼンテーション
62 ファイナリスト選出のためのディスカッション

PROCESS_3
74 Final Round
ファイナル（公開審査）

75 **01_Presentation>>Q&A**　プレゼンテーションと質疑応答
76 ID022　浴場民主主義の世界
福岡 優　京都工芸繊維大学
78 ID058　State of the Village Report
工藤 浩平　東京都市大学
80 ID071　都市的故郷——公と私の狭間に住まう
長谷川 峻　京都大学
82 ID118　大地の萌芽更新——「土地あまり時代」におけるブラウンフィールドのRenovation計画
富樫 遼太 + 田淵 ひとみ + 秋山 幸穂　早稲田大学
84 ID155　海女島——荒布栽培から始まるこれからの海女文化
坂井 健太郎　島根大学
86 ID158　輪中建築——輪中地帯の排水機場コンバージョンによる水との暮らしの提案
中家 優　愛知工業大学
88 ID170　たとえば基準線にかさぶたを
鈴木 遼太　明治大学
90 ID173　渋谷受肉計画——商業廃棄物を用いた無用地の再資源化
十文字 萌　明治大学
92 ID272　三匹のムネモシュネ——建築と記憶術
川永 翼　日本大学
94 ID401　あわいの島——島のくらしに浮かぶmémento-mori
畠山 亜美　新潟大学

96 **02_Final Discussion**　ファイナル・ディスカッション

JURY
審査員紹介

ファイナル＆セミファイナル審査員……それぞれの卒業設計
107 平田 晃久（審査員長）……はずかしい笑い
108 トム・ヘネガン……ハッピーな建築を
西澤 徹夫……未来の自分に投げかけること
109 武井 誠……建築にできること
栃澤 麻利……誰かの心に響くものを
110 家成 俊勝……自分がいる場所を疑え
中川 エリカ……未来を予言する

予選審査員
111 小野田 泰明／小杉 栄次郎／齋藤 和哉／櫻井 一弥／
恒松 良純／友渕 貴之／中田 千彦／西澤 高男／福屋 粧子／
堀口 徹／本江 正茂

Curator's View
114 公平で、明確で、美しい作品の見せ方
文：清水 有

116 EXHIBITOR 2019
出展者・作品一覧　331作品

146 出展者名索引
148 学校名索引

149 APPENDIX
付篇

150 出展者データ2019
151 開催概要2019
152 ファイナリスト一問一答インタビュー
154 表裏一体——SDL連動特別企画
特別講評会企画「エスキス塾」
SDLの良し悪しは、もはや「エスキス塾」にかかっている!?
文：堀井 義博
156 関連企画やイベントに参加して
SDL2019をもっと楽しむ——仙台建築都市学生会議とは
158 過去の入賞作品 2003-2018

―― 大会趣旨 **時代を映す鏡**――「平成」最後の日本一決定戦

西澤 高男
仙台建築都市学生会議アドバイザリーボード*1

17人めの日本一

間もなく元号が改まる2019年3月、「せんだいデザインリーグ　卒業設計日本一決定戦」(以下、SDL)は17回めの開催を迎えた。出展作品数は第1回となる2003年の152作品に始まり、2010年には最多の554作品、それ以降は多少の増減はあるものの300を超える数の作品が出展されてきた。そして今回、出展された331作品の中から、累計して17人めの日本一が選出されたことになる。

「公平性」「公開性」「求心性」の3原則と学生組織による運営

SDLは、せんだいメディアテークが開館した2001年1月に結成された「仙台建築都市学生会議」[*2]という学生のボランティア組織が、アドバイザリーボード[*1]の助言を得ながら運営しているという点が大きな特色である。そして初回から変わらず、以下の3原則を守りながら慎重に審査が行なわれている。
「公平性」：学校推薦なしで自主参加できるということ。
「公開性」：審査過程をすべて透明にし、公開で審査をすること。
「求心性」：特別な建築を会場とし、第一線で活躍する建築家たちが審査をすること。
運営は学生が主体であることから、毎年代替わりがある。準備段階では前年までの運営や審査過程を引き継ぎ、振り返りながら、審査員の選定から審査方法、時間割などの細部に至るまで議論を尽くす。特に、限られた時間の中で1つ1つの出展作品にどれだけていねいに向き合う審査を実現させるかについては、歴年の経験を踏まえて、毎回少しずつ改良されてきている。
審査員については、「貪欲に、率直に、それぞれの意見を交わす審査をしてほしい」との主催学生たちの願いの下、「建築界に日々新しい風を送り、建築界をこれから背負っていくことになる情熱、野心、希望をもった建築家を審査員として迎えたい」という思いに沿って、2004〜15年は5人、2016年以降は7人の建築家にSDLの審査を依頼している。

時代を映す鏡としての卒業設計の価値

この本が出版される頃には平成の世は終わりを告げ、新元号「令和」の下で新たな時代が始まっていることだろう。バブル崩壊やリーマンショックという大きな経済の波、少子高齢化による日本の人口減少という局面の到来、中国の台頭をはじめとする世界情勢の変化、そして度重なる災害。平成という時代の中で日本が歩んできた道は、その語源となった「内平外成」「地平天成」の理想には届かず、残念ながら相対的、絶対的な衰退局面であったと言わざるを得ない。その中で建築は、刻々と変わりゆく社会情勢に向き合ってきた。
SDLに出展される卒業設計作品も、それまで受けてきた建築教育の集大成として各々が設定したテーマに対して建築によって応えた成果であり、それらは自ずと時代を映す鏡となっている。そうした作品群の審査過程をすべて明らかにし、細部まで記録し、出版することは、時代の記録として大きな意義があると考えている。
建築はどのように世の中と向き合うべきか。そして、力のこもった卒業設計作品をいかに評価すべきか。主催者の姿勢も大いに問われ続けることになる。

編註
[*1]　仙台建築都市学生会議アドバイザリーボード：仙台建築都市学生会議(本書156ページ〜参照)と定期的に情報交換を行なう。また、仙台建築都市学生会議の関係する企画事業の運営に関して必要なアドバイスを行なう。UCLAの阿部仁史教授、秋田公立美術大学の小杉栄次郎教授、東北大学大学院の五十嵐太郎教授、石田壽一教授、小野田泰明教授、本江正茂准教授、佃悠助教、土岐文乃助教、東北学院大学の櫻井一弥教授、恒松良純准教授、東北芸術工科大学の竹内昌義教授、西澤高男准教授、馬場正尊准教授、東北工業大学の福屋粧子准教授、宮城大学の中田千彦教授、友渕貴之助教、宮城学院女子大学の厳爽教授、近畿大学の堀口徹准教授、建築家の齋藤和哉から構成される。
[*2]　仙台建築都市学生会議：SDLをせんだいメディアテークと共催し、運営する学生団体(本書156ページ〜参照)。

Photos by Toru Ito, Izuru Echigoya.

総評 まだらな未来

平田 晃久
審査員長

＊文中の（ ）内の3桁数字は、出展作品のID番号
＊文中の出展作品名はサブタイトルを省略

平成の終わりに

平成が終わる。昭和はもっと遠くなる。戦後という意識もほとんどなくなっていく。ほとんどゼロからのスタート、急激な近代化、成長、バブル、ポストモダン、停滞、テロ、建築の沈静化……。
これらは、考えてみれば、今、卒業設計に取り組んでいる学生たちにとって、ほとんど生まれる前の出来事だ。モダニズムやその裏返しとしてのポストモダンは、その直近の過去を否定することから始まる。近過去を否定し、新しく出発し直すための建築のマニフェスト（声明）、あるいは原理。今の学生たちの作品の中には、そんなマニフェストを高らかに歌い上げるものは見当たらない。

「ひだ」のある世界

しかし、彼らが各論的な個別の案件のみを考えることに終始し、総論的な問題意識の核を持っていない、と考えるのは早計だ。むしろ彼らこそ、近過去を否定することなく、新しい建築をナチュラルに構想できる世代かもしれない。
1つの原理を指向する考え方は、同じ価値観で世界を覆い尽くそうとする傾向を持っている。もちろん世界は十分に野太くて、もし誰かが単一的な価値観で突っ走ったとしても、それに覆い尽くされることはない。しかし、グローバリズムの登場後に育った今の学生たちにとって、世界へのそんな信頼はもっと揺らいでいるのかもしれない。放っておくと、均質な価値観で、世界が閉塞してしまうような不安感。
だからこそ、現状を否定して別の原理で置き換えることを理想とするのではなく、今ある世界の「ひだ」ができるだけかき消されないように、あるいはその「ひだ」をより豊かにするように、矛盾や対立をはらんだもの同士がそのまま共存するような建築を構想しようとしているのではないか。

ポジティブな共存

たとえば、再開発ですっかり様変わりしようとしている東京、渋谷のすき間に、近過去の記憶や意味が貼り付いた「商業的廃棄物」を見出し、ブリコラージュ*¹して複雑な場所の「ひだ」をつくり出そうとする日本二の十文字案『渋谷受肉計画』(173)。作者は現状の都市再開発を真っ向から否定したり、現状に対するカウンター（対抗案）を提示しようとはしていない。むしろ、すでに前提となっている新しい都市開発の、自らがブリコラージュ的にサバイブさせた都市の「ひだ」をブレンドし、結果、生まれる「まだらな都市」のありよう全体を、ポジティブに提示している。具体的な提案はささやかなスケール（規模）である。しかし構想のスケールは大きい。絢爛豪華な文化を反転させ極小化させた利休の茶室のように、極大と極小を、対立をはらんだまま共存させるトポロジカル*²な発明と言ってもよい。

リアルな履歴

高い完成度を持った表現で審査員を魅了した日本一の富樫+田淵+秋山案『大地の萌芽更新』(118)の中にも、世界に対する同様の態度を見出すことができる。「花岡事件」*³にまつわる、負の歴史を背負った場所。放っておけば、もしかしたら何もなかったかのようにかき消されてしまうかもしれない「場所の記憶」を、それそのものとして刻印されるようなランドスケー

Photos by Toru Ito, Izuru Echigoya.

プ*4をつくること。負の歴史と連動した、ある種の暗さを持ちながらも、訪れるに値するような場所をつくること。それは、矛盾をはらんだものを安易な解決法によって、フラット(平板)にしてしまうのではなく、「ひだ」を保ちつつ深化させる試みと言えるかもしれない。

作者の祖父の記憶がそこに絡んでいるのも興味深い。祖父が体験したような近過去は、単純に否定したり消し去ることのできない、リアルな履歴として、作者に意識されているだろう。個人的な感触に根差した歴史性とでも言うのだろうか。詳細は個別の講評に譲るが川永案『三匹のムネモシュネ』(272)も、長崎の原爆を体験した祖父の人生を埋蔵した空間の提案で、個人史的なアプローチからしか浮かび上がらない歴史的出来事の意味を照らし出すものだった。長谷川案『都市的故郷』(071)では、人間の営みを自然物のように愛でる個性的な人類愛の形が、都市が集落的な様相を獲得することに寄与している。

地域愛の建築

近過去の人間の営みを受け止め、その履歴=歴史と絡まり合う建築をつくるという考え方は、輪中*5の揚水場遺構を足がかりに地域社会のためのヒューマンスケールな場所をつくり出す日本三の中家案『輪中建築』(158)にも反映されている。ただし、揚水場架構の持つ圧倒的に巨大なスケール感は、増築された木架構によって埋め尽くされ、見えなくなっていた。逆に、既存架構の非人間性すら共存させたほうが、全体として均質に見えるのを免れたのではないか。

とは言え、地域への誠実な眼差しから構想された案の、爽やかなわかりやすさは、多くの審査員の共感を呼んだ。同様の傾向は、海女の文化を新しく継承するためのさまざまな場を持つ海中構造物の提案(155)や、日常的に死者を拝む(埋葬墓とは別の)墓の風習を持つ島での、墓と共存した住居群の提案(401)などにも見られた。熱心なリサーチと結び付いた建築は率直でわかりやすく、当初ほとんどの審査員がこの傾向の作品のみを高く評価したくらいだった。

同じ思いの共有

全体として振り返れば多くの提案が、対立や矛盾を共存させながらそこに豊かさを発見する、若き建築家たちの知恵を感じさせるものだったように思う。そのような共存、「まだらな未来」を志向する点で、僕は彼らと同じ思いを共有しているように感じている。

しかし冒頭で述べたように、それは本当に、個別的な解決を超えて、原理や理論として取り出すことのできないものなのだろうか。僕はそれが可能であると思っている。彼らがこの先どのように考え、どのようにこれからの建築をつくっていくのか、楽しみである

編註
*1 ブリコラージュ：あり合わせの材料と道具を用いて、試行錯誤しながら新しいものをつくること。
*2 トポロジカル：位相幾何学的。位相幾何学(トポロジー)とは、互いに連続的に変形可能なかたちを「同じ(同相)」とみなす、やわらかい幾何学。
*3 花岡事件：1945(昭和20)年6月30日に秋田県花岡町(現・大館市)の花岡鉱山で中国人労働者が蜂起した事件。
*4 ランドスケープ：地形や景観。
*5 輪中：水害から守るため、集落や耕地の周りを囲んだ堤防。

FINALIST

日本一
118

富樫 遼太
Ryota Togashi

田淵 ひとみ
Hitomi Tabuchi

秋山 幸穂
Yukiho Akiyama

早稲田大学
創造理工学部
建築学科

大地の萌芽更新──「土地あまり時代」におけるブラウンフィールドのRenovation計画

「どこかでやらなければいけないこと」が行なわれる、秋田県大館市花岡町。鉱山開発、戦争、ゴミ処理によって形成されたランドスケープ（地形や景観）を手掛かりに、植物、建築、ランドスケープによって、場所性を大地に記述する。

審査講評 ▶ 知的で美しいこと

古代ローマの建築家ウィトルウィウスが述べるに、建物が良い建築となるには機能的で頑丈かつ「快適」でなければならない。つまり、この「用」「強」「快」の3条件を満たしてはじめて「建築」と呼べるのだ。中でも厄介なのが「快」で、その証拠はごく身近にある。現代都市にせよ、建物にせよ、機能的にできており、地震にも強い。けれどもその中に、果たして目にも快い美しい建築がどれだけあるだろうか。もはや建築家には、美のありがたみもわからなければ、美を思い描くこともできないのか。

私がこの作品を評価するのは、美しいものをつくろうという熱意が──よく練られた建物の形態と素材の選択に、また訪れた人の目線で考えられた空間に──見られたからだ。知的満足度も高い。美しい風景に隠れた物語(廃棄物処理場、銅鉱山、今日の廃棄物投棄、戦時中の陰惨な事件)を、4つの建物で語り分けている。

社会、政治、建築の3要素の絡み合ったデザインだが、どの順路で回るか、つまりどの順序で物語を体験するかは、個々人の判断に委ねられる。考えてみれば、良い建築ほどよく「語る」。まわりの環境に意識が向けば向くほど、人は我が身の「幸せ(快)」を実感するものだ。この作品は、知的で興をそそる。もし実現すれば、訪れた人は、この社会のありようや歪みを思い知るだろう。そのランドスケープは音楽のごとく──個々の建物が音符に見立てられ、全体として快い調べを奏でるように──「作曲」されていることだろう。そしてきっと、4棟のさりげない美しさに感じ入るだろう。

(Tom Heneghan／訳：土居 純)

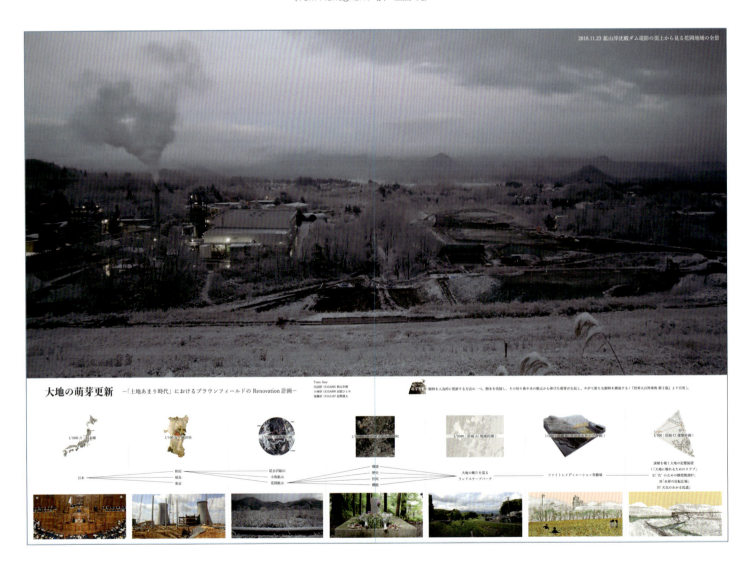

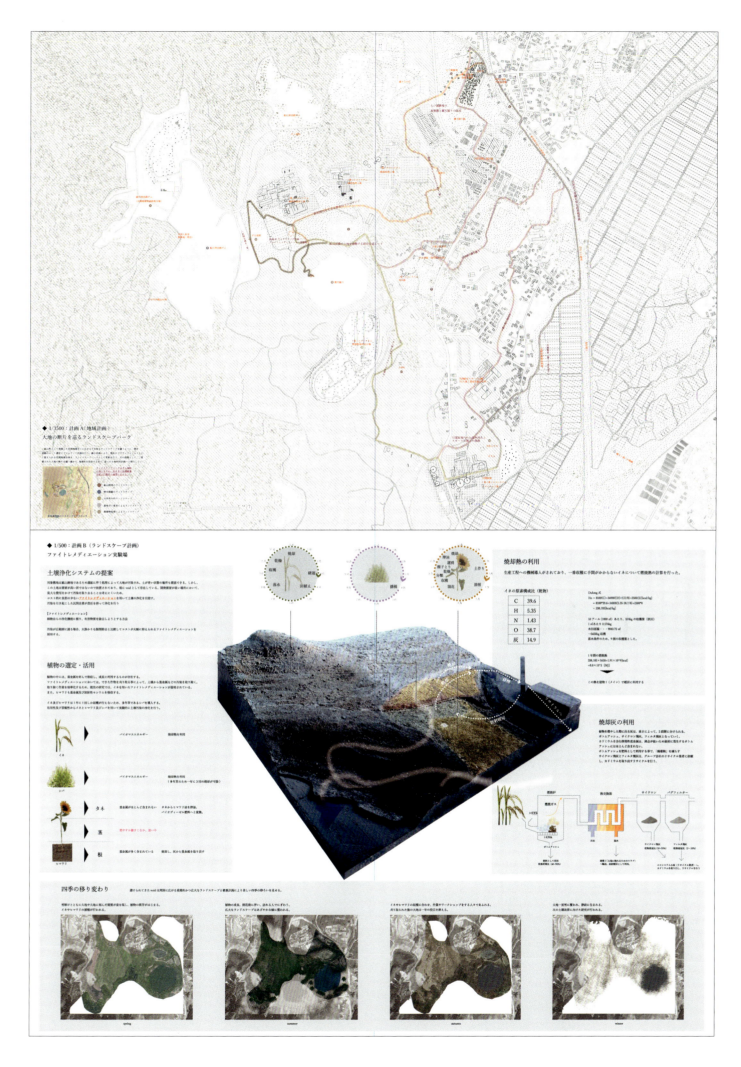

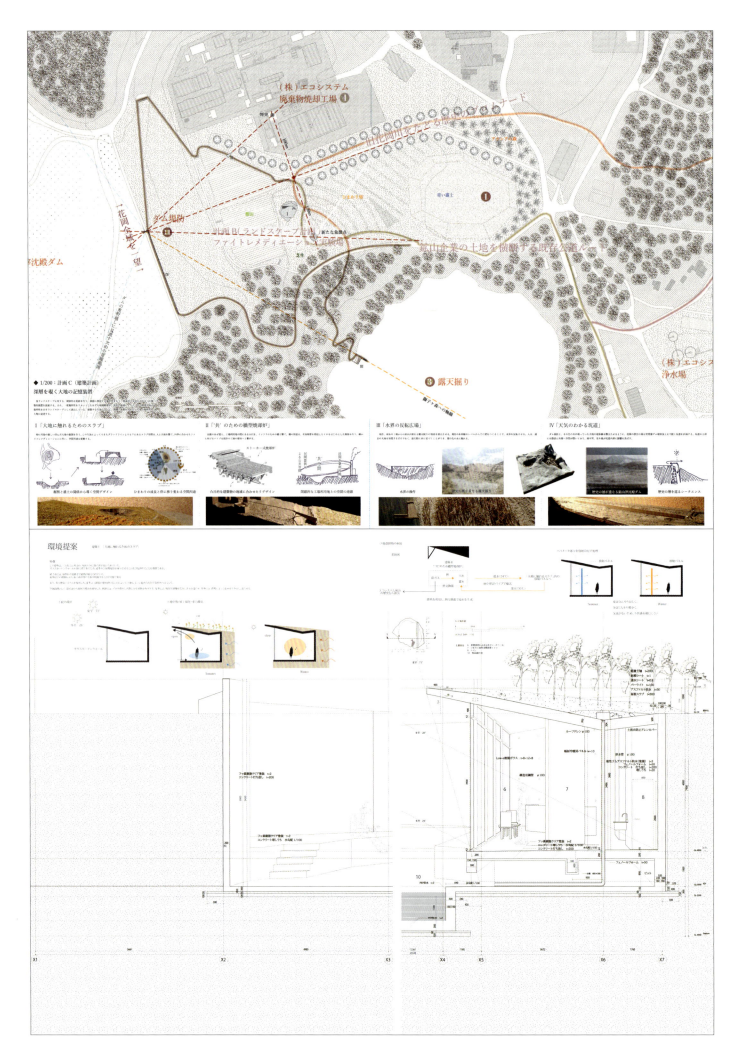

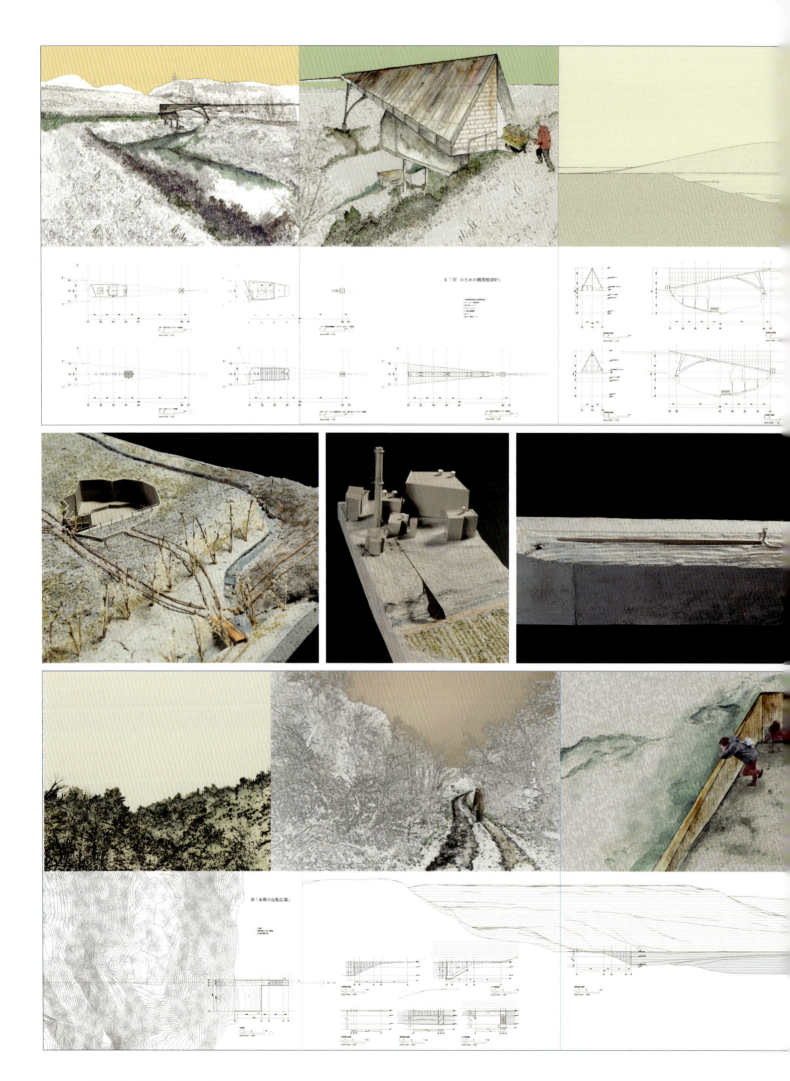

FINALIST

日本二

173

十文字 萌
Moe Jumonji

明治大学
理工学部
建築学科

渋谷受肉計画──商業廃棄物を用いた無用地の再資源化

東京、渋谷に点在する無用地を、商業廃棄物を用いて人の居場所に転用する。ここから立ち上がる建築を媒介として、渋谷における商業と生活の過不足ない距離を実験的に探る。

審査講評 ▶ 新しい価値

現代において寿命を迎えた建築や用途不適合の空間を一旦、「モノ」の水準になるまで解体し、独自のルールで新しい空間を再構築する手法の提案は数多く存在する。正直なところ、それが果たして社会的な、もっと言えば脈々と続く建築の長い歴史の中で、どのような位置づけとして批評の対象になるのか、単に手法の提示で終わってはいないか、いつも気になるところである。その中で、東京、渋谷の価値のない無用な部分に、商業廃棄物を用いて「生活に密着した空間」を建築として構築することで、新しい価値を与える試みには大いに可能性を感じる。

たとえば、森の中で棲まうには困難とされる崖状の土地を、建物とセットで別荘として売り出すことがある。それは、不動産として価値のない無用地を再資源化する方法であり、そればかりか、周辺環境と直接的につながる魅力的な場所へと転換する可能性をも秘めていると言える。それと同じように、廃棄物と生活機能が組み合わさり、美しい大規模開発の陰で見過ごされがちな人間の居場所を獲得することで、「サンプル」ではなく「リアル」な渋谷の新しいビルディング・タイプが生まれるかもしれない。

（武井 誠）

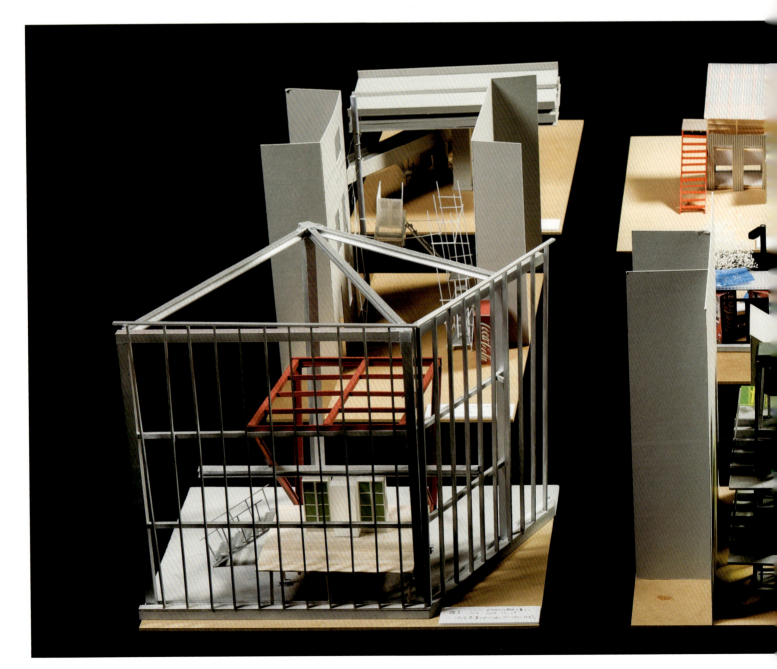

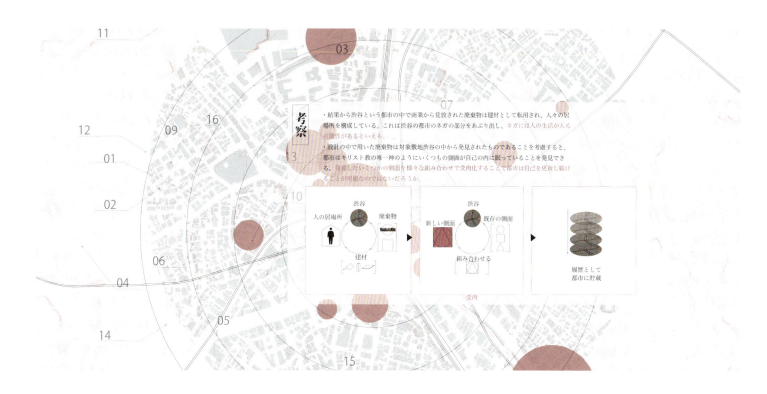

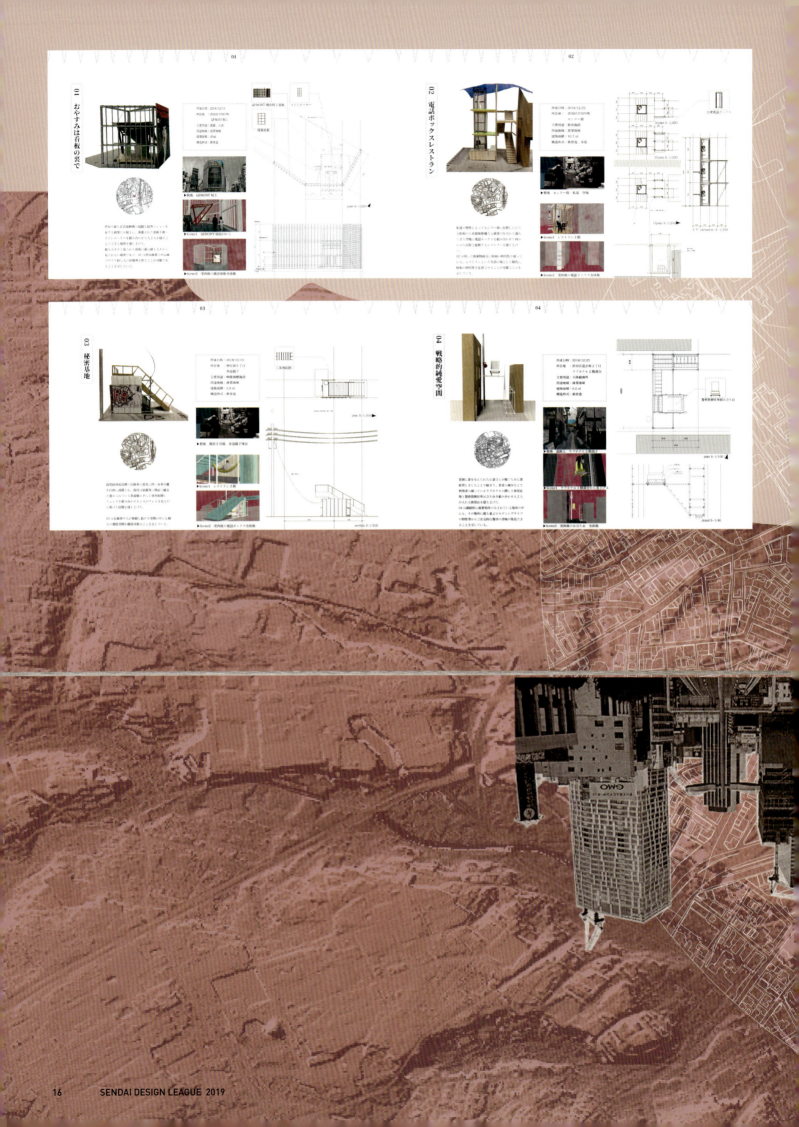

FINALIST

日本三
158

中家 優
Yu Nakaie

愛知工業大学
工学部
建築学科

輪中建築──輪中地帯の排水機場コンバージョンによる水との暮らしの提案

輪中[*1]地帯という、水と生業が、水害や環境の面からネガティブ（否定的）な要素になっている地域がある。
そこで、輪中に備わる要素を組み合わせ、ネガティブだったものをポジティブ（肯定的）にとらえ直していける輪中地帯のあり方を設計する。

審査講評 ▶ 人と自然の営み

人が生きていく術が自然の営みと切り離されるのではなく、両者を調停する知恵によってつながっていることが大切だ。本提案では輪中[*1]という特徴的な敷地に対して、気候風土だけでなく、漁業や農業といった1次産業や、新規住民の参入など歴史的な変遷を経た人の営みにも着目し、建築の提案へとつなげている。
現在、私たちは産業構造の変化や科学技術の発展、人口動態や自然との関係など、さまざまな点において大きな転換期にいる。これは、今まであったものを否定して新しい未来をつくるというよりも、今まであったものを別の視点や尺度によって読み替える力と実践力が必要とされていると言える。そういった意味で、この提案は排水機場という建築単体の用途転換に留まらず、新しく付加された軽い屋根の下で繰り広げられる人々の営みや、地域特性に注目することで、今すぐに実現できそうなすばらしい案になっている。中家さんのような人に今後ますます活躍してほしいと願ってやまない。

（家成 俊勝）

編註
*1 輪中：本書7ページ編註5参照。

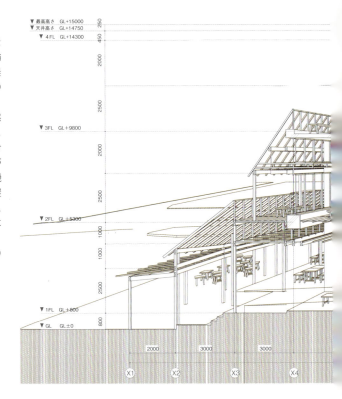

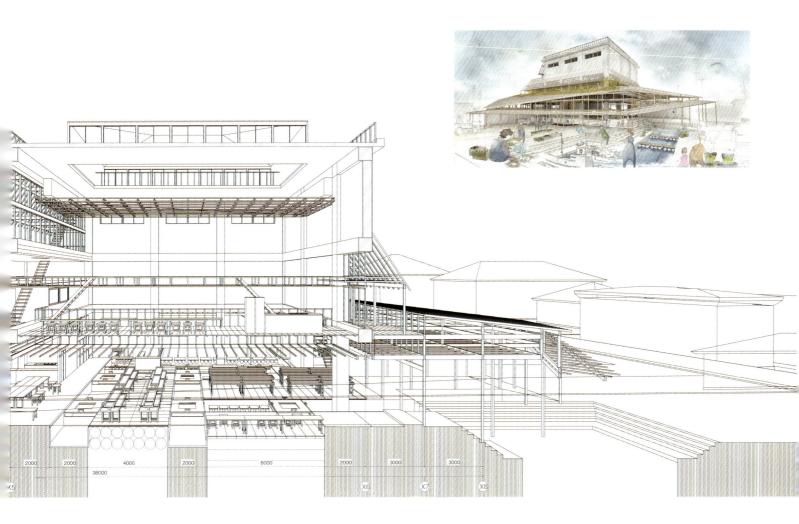
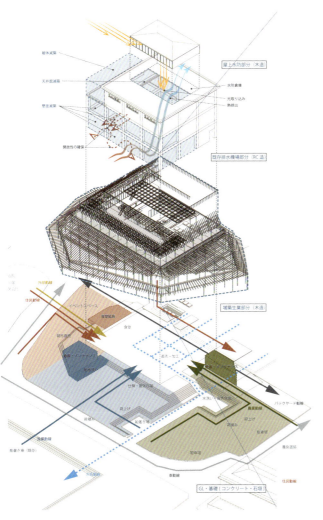

FINALIST

特別賞
071
長谷川 峻
Shun Hasegawa

京都大学
工学部
建築学科

都市的故郷 ── 公と私の狭間に住まう

故郷とは居心地のいい空間であるとする。都市における居心地のいい空間とは何か。それはパブリック（公）とプライベート（私）の境界が揺らぐ境界線上なのではないか。そこで、商業施設と集合住宅の掛け合わせを提案する。

審査講評 ▶ 都市における故郷性を問う

「都市に住まうということは、どういうことなのか」という問いを1つの建築の形として表現した作品。東京、高田馬場の駅前で道や駅を覆うように伸びていく商業建築には、まるで都市を飲み込んでしまうかのような迫力があり、その中にちりばめられた小さな住居群は多様な形態を持ちながら都市空間の中に身を投げ出していくかのようで、非常に魅力的である。

一方、居心地のいい空間＝故郷、とした点はいささか短絡的だと感じた。故郷とは、土地に根差した（ともすれば面倒くさい）地域社会との関わりを抜きにして語れないのではないか。地域や他者との接点を持つことで、その場所が他に変えがたい「故郷」になり得るのではないか。

高田馬場というその場所の、その空間の「狭間」に、社会への接点を生むための積極的な空間的仕掛けを見出せなかった点は非常に残念である。

（栃澤 麻利）

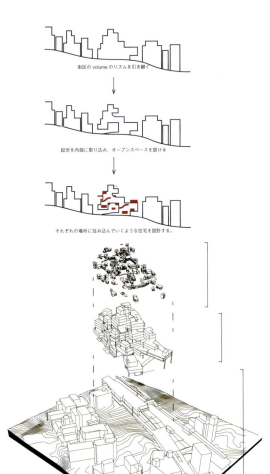

FINALIST

特別賞
155

坂井 健太郎
Kentaro Sakai

島根大学
総合理工学部
建築・生産設計工学科

海女島──荒布栽培から始まるこれからの海女文化

三重県の海女と海の関係に海女島を介入させる。荒布[*1]栽培から始まる一連の動作は、海女と海中の相互関係を強め、これからの海女文化を形成していく。

審査講評 ▶ 具体性と実感

作品名のとおり、海女という無形文化をいかに保存し、後世に伝えていくかということを建築的に模索した提案である。一見、そこに本当に建築が必要なのかということすら判然としない条件の下、海中に海女を養成するスクール、海上に海女を囲んで磯料理を楽しむ料埋店など、ここにしか存在し得ないような具体的で実感のこもったプログラムを独自の視点で考案した点、また、荒布[*1]の栽培に重要となり、かつ、海女が潜水時に海中での自らの居所を把握するための手がかりとして、荒布モジュールとでもいうべき独自の寸法体系をもった木組みによる具体的な建築として提案した点が、高評価につながった。

その一方で、海の潮の満ち引きに対する視点の不足により、海水が満ちると建築が破損してしまいそうな点、海中の建築というよりも重力を感じさせる地上の建築に見えてしまう点が、審査員の票を分けたポイントであり、逆にこれからの伸び代だと感じた。

（中川 エリカ）

編註
*1 荒布：あらめ。海藻の一種。

FINALIST

022

福岡 優
Masaru Fukuoka

京都工芸繊維大学
工芸科学部 造形科学域
デザイン・建築学課程

浴場民主主義の世界

敷地は国会議事堂前庭。古代ローマを踏襲し、下層「議論場」、中層「運動場」、上層「浴場」とする。
下層では市民と政治家は断絶されているが、上層へ進む過程で人々は裃を脱ぎ、両者を断絶していた壁は崩壊していく。

審査講評 ▶ 対立から対話への仕掛け

この作品は、帝政ローマにおいて権力と無縁の場所であった浴場を現代に甦らせ、政治家と市民、男性と女性という対峙する2つの属性の人間を、フラット（対等）な関係性の成立へと自然に誘う公共的な施設の提案である。議論場→運動場→浴場と、上層空間へと移動するにつれて、服装が軽装になり、最終的に立場を超えた裸の付き合いを生む。

しかし、ここで誰もが1つの疑問を持つだろう。そもそも、最初から属性によって、建築の入口を2つに分け、利用エリアを明確に区分けする必要があるのか？ それこそ、対立を助長させているのではないか？ この矛盾がこの建築の最大の弱点であり、最大の強みでもある。

福岡さんは建築でしかつくり得ない空間の力を信じている。だからこそ、世の中の分断の存在を否定せず、まずはその対立を一旦受け止め、あえて2つの動線を設けたのだ。国会議事堂前といういささか非現実的な、それでいて誰もが知っている敷地において、真の「対話」の実現に最も有効な手立てとして建築が必要であり、それが歴史をつくるために必要である、と強い信念をもって提示しているところを評価したい。

（武井 誠）

FINALIST

058

工藤 浩平
Kohei kudo

東京都市大学
工学部
建築学科

State of the Village Report

ある村の現状報告書。

審査講評 ▶ 直径4kmの地球の意味

地球の直径を4kmに縮小したモデルは、自身が目にした世界の多様さと複雑さを再度、建築に組み立て直した縮尺1／1の建築物とも、自身が世界を旅した旅行記とも、一応は、読むことができる。だが、六角形のセルに置かれた住戸の詳細な設計やインフラについての記述は、少なくともファイナル・プレゼンテーションやパネルにはない。あるいは、世界の多様性を1つの単純な報告書の形にまとめたことで、結果として捨象されてしまう多様性の扱いについての記述も、当然ながら、ない。つまり極めてサービス精神に乏しい報告書ではあるのだが、一方で、実際に自分の目と足で稼いだ経験は確実に実になるだろうし、つまるところ、卒業設計は社会に飛び出していくためのパスポートのようなものだとすれば、それで十分なのだという気もする。しかし、であるならばなお、これを以後の設計人生の中でいかに回収していくのかが意気込みとともに語られなかったことには一抹の不安も覚える。

（西澤 徹夫）

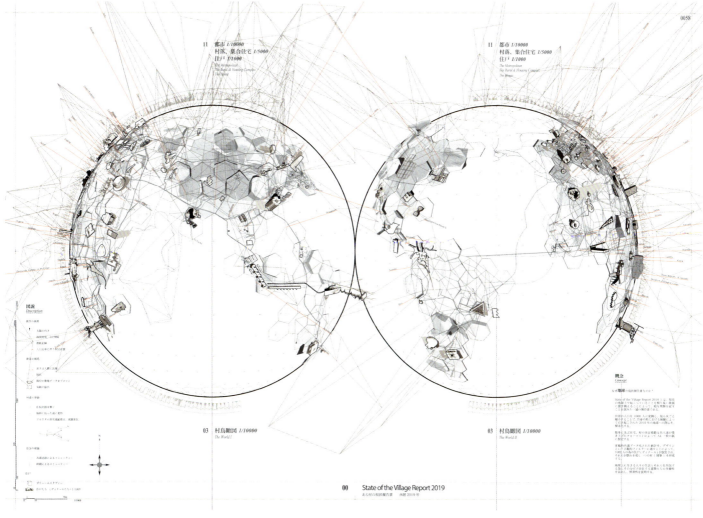

FINALIST

170

鈴木 遼太
Ryota Suzuki

明治大学
理工学部
建築学科

たとえば基準線にかさぶたを

都市計画道路という強大な都市作用と既存の小さな建物との取合い部分に発生する細やかな構法によって、建築の輪郭を揺るがす思考実験である。

審査講評 ▶ 大規模再開発のオルタナティブ

近年、作品表現としてのプレゼンテーションに模型を最大限活用した結果、図面がおざなりになっている卒業設計が散見される中、この作品は、建築の図面表現に一石を投じる力作である。計画道路の開通により改造を余儀なくされる道路沿いの建物群に少しずつ手を入れていき、周囲に開かれた場を増やしていく提案である。既存部分と新たに手を入れた部分をていねいに重ね合わせた人間の身体スケール(規模)での図面による表現が、大規模再開発のオルタナティブ(代替案)として、身体スケールでの開発の集合体をつくるという方法が1つの可能性として存在することを十分に伝えている。図面を通じて建築の組立て方を再考しているところが魅力的であった。

ただし、個々の改造は少し場当たり的で、部分的な提案に留まっていたのが残念だった。計画道路という都市インフラの役割の大きさを味方に、建築スケールを超えた都市スケールの提案として何をめざしているのかについて、より積極的に言及できると、もっと票を集めたに違いない。

(中川 エリカ)

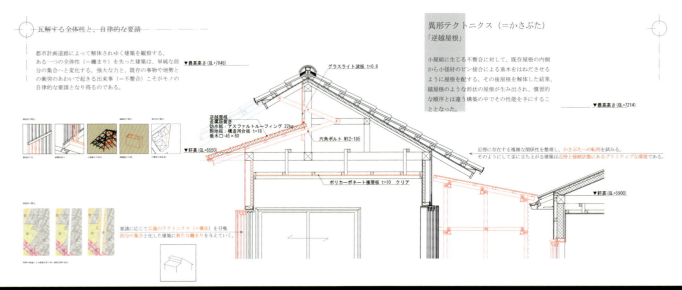

FINALIST

272

川永 翼
Tsubasa Kawanaga

日本大学
理工学部
建築学科

三匹のムネモシュネ──建築と記憶術

とある人物の記憶が著された本『三匹のムネモシュネ』をもとに、建築の設計を進め、記憶を建築に具現化する手がかりとして記憶術を使用する。それは、とある人物の要望である「予言の劇場」ではなく「記憶の劇場」を設計するためのものである。

審査講評 ▶ 祖父の記憶を想起する装置

作者は長崎で原爆を体験した祖父の個人史を建築の中に埋蔵した。祖父の記憶が記された1冊の本のように。原爆の出来事がリアルな「生」に投げかけることの意味は、俯瞰的な視点で編さんされた歴史からは、決して知ることができない。それは、カタストロフ(大惨事)的な出来事の前後にある、個別の日常の中に織り込まれているからだ。作者はギリシャの弁論術に端を発する「記憶術」に依拠しつつ、祖父の記憶を想起するための記憶装置を作った。それは個別の経験性にアクセスする、すぐれて構造化された方法だ。それに詩的だ。
この「術」においては、個別の記憶内容に対応した印象的な視覚的「イメージ」を記憶の「場」の中に配置し、それらを頭の中で順番に訪れることによって順序よく記憶内容を想起する。つまり、視覚とある種のバーチャルな身体性を鍵にして、言語の時間的秩序を空間的秩序に翻訳するわけだ。このあたりの説明を審査員に向けて明解にしてほしかった。さらに言えば「場の構造」に迫った設計としては少し弱かった。とは言え、味わうほどに美しい作品であることに気づく人が、もう少しいてもいい。

(平田 晃久)

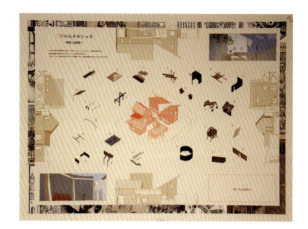

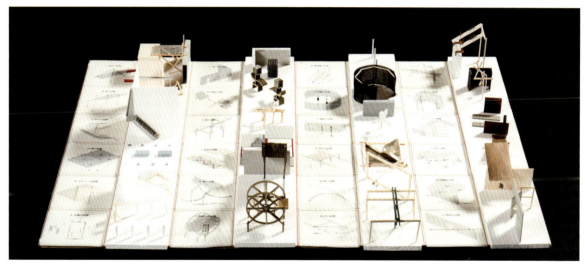

FINALIST

401

畠山 亜美
Ami Hatakeyama

新潟大学
工学部
建設学科

あわいの島──島のくらしに浮かぶmémento-mori

いのちが、みえない。死ぬこともみえない。現代の私たちの生活。日本海に浮かぶ新潟県の離島、粟島。
自給自足で暮らすこの島の人々は、自然や人との強固なつながりの中で生きている。島のくらしにみつける死を想う場。

審査講評 ▶ リサーチの先の設計と造形

死を扱った作品が散見された中で、近代が周到に排除してきたその尊厳の問題を、モニュメンタルに扱うことの難しさを巧妙に避けつつ、小さな島の環境と風習の中に溶け込ませた提案は秀逸であった。何より、よく知らなかった新潟県の粟島に行ってみたいと思わせるようなファイナル・プレゼンテーションやパネルの発する熱量は、何度も訪島しながら手に入れたリアリティに裏付けされていた。
一方で、曲線の使い方や造形には幼さが残る。リサーチとテーマ設定で設計スケジュールの8割が終わる、という作品がほとんど疫病のように猛威を奮っている昨今にあって、この熱量をもつ作品であるからこそ、冷静に設計から造形への過程にじっくり向き合う必要を感じる。そしてその過程にこそ、建築家を狭義のアクティビスト(活動家)に留まらせずに世界の可塑性*1に立ち向かわせる契機があると思う。1人の設計者がこの熱量をもって設計できる建築は、人生の中でもそう多くない。ぜひ継続していってもらいたい、という期待を込めて。
(西澤 徹夫)

編註
*1 可塑性:さまざまな形状や状況が変化したり変形したりする可能性のあること。

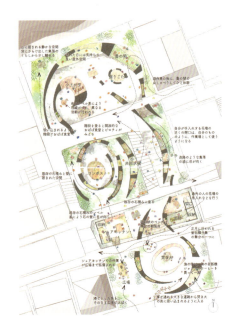

PROCESS
審査過程

PROCESS_1
Preliminary Round
予選

PROCESS_2
Semi-Final Round
01_Group
02_Discussion

セミファイナル
グループ審査
ディスカッション審査
セミファイナル審査員プレゼンテーション
ファイナリスト選出のためのディスカッション

PROCESS_3
Final Round
01_Presentation>>Q&A
02_Final Discussion

ファイナル（公開審査）
プレゼンテーションと質疑応答
ファイナル・ディスカッション

331 ⬌ 100 ⬌ 37 ⬌ 10 ⬌ 1

＊出展作品の概要については、本書117〜144ページ参照。

Model photos by Izuru Echigoya + Sendai Student Network of Architecture and Urbanism.
Photos except as noted by Toru Ito, Izuru Echigoya.

PROCESS_1
Preliminary Round

予選

2019.03.02.AM
せんだいメディアテーク
5・6階ギャラリー

予選審査員

トム・ヘネガン
西澤 徹夫
武井 誠
栃澤 麻利
中川 エリカ
小野田 泰明
小杉 栄次郎
齋藤 和哉
櫻井 一弥
恒松 良純
友渕 貴之
中田 千彦
西澤 高男
福屋 粧子
堀口 徹
本江 正茂

公開審査の前日に行なわれた予選審査により、全331の出展作品から、上位100作品をめどに、セミファイナルの審査対象となる作品が選出された。これらの予選通過作品が、通称「100選」だ。今年は、アドバイザリーボードにセミファイナルとファイナルの審査員5人が加わり、昨年を更新して歴代最多、総勢16人の予選審査員となった。

審査員は、まず、展覧会場を各々に巡って審査し、それぞれ100票をめどに投票。学生スタッフは各審査員に割り当てられた色のシールを、作品の傍に備えた展示キャプション（作者名、作品名などを表示した札）に貼り付けていく。投票の集計結果をもとに、審査員全員で会場を巡回し、1つ1つの作品を確認。少得票の作品については、より深い議論が重ねられた。判断に迷う作品は一時保留として審査は進行し、まずは95作品が選出された。続いて、保留にしていた作品の再検討のため、審査員たちはもう一度会場内を巡回。保留7作品から3作品、それ以外で審査員から推挙のあった2作品を加え、最終的に、合計100の作品が「100選」となった。
展覧会場の該当作品には、目印の赤い花が付けられた。

331 ⇔ 100

＊アドバイザリーボード：本書5ページ編註1参照

予選投票集計結果

(予選投票集計結果の詳細な表 - 各受験者のID、氏名、学校名、審査員別得票数が記載されている大規模な表)

凡例　＊TH＝トム・ヘネガン審査員　＊西澤徹＝西澤徹夫審査員　＊西澤高＝西澤高男予選審査員、アドバイザリーボード　＊ ID は、予選通過（100選）。
＊0票の作品は、未掲載。

合計	ID	氏名	学校名	TH	西澤徹	武井	栃澤	中川	小野田	小杉	齋藤	櫻井	恒松	友渕	中田	西澤高	福屋	堀口	本江
5	437	佐藤 淳	東京理科大学				●		●	●		●			●				
5	463	佐藤 裕士郎	日本大学			●	●					●	●		●				
5	473	田中 惇敏	九州大学			●				●		●			●	●			
5	476	石橋 佑季	九州大学					●		●				●		●			●
5	480	矢口 芳正	東京理科大学							●	●				●			●	●
4	013	堂口 一織	東北大学			●						●							
4	020	高橋 向生	金沢工業大学	●	●			●		●						●			
4	035	安井 ひかる	大阪大学																
4	048	戸上 夏希	九州産業大学			●	●			●					●				
4	063	田中 優	近畿大学				●	●				●		●					
4	076	根本 一希	日本大学					●		●			●	●					
4	083	阿部 夏実	法政大学			●	●			●				●					
4	097	鳥羽田 圭志	千葉大学				●			●			●		●				
4	108	加藤 昂馬	関東学院大学				●		●			●				●			
4	110	藤間 一希	新潟工科大学																
4	120	奥村 収一	大阪工業大学								●		●		●			●	
4	122	上松 亜星	関東学院大学	●						●				●	●				
4	124	高田 優実	大阪市立大学			●				●			●		●				
4	129	井上 恵太	慶應義塾大学			●		●		●			●						
4	132	倉持 翔士	東京理科大学					●		●	●				●				
4	133	影山 巽基	近畿大学	●		●				●					●				
4	146	篠原 健	日本大学			●		●							●	●			
4	164	山本 恭輔	京都建築大学校																
4	181	福本 純也	大阪工業大学					●	●								●	●	
4	188	長谷川 和貴	工学院大学	●															
4	191	力石 茜	宮城大学																
4	197	真崎 広大	九州大学																
4	200	大川 緋月	千葉大学							●									
4	207	古家 翔吾	名城大学			●				●			●		●				
4	221	久保 大樹	日本大学			●	●			●					●				
4	229	渡辺 拓海	近畿大学										●						
4	232	服部 充紘	筑波大学	●					●					●	●				
4	240	萩原 万裕	昭和女子大学					●					●						
4	242	小山 佳織	日本大学					●											
4	253	杉本 萌	昭和女子大学			●										●			
4	278	北嶋 晃大	東京理科大学													●			
4	279	中山 源太	東京理科大学			●		●		●					●				
4	287	吉田 大樹	近畿大学			●		●		●					●				
4	312	二田水 宏次	九州大学	●						●									
4	319	辻川 樹	東京理科大学	●						●									
4	335	五ノ井 大輔	東北工業大学						●				●			●			
4	358	藤田 正輝	東京理科大学						●										
4	364	坂本 達哉	東京理科大学																
4	369	飯野 淳也	日本大学					●											
4	381	淺井 健矢	東京理科大学																
4	382	高梨 淳	東京理科大学																
4	384	菅原 倫子	日本大学																
4	447	御家瀬 光	札幌市立大学																
4	461	池田 葵	東京理科大学			●	●			●			●						
4	470	佐々木 結	東北大学												●	●			
4	479	星 さくら	東北大学																
3	002	永本 聡	神戸大学			●	●		●										
3	010	寺沢 鳳成	日本大学																
3	043	大谷 理個	立命館大学						●	●					●				
3	056	射和 沙季	東京都市大学			●			●										
3	079	松原 大地	大阪工業大学	●				●											
3	090	石田 美優	大阪工業大学																
3	091	中山 真由美	名古屋工業大学			●			●										
3	095	野田 明日香	大阪工業大学																
3	104	松田 沙稀	関西大学											●		●			
3	112	相方 健次	秋田県立大学																
3	131	浦地 陽香	京都大学																
3	135	岩崎 秋太郎	愛知工業大学				●		●							●			
3	140	江利ановな 達也	芝浦工業大学						●						●				
3	165	岩田 美紅	京都建築大学校								●	●							
3	182	海藤 空	慶應義塾大学	●									●						
3	195	泉 智佳子	宮城大学																
3	203	神門 侑子	東京理科大学			●													
3	209	塚本 沙理	東京理科大学																
3	213	安原 大貴	立命館大学	●															
3	220	土井 海志	大阪大学																
3	245	澤嶋 伶	日本大学																
3	277	石川 晃	日本大学																
3	298	増永 凌	近畿大学																
3	316	白石 鼓野呼	工学院大学				●												
3	328	大石 理奈	名古屋工業大学						●										
3	345	荒井 聖己	日本大学			●													
3	350	近藤 裕太	青山製図専門学校																
3	359	田村 真子	東京理科大学																
3	360	松井 俊風	大阪大学	●	●														
3	363	新地 瞭太	立命館大学																
3	370	山本 壮一郎	日本大学								●								
3	377	松本 大輝	千葉大学																
3	379	佐々木 夏穂	新潟大学			●													
3	404	住吉 文登	日本大学																
3	414	見角 彩楓	奈良女子大学																
3	421	廣田 雄磨	東京理科大学						●										
3	434	荒木 俊輔	九州大学							●									
3	435	宍戸 且典	東北工業大学																
3	444	小島 佑樹	日本工学院専門学校																
3	465	廣瀬 郁子	日本大学																
2	001	砂田 政和	東海大学																
2	003	岩崎 すみれ	京都大学																
2	032	大谷 楓	京都工芸繊維大学				●												
2	054	鎌塚 芳彦	滋賀県立大学																
2	059	藤原 亮	大阪工業大学																
2	085	本間 亜門	宮城大学																
2	092	中村 勇太	愛知工業大学																
2	099	芳川 美優花	北海道大学	●															
2	111	富田 和花子	新潟工科大学																
2	119	中島 健太	関東学院大学	●															
2	143	列木 佑佳	東洋大学																●
2	180	山口 航平	京都大学				●												
2	222	大村 駿	新潟工科大学																
2	223	八木 佑平	明治大学													●			
2	227	折尾 章太	東京理科大学					●					●						
2	259	角井 孝行	立命館大学	●															
2	326	岡島 光希	立命館大学																
2	332	岡本 優花	東北工業大学																
2	346	湊 春菜	日本大学					●											
2	373	佐伯 雅子	東京理科大学																
2	375	黒木 勇人	首都大学東京			●													
2	386	大谷 拓輝	大阪大学	●															
2	394	田島 佑一朗	東京理科大学																
2	409	細川 みのり	日本女子大学							●									
2	422	白馬 千聡	東海大学																
2	457	瀬田 直樹	日本大学													●			
2	472	南 あさぎ	東京理科大学															●	
2	489	瀬川 隼平	芝浦工業大学																
1	015	前田 沙希	神奈川大学		●														
1	021	森481 聖也	琉球大学																
1	033	小山 祐紀	昭和女子大学																
1	052	岩沢 怜里	東北大学																
1	066	青木 雅子	大阪工業大学																
1	067	山岡 亜実	武庫川女子大学																
1	072	鷲岡 賢司	大阪市立大学																
1	081	原 巧	神奈川大学																
1	082	阿部 海斗	大阪工業大学																
1	087	門田 健斗	東京理科大学																
1	204	藤澤 茜里	昭和女子大学																
1	264	増本 慶	日本大学																
1	274	大橋 敦	日本大学																●
1	282	中川原 佳奈	北海学園大学																
1	286	宇野 勇翔	京都建築大学校																
1	296	山田 倫太郎	東京都市大学																
1	301	荒金 菜緒	工学院大学																
1	307	荒川内 大心	日本大学																
1	313	菅原 美穂	宮城大学																
1	341	森下 葵	立命館大学																
1	352	中島 萌音	奈良女子大学																
1	354	住田 昇太	京都建築大学校																
1	367	久保 美弥	東北芸術工科大学																
1	392	小林 颯	芝浦工業大学																
1	393	今瀬 直季	日本福祉大学			●													
1	399	西村 優花	名古屋工業大学																
1	424	田中 優雅	北海道大学																
1	436	春田 隆道	北九州市立大学																●
1	484	大野 向輝	東京理科大学				●												
1	491	栗田 幸乃助	東京理科大学																
1,600		投票総数		100	100	100	100	100	100	100	100	100	100	100	100	100	100	100	100

凡例 ＊TH＝トム・ヘネガン審査員 ＊西澤徹＝西澤徹夫審査員
＊西澤高＝西澤高男予選審査員、アドバイザリーボード ＊ID は、予選通過（100選）。
＊0票の作品は、未掲載。

予選概要

地域資源を掘り起こすテーマ、繊細な木造の模型

本江 正茂（予選審査員）

予選では300点余りの作品から100点を選出する。1作品あたりの審査時間は1分に満たない。時間は均等に使うわけではないから、気になった作品についてはポートフォリオも含めてじっくりと見る。そうでないものはほぼスルー（気に留めない）である。せっかくの力作をごくわずかな時間でチェックすることになるのは大変申し訳ないが、数多くの審査員がそれぞれのアンテナを張りながら回ることでチェック漏れを防いでいる。もし私が見落としていても、すぐれた作品ならば誰かがピックアップしてくれるはずだ。また、展示会場の地図を持ったタイムキーパーの学生が一緒に回ってくれるので、すべての作品を見るということに間違いはない。

短時間で作品の内容をつかむには、何を問い、どう答えたかが端的に示されているパネルの表現がものを言う。しかし、模型の表現の豊かさに比べるとパネルはおとなしい。パネルの表現にはもっとチャレンジがあっていい。

今年の傾向としては、昨年の審査のキーワードにもなっていた非人間中心主義的な作品（SDL2018日本一など）は影を潜めたように思える。一方で、地域資源の掘り起こし、外国人をターゲットとした観光など、産業施設として事業性を意識したテーマが目立った。レーザーカッターを多用した繊細な木造架構の模型は数も多く目を引くが、3Dプリンタを使った曲面造形のものは一時期よりも少なくなった。フィールドワークで空間の標本を採集し、カタログのように並べる作法の作品がいくつもあり、どれも知的でおもしろいが、それらを再統合して建築に仕立て上げるには、もうひと工夫する努力が望まれる。投票による各審査員の100選が出揃ったところで集計し（本書33〜34ページ表参照）、その結果を見ながら審査員全員でもう一度会場を回った上で協議の上で予選通過100作品を決定する。予選通過作品が単純な得票上位100点ではないことは説明している通りで、応募作品の広がりをまるく包摂する作品群になるように決めていく。似た傾向の作品が複数ある場合は、そのうち1つを選ぶことになるから、完成度の高さはもちろん、独創的であることがとても重要だ。

＊SDL＝せんだいデザインリーグ　卒業設計日本一決定戦

ボーダーラインを浮沈した42作品

友渕 貴之（予選審査員）

審査員は歴代最多の総勢16人。多彩な視点からの評価が反映される反面、1票が31作品、0票が35作品と昨年以上に票が分散した。投票後の審査員全員での巡回審査では、多得票の作品に疑問が呈されたり、逆に少得票の作品に強い推挙の声が上がったりする。こうした意見をもとに再検討を経て、予選を通過する「100選」が決まる。

今年のボーダーラインは6票から7票の間だった。評価は大きく入れ替わり、11票で落選する作品がある一方、4票で予選を通過する作品もあり、昨年以上に高得票作品の落選が目立った。以下、当落線上にあった作品の明暗について審査員がコメントする。

少得票（6票以下）で予選通過　▍23作品▍

005[6票]オフィス街に住まう──都市の夜間人口を増やす
大阪の密集オフィス街の高層部と地上部、ビル同士、昼と夜をつなぐように新たな建築物を挿入するという提案。大量の空間を新たに挿入することに疑問もあり少票だったが、新たに挿入された建築物と既存の建築とが織りなす風景に備わる絶妙のバランス感覚が一定の評価を得た。

017[6票]国境の建築的調停──アメリカーメキシコ国境の設計
アメリカーメキシコ国境関係を建築的に解き直す提案である。リサーチに基づいた提案であることが伝わりにくく、空想の世界だととらえた審査員も多かったため少票だった。しかし、建築物自体の構成もさることながら、現地で熱心に調査したと思われるリサーチブックを基礎として設計へとつなげている点が高く評価され選出。

019[6票]山手の空翠──愛宕の空を設計する
人間の使用するビルとして見ると形態の魅力が乏しく少票だったが、グラウンドレベル（地上面）のランドスケープ（地形）や建築群に対して、「スカイスケープ」と称した広がりのある上空部分に着目し、新たな風景の可能性を追求した視点が好感を得た。また「スカイスケープ」を構成する要素を自分なりに設定し、さまざまな視点から建築との融合点を見出そうとしている点も評価されて選出。

105[6票]都市ニテ登ル──高尾山に学ぶ登山型高齢者施設の提案
上下階をスロープでつなぐことで、均質で上下のつながりを構築しにくいビルディングタイプ（高層建築全般）の建築に登山に通じる体験のできる仕掛けを挿入し、新たな都市の様相を生み出そうという作品。高齢者を対象としているため、本当にこのスロープを登るのかという疑問もあり少票だったが、既存のビルディングタイプに対する新たなアプローチとして100選に残す価値があると評価された。

126[6票]Space by folding paper──おりがみに学ぶ空間構成
折り紙に着目し、造形の可能性を追求した作品である。若干の既視感があり、機能性についての言及がないため票は伸び悩んだが、造形の可能性に注力し、形態としての美しさを十分に提示できていることから、議論の中で支持する声が集まり選出。

144[6票]再結晶する空間的感情──情調を纏うエレメント
パネルや模型では作品の主張がわかりにくい上に、どのような場が生み出されるのかを想像しづらいことから、やや票が少なかった。しかし、「感情のRGB変換」というユニークなアプローチ手法は興味深く、一定のリサーチにより空間化しようとしていることが100選につながった。

154[6票]透明なまち──鳥取しゃんしゃん防火建築噺
メインストリート沿いに都市の防火を目的に設置された商店街は、当時と比べて廃れてしまい、メインストリートの表の顔としてふさわしくない状態になっている。そこでガラスの箱によって、衰退したイメージを刷新するとともに、街の表と裏の関係性を建築的に解くことを意図した作品である。比較的シンプルな提案内容のため見栄えがせずに少票だったが、シンプルゆえに得られた共感があり選出となった。

168[6票]反影都市
閉鎖的な高層ビルというビルディングタイプに対して、下町のような賑わいのあふれ出す空間を高層化しようという提案。均質なビルが乱立する上空部に人工地盤を設け、小さな街を形成していく。建築としてのリアリティが感じられず、票が少なかったが、大胆に夢を描く力が支持された。

173[6票]渋谷受肉計画──商業廃棄物を用いた無用地の再資源化
商業廃棄物を再資源化することにより、東京、渋谷の「地域らしさ」を獲得しようとする作品である。商業廃棄物を活用して新たな空間を設計しているが、廃棄物が持っている情報の扱い方や、結果として現れた空間の魅力に対して疑問が残り、強く推しきれない審査員が多く少票だった。しかし、さまざまなケーススタディとネーミング・センスの秀逸さがプラス要素になり、選出された。

198[6票]BOOK OF DAYS──建築×漫画
建築空間として新たな造形や計画に取り組んでいるわけではないため、票が分かれた。

凡例：ID番号[票数]作品名

模型撮影（特記以外）：越後谷出＋仙台建築都市学生会議
Photos except as noted by Izuru Echigoya +
Sendai Student Network of Architecture and Urbanism.

126

168

005

019

144

173

017

105

154

198

ただし、漫画という手法によって鑑賞者を自らのフィールドに引き込み、計画された建築の機能やそれによって生まれる体験を伝えることで、計画内容の意義を鑑賞者に納得させる力が100選へとつながった。

244 [6票] 丘にある祖母の家
祖母の時代から積み重ねられてきたモノの数々を、時間の移ろいによる環境の変化と作者の心情とともに描き出し、徐々に家が変化していくという作品である。最終的に何が残るのかが不明瞭なため票が割れたが、議論を経て、ていねいに考えられている点が評価され、100選に値すると決着した。

252 [6票] 類推的建築──宮城に建つ3つの住宅
イタリアの建築家アルド・ロッシのドローイング研究から始まり、彼のドローイング作品『類推的都市』(1976年)を日本版に落とし込んだ作品である。建築としてはスケールが小さく(小規模で)、建築物の表現も控えめであったため少票だったが、日本版『類推的都市』のドローイングのうまさに審査員からの支持が集まり選出。

275 [6票] 律動──中間領域の調律を担う
人工地盤や造成工事、高層化といった近年の都市開発の流れに対向して、逆に建築空間を都市に上乗せしていく方法の提案である。既存の建築に絡みつくように作られた「地形」と呼ばれる建築の姿は、都市に新たな可能性を提示しているようにも見え、選出。票につながらなかったのは、既存の建築物を侵食する手法にリアリティを感じにくかったことが要因だと考えられる。

458 [6票] 自由の境界線──刑務所と都市のコンプレックス
「都市と刑務所」を「自由と不自由」という関係性に置き換え、都市において両者に共通する性質の中から、自由と不自由を規定する要素を抽出した。そこで見出された両者の境界に着目し、都市と刑務所が緩やかにつながっていく施設計画を提案している。建築自体の表現力に欠け、作者の思考が伝わりにくかったため票は少なかったが、議論の中でテーマのおもしろさが見出され再評価された。

192 [5票] 都市の玩具箱──界隈の集積による上野駅の再構築
駅をコア(核)として「地域らしさ」を周囲に波及する建築設計案である。東京の上野駅界隈のエレメント(街の構成要素)を収集し、それらを「新しい場をつくり上げるカード」へと変換し、設計につなげるという作品だ。「らしさ」というものがどれほど実現されたかが不明瞭で少票だったが、建築には魅力があり、協議の末に選出。

374 [5票] 群像への建築
商店街により生み出される、メインストリートに対する表の顔と裏通りと化す裏の顔を題材にした作品。表の顔として賑やかさを演出していた商店街の衰退を機に、商店街の表と裏をつなぎつつ、テナントごとの表情を変える建具までを含めて提案している。目立たない控えめな表現だったため少票だったが、建具のスケール(寸法)をもとにして建築群を詳細に設計しているところが評価されて選出。

463 [5票] つぎはぎの記憶
温泉街の街路空間を改善しようとする作品である。模型ではどの部分に手を加えたのかわかりづらかったため敬遠され少票だったと考えられる。しかし、ポートフォリオを読み込んでいくとリサーチから提案までていねいに進めていることがわかり、空間としてもしっかり検討して設計されている形跡を感じ取れたことがポイントとなり選出。

473 [5票] 楽しく子育てできるかな?──被災地が取り残した現実と、その先。
被災地に子育て支援施設を建設する提案である。建築としてのスケール(規模)が小さく、空間も楽しそうではあるが強くひきつけるものではなかったため票が少なかった。しかし、再検討の段階で、作者が実際に地域に入り込み、ワークショップを通じて、現状の地域課題を抽出し、この場所における必要性を汲み取っていることが判明。さらには実現に向けて動いているという実行力が評価された。

476 [5票] 石橋の恣意性 或いは地球
表現力については多くの審査員が評価していたものの、建築としてどのように理解すればいいかが難しく、票が分かれた。しかし、これだけすぐれた表現力のあること自体で、一定の思考力の上に築き上げられた建築だと評価できる上に、「期待に応える内容が備わっていると信用したい」という強い推薦意見が出たこともあり、100選に選ばれた。

097 [4票] 下町アマルガム──下町らしさの継承と再構築
下町を対象とした地域にふさわしい街区計画の提案。抽出した街の構成要素を材料として設計する作品が多かったため、票にはつながらなかったが、模型から読み取れる空間に可能性を感じるとともに、図面からもいい雰囲気が伝わり、100選となった。

133 [4票] Vital Bade──能動的再生医療施設
再生医療施設という、治療する場から社会復帰をめざす場までを備える施設空間の提案。社会的意義は理解できるものの、なぜ、このような形態をとる必要があるのか、という疑念から票が集まらなかった。しかし、重要なテーマに取り組んでいる点への

244

458

463

097

252

192

473

133

275

374

476

221

評価と、医療施設という建築的制約が大きい施設に果敢に取り組んだ姿勢に対する熱烈な応援により、選出。

221[4票]積木の杜──中山間地域における林業の再編
木材加工を中心とした建築空間の提案である。提案内容自体は目新しいものではなく、表現も少し暗いイメージだったため票につながらなかった。しかし、むき出しの状態の木を使った仮設的な建築群は、無骨だが魅力ある空間に仕上がっていることが発見され、評価を高めた。

461[4票]すなぎんを学ぶ
使用されない時間帯の店舗や遊休施設を活用して地域を活性化することをめざした作品である。ていねいに設計しているものの、よく見られるテーマである上、スケール（規模）が小さいこともあり票にはつながらなかった。しかし、議論の際に、店舗に調理学校を入れるというソフト面での新規性とリアリティ、そして具体的に使用されるイメージまでていねいに描かれていたことが審査員の共感を得ることとなった。

高得票(7票以上)で予選未通過　19作品

034[11票]ùnico house
人間の不完全性を建築にも当てはめることで、個性を持った建築の姿を提示しようとした作品。さまざまな建築の姿が示されており、コレクションのように並べられた模型群は俯瞰した時に審査員の目を引き票を集めた。しかし、ケーススタディ集のような作品は他にも見られたことや、ケーススタディの先にある風景を想像させることができなかった点で評価を高められなかった。

324[10票]座・道頓堀──芝居のまち・道頓堀における劇場を中心とした文化拠点の提案
模型のわかりやすさもあり、票が集まったと考えられる。しかし、議論を重ねる中で、建物を突き抜けた柱の群や、川を覆い込むような巨大建築物の圧迫感などの意匠の過剰さが際立ち、惜しくも100選を逃した。

151[9票]カタチのアラワレ──動きのカタチの存在とそれに基づく設計
道具を介した特有の動き（ペンを使って描く、ギターで音楽を奏でるなどの行為）がスマートフォンによって置き換えられている。こうした一連の変化を運動記録実験を通して、建築化しようとする作品。アプローチ手法は興味深く、人を引き付ける世界観が演出できていたため票を集めたが、建築化されたもの自体については空間の新しさと説得力に欠けた。

267[9票]刑の形
刑務所と林業・木材業を掛け合わせることで、地域の生業と受刑者の社会復帰の観点から可能性を提示した作品である。仕組みとしてはよく考えられており、意義も感じられるため票を集めたが、建築としての有効性について評価が分かれ落選。

329[9票]逃避行
「逃げる」という行為に特化した建築の提案である。独特の様相を呈していたため、審査員の目に留まり票を集めた。しかし、再検討の過程で、空間が明快であるととらえられる反面、単調であるともとらえられ、評価が分かれた。また、建築の構法や形態に目新しさが感じられなかったため、惜しくも落選となった。

036[8票]雨跡を編む
水害常襲地帯を対象とした新たな風景の提案である。設計された建築のパッと見た佇まいは美しくまとめられているようで票を集めた。しかし、被災した住宅が盛土により埋められるという行為の是非について議論となり、惜しくも落選となった。

080[8票]ナナメな家──負の記憶の転換
地震により傾いた家を積極的に受け入れて、新たな住まいの可能性を提示しようとした作品である。負の遺産を好転させることに対する好感が集まり多票だったが、計画がやや甘く、家並みが傾いた風景に対する疑念が払しょくできず落選となった。

089[8票]追想自然葬園──生と死を紡ぐ景観デザイン
池の周囲にフレームを連続させることにより新たな風景をつくり出し、自然と一体になった風景を周回することで生と死を意識させようとしていることが読み取れる。池

461

151

036

034

267

080

089

324　329

の周りに軽やかなデザインを配しているため、一定の美しさが担保され票を集めたが、やや単調で、ソフト面とデザインの関係性が弱いことも指摘され、落選となった。

109[8票] 時の航海──閉ざされた防御線をもう一度現代で
海に佇む建築のような島のような風景は、パッと見たさわやかさが好印象を与えて票を獲得した。しかし、実際に、この建築群を回遊してどのように利用するのか、建築物単体として見た際に大屋根の空間は果たして機能的に有効であるのか、という点が議論になり、惜しくも落選となった。

167[8票] 今を重ねて
かわいらしい建築の形態と表現により1巡目の審査で目に留めた審査員が多く、多得票だった。イメージなどが豊富に描かれ、好感を抱かせる内容であったが、牧歌的な表現に留まり、建築としての力強さを見出すことができずに落選となった。

247[8票] スクラッピングモール──余剰消費空間を利用した循環システムの提案
大型商業施設をゴミ処理場にコンバージョン(用途転換)しようとするアイロニカル(皮肉)な作品である。アプローチ(着眼点)としてはユニークで票を集めたが、実際に大型商業施設をゴミ処理場として再利用する際に、空間的・構造的なリアリティが見出せるか、ということが分岐点となり落選。

265[8票] Instagenerative Architecture
──インスタ映え至上主義における設計手法の提案
賛否が分かれた作品。近年は、写真映えするかどうかによって、若者への求心力が大きく変化することから、建築の設計手法として見映えのよい建築の作り方に挑戦したものである。その挑戦のおもしろさを推す審査員も多く票を集めたが、「でき上がった建築が本当に写真映えしているのか？」と疑問視する声が強く、惜しくも100選を逃した。

337[8票] 屋木苻の梯子
模型とパネルの両方が目を引き、空間としての魅力も兼ね備えていたため票を集めた。しかし、再確認の過程で、木造と思われる構造体は、火災が発生した際にはむしろ危険な存在になるなど、防災面での不安が議論の焦点となり、防災を軽視した作品を評価することは難しいという決断に至った。

014[7票] 事物都市
空間を解体することにより、機能をもとに建築を構築するのではなく、現れた建築空間を読み解きながら、そこに機能を挿入することをめざした作品。純粋に空間の可能性を探求しようとする行為自体が好感を得て票を集めた。しかし、デザインのテーマとしては既視感があったこと、全体としてキューブという枠にハマっていて新たな展開がないことなどが相まって、評価が伸びなかった。

114[7票] 流転する全体性──名もなき民家と許容されるキメラ
古民家の改修方法に関する作品である。改修という行為を、建築に時代性を介入させる行為ととらえ、実際の改修プロセスをリサーチし、未来を見据えた改修方法を検討している。設計手法としては好感を持たれ多票だった。しかし、古民家の改修についてのビジョンは示されているものの、住まい手の姿が想像できず、審査員に空虚さを感じさせてしまったことにより落選。

116[7票] rebirth/reverse
建設残土廃棄地という人類の開発の裏側とも言える場所に焦点を当て、土砂災害との関連を踏まえつつ、土砂災害による残土と人類との関係性を再構築しようとした提案である。テーマは興味深く票を集めたものの、退廃的な世界観が単なる物語世界のようにも受け止められたことが当落の分かれ目となった。

261[7票] 水を彩る
東京の神田川沿いに3つの建築物を連ねることで、心地よい川沿いの風景をつくり出そうとする作品である。川沿いに佇む建築ということで、パッと見た印象が良く映ることもあり票を獲得したが、個々の建築物の役割や空間についての検討が甘く、「ロケーションの良さ頼り」に留まってしまった感が否めず落選。

405[7票] 晴好雪奇(セイコウセッキ)
北陸地方の都市での雪の扱い方についてポジティブ(前向き)な受け止め方を検討した作品。雪をまとう屋根の表情が印象的で票を集めたと考えられる。実際に積雪実験を行なっており、気候風土に即した新たなデザインとして推す審査員もいたが、実寸大にした際にどれほどのリアリティがあるのかが議論となり、惜しくも落選となった。

469[7票] 記憶の結晶：感覚∞自然∞精神
──アルゴリズムによる相互共生コミュニティの提案
詩人、宮沢賢治の世界観を軸に、地域の人々をつなぐ施設の提案である。模型やパネルの印象は強かったため票が集まったが、このデザイン表現が本当に宮沢賢治のデザイン・コードと呼べるのかが審査の焦点になった。資料を見てもデザイン・コードの抽出プロセスが不明瞭であったため推しきれなかった。

109

265

114

405

167

337

116

469

247

014

261

2019 予選の「いいね！」

セミファイナル、ファイナルの審査員を除いた予選審査員11人に、予選の投票を終えた後、今年の出展作品の中で気になった作品や今年の特徴的な作品を1つずつ、評価の高さとは無関係に挙げてもらった。2019年の出展作品の傾向と審査に対する予選審査員それぞれの視座がうかがえる。

Photos except as noted by Toru Ito, Izuru Echigoya.

小野田 泰明
モジュールと空間性

<u>354</u>
住田 昇太　京都建築大学校
長者原尺
──歴史を語り継ぐ埋蔵文化センター展示室の提案

■選定理由
建築の原点に立ち戻っているところが、卒業設計として、とてもいい。縄文時代に、建物を構築する部材寸法に使われた独特のモジュール（基準寸法体系）をもとに、縄文遺跡の展示館を設計している。地味だけれど、モジュールが変わると建築空間がどう変わるか、という問題をていねいに追求する姿勢に好感が持てる。最新の時勢や未来的問題に取り組む卒業設計の多い中で、現代の設計者の使う建築言語とはどういうもので、どんな可能性を秘めているのか、という建築の基本テーマの根本を探求しているところがとてもいい。

■作品講評
独特のモジュールを上手に使った設計はうまいし、でき上がった建築も美しいけれど、そこで終わっているのが残念だ。縄文モジュールが作者のつくったモジュールとどう呼応していて、従来のモジュールによる建築とどう違うのか、についてまで探求できると良かった。発見したことを設計するだけで終わりにせず、もっと発展させて、モジュールと空間性の関係に迫ってほしかった。

小杉 栄次郎
死を迎える場の風景

<u>162</u>
中倉 俊　神戸大学
終の景、湖上の別れ
──奥浜名湖におけるホスピスと火葬場が紡ぐ環

■選定理由
近年、人と人とのつながりや、人との共感を求めるテーマが多い中、「生と死」という、人間にとって普遍的なテーマは卒業設計にふさわしいと思い選んだ。今の時代を切り取った課題に取り組むことも大事だが、ベーシックな課題に取り組むことも評価したい。また、地方の湾に面した場所に建つ、火葬場と死者との別れの場（ホスピス）を、建築単体だけでなく、ランドスケープ（地形）と一体的に考えて設計しているところがいい。

■作品講評
提案された建築の円環による造形は、単純だが美しい。「美しさ」「生と死」といった問題を作者なりにまとめて表現している。個々の建築もしっかり設計しているし、全体がランドスケープとしてもまとまっている。ドローイングもうまい。
目新しさはないが、こうした真面目なテーマに取り組んで、しっかり設計していくことは重要だと思う。

齋藤 和哉

川と建築をなじませる工夫

261
比佐 彩美　東京理科大学
水を彩る

選定理由
提案した建築の形態や考えていることは良い。1つ1つを見るとよく考えられている。たとえば屋根の形態は、光や風を取り込みながら、河川沿いの場所を親密な水辺空間にしようという提案なのだろう。近年、地球温暖化をはじめとする環境問題の深刻化に対する社会の関心の高まりを背景に、建築が環境装置としての役割も担いつつ、周辺環境に溶け込んで全体的に環境を良くしていこうというタイプの建築提案が増えている。この作品はその1つと言える。

作品講評
一見良くできているが、じっくり見ると疑問が生じる。たとえば、河川に対して建築をなじませると説明しているが、提案している建築物そのものは川と接しておらず、川と建築がデザイン的に一体となっているとは言えない。また、まわりの環境や土地の特性に沿っていないため、この建築はどこの川にでも、場合によっては公園にでも建ち得る。この建築がこの場所にあるべき理由が読み取れない。川を建物内部に取り込むなど、もっと積極的にやれることがあったのではないか。

櫻井 一弥

建築的行為としての文化財維持

277
石川 晃　日本大学
保存から始まるこれからの文化財
──市有形文化財の動態保存のモデル

選定理由
今年は文化財をどう維持していくかということに真剣に取り組んだ提案がいくつか見られた。「文化財を維持していくことは建築的に重要な行為である」と最近の学生が意識していることに少々驚きを覚え、うれしく思った。歴史的建造物をいかにうまく生かしながら新しい文化を提案するか、そんな視点がとても新鮮。文化財の維持や保存はとても大変だが、どうすれば市場経済の中でうまくまわしていけるか、学生なりに考えているところに好感を持った。

作品講評
文化財の維持という問題に積極的に取り組んでいるところが評価できる。日本の文化財を取り巻く状況を考えると、観光客向けの施設を提供し、収入を得て修繕費などを拠出する、というあり方は間違っていない。しかし空間づくりが良くない。もっとリアリティの追求が必要で、大きい施設を文化財の脇に作るというのはやり過ぎ。新設する建築はさりげなく、むしろ文化財の維持を成り立たせる地域の経済的・人的ネットワークといった仕組みを提案できるといい。

恒松 良純

不可逆的現実

110
藤間 一希　新潟工科大学
きょうよりかあしたは

選定理由
全体を見て2つの傾向を感じた。大掛かりなわりには内容の伝わらない作品と、自分でルールを設定して形にしているが「これはないな」と感じさせられる作品。どちらもテーマの絞り込みの段階で注意力が散漫になっているのではないか。その一方で総じて、模型の完成度には感服させられた。
選んだ作品は、児童虐待をテーマにしたもの。現代社会が直面する今日的な問題である。児童虐待による悲惨な事件報道は、作者の設計の開始時と完成時で比較すると、倍増したかもしれない。

作品講評
公営住宅を美術館にコンバージョン（用途変更）して、児童虐待に意識を向けるための空間体験をさせる場所を提起しているが、そこでの空間体験は、人々の児童虐待への気づきにはつながらないと思う。そもそも「体験する」という方法は疑問だ。また、テーマが重すぎるためか、空間の構成や形態にも共感できない。しかし「なくさなければならない」という強い思いは、作品全体から伝わってくる。先の見えないテーマに取り組んだ勇気を評価したい。

友渕 貴之
住みこなす手立て

080
板東 千尋　北海学園大学
ナナメな家──負の記憶の転換

選定理由
大規模なものより小規模なもの、地域性を感じる作品に魅力を感じた。北海道胆振東部地震は震度7の揺れを札幌市にもたらし、液状化により作者の身近な地域の家が傾いた。傾いた家はジャッキアップして修復するという選択が一般的だが、作者は悲観の対象である「傾き」を豊かさに変えようと奮起している。不安感から生じた発想の転換がどのような設計に至ったのか見てみたいと思った。

作品講評
平坦な土地に建つ住宅が地震被害を受けて傾いたという設定。床が傾き、住めなくなった家をどのように補正して、どのように住みこなすかを提案している。被災した住宅を前向きにとらえ、改修して使用するという提案は好印象。「傾き」を活かして住みこなすという提案は類を見ない。技術的な課題が残り、空間としては十分に詰め切れていないが、ポジティブ（前向き）で斬新な発想自体を評価したい。

中田 千彦
試行錯誤ゲーム

245
澤嶋 怜　日本大学
三千ノ径──結び逢う参道空間

選定理由
人口減少の状況下で建設される無用のハコモノ、徹底したコストカットのための偽装工事など、建築に対する信憑性が問われている。出展作品には、社会に向けたいろいろな配慮をしたものが多く見られた。
この提案は神社のない場所に神社を作り、参道を通じて地域のコミュニティを豊かにするというもの。神社の拝殿や鳥居は鉄骨のフレームで記号化され、神を祀る場所という、本来の意味とはかけ離れた構造体になっている。本来の意味や合理性からかけ離れた提案をどのように建築設計に結び付けたのか、興味をもった。

作品講評
埋立地に神社を建てる行為。設計案は鳥居、参道などの宗教的要素をリスペクトする（敬意を払う）ような振りをして読み替え、無手勝流に街のコミュニティ再生の切り札に位置付けようとしている。そのアイディアには無理や無駄も感じるが、街中にランダムに配置された鳥居は足湯や本棚、遊具となり住民に希望を感じさせるものとなるだろう。昨今、世間を見渡せば、合理性の追求だけが建築の健全な手法とは言えない。卒業設計は自身との格闘のようなもの。プロセスを楽しんで、悩んで苦しんで提案を練り上げてほしい。

西澤 高男
時間や記憶のデザイン

095
野田 明日香　大阪工業大学
風と消える風景──本庄水管橋のさいご

選定理由
それぞれの建築が持つ意味合いはある程度の年数を重ねて定まっていくものだが、この作品では「建築（水管橋）が撤去され消えゆくところ」をデザインすることで、その建築が持つ意味や記憶への眼差しを提案しているのがおもしろい。建築や街は壊されてしまえばどんどん忘れられていく。いつかは壊されたり解体されたりする運命にあるものに対して、我々はどういう眼差しを持つべきか、非常にうまくデザインしている。時間のデザインであり、ある種の都市デザイン、ランドスケープ（風景）・デザインでもある点を評価した。

作品講評
建物を建てたり、ものをつくったりするだけがデザインではない。ある種の時間や記憶をつくることも非常に大切で、これは、その点がていねいな視線でデザインされている作品だ。課題はどう実行に移すか。きちんとした手続きを踏めばおそらく不可能ではないが、私自身の経験を振り返ると、管轄する行政が複数の場合など越えなければならないハードルが多すぎて、過去には実現できなかったプロジェクトもあった。どういう形なら実現できるか、もう一歩踏み込んで考えるとよりおもしろい提案になる。

福屋 粧子
地球全体を考える構想力

058
工藤 浩平　東京都市大学
State of the Village Report

■選定理由
この作品は建築そのものの設計ではない。製作者は地球を旅して、地球全体で起きている問題点を壊れた球体のような地球の縮小モデルの中で表現しており、その構想力にひかれる。著名な建築家でエンジニアのR. バックミンスター・フラーは、地球の問題をどう解決するか、最も効率のよいデザインは何か、を考えて球体というものを着想した。地球全体のことを考えてデザインしようという着想の作品は非常に少なく、その点を評価したい。

■作品講評
この作品は世界の人口を1,000人に変換して、地球をギュッと小さくしたデザインになっている。非常に空想的だが、そんなことを考えてみるのも建築家の大きな役割の1つ。ただし、製作者がコンピュータの世界の中に閉じこもっているのは残念。そのアイディアを具現化するには、もっといろいろな分野との協力が必要。思考実験としてはおもしろく、Google Earthのようにコンピュータ上で地球を模した球体をぐるぐる回すようなアイディアもあったかもしれない。

堀口 徹
人間中心の世界へのアンチテーゼ

476
石橋 佑季　九州大学
石橋の恣意性　或いは地球

■選定理由
作者自身の中でまだ、処理し切れていないようだが、最近の建築界でも多い、多様な読み方を誘う魅力のある作品。卒業設計では、安易な回答を出さなくてもいい。むしろ、一生かけて追求できるような命題を立てることも重要だという視点で選んだ。
作者は3つのテーマに取り組んでいる。まず、人間を含めて植物や鉱物など都市を構成する物質の視点から世界をとらえ直そうとしている。次に模型では、すでに存在している物の形を読み解いて、それを手がかりに建築を作ろうとしている。この2つは、最近、アメリカ合衆国ロサンゼルスの建築家たちが取り組み始めているアプローチで、作者がそこに興味を持った点を評価したい。最後に、手書きのドローイングや断面模型は精緻で、未熟ながら、人間の身体も物質の代謝の1つだととらえて表現しようとしている。

■作品講評
人間中心に形成されてきた世界を問い直す、という最近の哲学の潮流に、自分なりにアプローチしようとしていることは評価する。しかし、3つのテーマを統合できていないし、模型のスタディは断片的で、ドローイングや断面模型で表現したものと、どうつながるのかを示していない点が物足りない。

本江 正茂
小さな土地の再利用で街並みを変える

220
土井 海志　大阪大学
まちを彩る──駐車場の活用とまちの更新

■選定理由
現代的でタイムリーな問題に取り組んだ作品として選んだ。
現在、自律走行車やウーバー[*1]などの登場で、自動車を巡る状況やシステムが劇的に変わりつつある。従来の戸建て住宅で1戸の敷地内に1つある駐車場は、今後不要になると想定し、既存の街区の中で大きな面積を占める、それらの規格化された駐車用地を、どう活用できるかという問題設定はおもしろい。

■作品講評
自動車を、単に新しい規格のものに置き替えるという回答はやや図式的で、もっと発展させた提案がほしかった。提案では1戸ずつに、半分公共的、半分私的に使える空間を入れている。住宅を家族専用の閉じた空間にせず、工房やギャラリーなど、住み手の趣味に応じて近隣住民と共有できる空間を備える、「住み開き」の提案という方向性は良い。また、月極駐車場などの大きなスペースは、地域住民みんなで使う空間に、といった提案もおもしろい。土地が余り、公共の空間と私的な空間の境界をどのように再設定するかは、都市の大きな問題だ。大型の公共用地に限らず、こうした狭小スペースを複数つくり替えることも、開放的な街並みや地域をつくる契機になり得る。

編註
*1 ウーバー(Uber)：自動車配車ウェブサイトと配車アプリによるサービス。

PROCESS_2
Semi-Final Round
01_Group
02_Discussion

セミファイナル審査では、午後の公開審査(ファイナル)のステージに立つ10組を選ぶ。2016年以降、グループ審査とディスカッション審査の2段階を経てファイナリストを選出する、密度の高い審査過程となった。ファイナルと同じ審査員が審査に当たる。

最初のグループ審査では、6人の審査員を2人ずつに分けた3グループと審査員長、計4グループに分かれて審査する。先の3グループは、前日の予選を通過した100作品(100選)を3分割し、それぞれ1/3ずつの作品を分担して審査し、各10作品を選出。選出作品には、上から松竹梅の3段階で各グループごとに評価が付けられる。審査員長は、予選通過作品を審査し、見落としのないよう全出展作品をひととおり見た上で、10作品をめやすに選出する。

審査員4グループは、それぞれアテンドする学生スタッフと担当アドバイザリーボードの案内で、せんだいメディアテークの5・6階に分かれた展覧会場内を巡回。担当する作品を確認しながら審査を進めた。作品選出を終えた審査員は、昼食の時間を利用して、アテンドする学生スタッフの案内で担当以外の出展作品をすべて一通り確認した。

全グループの選出作品の集計がまとまると、6階バックヤードで、セミファイナル最終審査過程であるディスカッション審査が始まった。まずは各グループごとに選出作品のプレゼンテーション。続くディスカッションでは、床に並んだポートフォリオを囲み、司会が審査員たちに話題に上った作品のポートフォリオを見せながら審査が進む。この様子が市場のセリ(競り)を思わせることから、「セリ」と呼ばれる。今年は、どの審査員からも追加推薦の声がなかったため、各グループが選出した計37作品を対象に、全審査員での審議を経て、ファイナリスト10作品が選出された。

セミファイナル

グループ審査
ディスカッション審査

2019.03.03.AM
せんだいメディアテーク
5・6階ギャラリー、
6階バックヤード

01_グループ審査

グループ_1:
トム・ヘネガン + 中川 エリカ

グループ_2:
西澤 徹夫 + 武井 誠

グループ_3:
家成 俊勝 + 栃澤 麻利

グループ_4:
平田 晃久(審査員長)

02_ディスカッション審査

セミファイナル審査員プレゼンテーション
ファイナリスト選出のためのディスカッション

セミファイナル審査員

平田 晃久(審査員長)
トム・ヘネガン
西澤 徹夫
武井 誠
栃澤 麻利
家成 俊勝
中川 エリカ

司会
本江 正茂

*アドバイザリーボード=本書5ページ編註1参照
*セミファイナルのグループ審査で、審査対象作品を3グループに分ける際、大会運営の不手際により審査対象から外れ、グループ1~3では審査されなかった作品があった。グループ4の平田審査員長は審査している。本書では、該当作品を当初入るはずだったグループの審査対象作品に加え、後日、ポートフォリオをもとに審査して加筆した講評を掲載している。

Model photos by Izuru Echigoya + Sendai Student Network of Architecture and Urbanism.
Photos except as noted by Toru Ito, Izuru Echigoya.

100 ◆ 37 ◆ 10

表1　セミファイナル　作品選出結果

凡例：
* ■欄はヘネガン+中川グループの担当33作品
* ■欄は西澤+武井グループの担当33作品
* ■欄は家成+栃澤グループの担当34作品
* 「●」はグループ審査の選出作品
* ■欄は平田審査員長の審査対象、予選通過100作品（100選）
* 青色の氏名はグループ審査でディスカッション審査に選出された37作品
* [重複選出]欄の「●」は担当グループと重複して、平田審査員長が選出した作品
* **ID**は、ディスカッション審査でファイナリストに選出された作品
* ***ID***は、ディスカッション審査で補欠に選出された作品
* TH=トム・ヘネガン審査員

註：
* 平田審査員長は、予選通過作品（100選）を審査し、それ以外の全出展作品にもひととおり目を通して10作品をめやすに選出。評価の高い順に「松竹」と「梅」に分けられた
* その他の各グループの担当作品は、予選の得票の多い順に、3グループに振り分ける方法で決められた。大会当時の得票集計数に誤りがあった。本書では、正しい得票数を掲載
ヘネガン+中川グループは33作品、西澤+武井グループは33作品、家成+栃澤グループは34作品を担当
各グループごとに10作品ずつ選出し、評価の高い順に松竹梅の3段階に分けられた
* ID199がファイナリストを辞退したため、ID170が繰り上がった

*1：平田審査員長の選出作品から、他グループとの重複作品を除いた単独選出作品数の合計

PROCESS_02 **Semi-Final Round**　　01_Group［グループ審査］

グループ_1：トム・ヘネガン ＋ 中川 エリカ

リアリティとオリジナリティ
齋藤 和哉

＊文中の作品名はサブタイトルを省略
＊（　）内の3桁数字は出展作品のID番号

このグループでは33作品から10作品を選出した。トム・ヘネガン（以下、TH）審査員、中川エリカ審査員ともに前日の予選審査から参加していたため、各作品をある程度理解した状態で審査が始まった。まずは33作品をひととおり巡り、予選審査で感じたことについて作品ごとに意見交換した。その後、もう1周回りながら、どの作品を残すか残さないかを決定していった。また、強く推す順に、「松」「竹」「梅」として選出10作品を分類した。

両審査員が納得して選出することになった作品は、『都市的故郷』（071）、『海女島』（155）、『駿府の城』（199）、『都市に舞台を』（482）の4つ。この4作品は「松」として選出することをまず決めた。次に、どちらかの審査員が気になった8作品、『オフィス街に住まう』（005）、『多重露光』（138）、『水上ノ民、水辺ニ還リ、』（172）、『ならまちの街区内ボイドを生かした建築生成コードとまち施設の提案』（187）、『三匹のムネモシュネ』（272）、『森の入り口』（297）、『雫の紡ぎ手』（309）、『すぎんを学ぶ』（461）のポートフォリオを1カ所に集め、議論をしながら、「竹」3作品、「梅」3作品を選んでいった。

（005）と（187）はどちらもアイディアはおもしろいが、提案の中にリアリティとオリジナリティを見て取ることができなかったため落選となった。模型上ではうまくできているように見受けられるが、図面を見ると機能的、構造的な問題が解けていないこと、図面や模型の表現を十分に検討していないことが評価を下げた要因であった。

残りの21作品、（008）（030）（050）（053）（069）（097）（105）（130）（136）（184）（198）（214）（244）（252）（257）（374）（396）（406）（411）（438）（446）は、予選を通過した100選に残っているだけに表現力のレベルは高い。しかし、100選から次のステージに上がるこの段階では、前述したリアリティとオリジナリティが求められることになる。短時間での審査であっても、TH審査員は「このベッドの置き方では枕が落ちる」、中川審査員は「この窓の開け方ではカーテンを引かないと生活できない」といった、ミクロな視点でも作品を読み込み、評価していたのがとても印象的であった。

セミファイナル　グループ審査
作品選出結果：ヘネガン＋中川グループ

松	竹	梅	ID	氏名	作品名
●			071	長谷川 峻	都市的故郷
●			155	坂井 健太郎	海女島
●			199	落合 諒	駿府の城
●			482	髙橋 里菜	都市に舞台を
	●		138	伊藤 健	多重露光
	●		272	川永 翼	三匹のムネモシュネ
	●		461	池田 葵	すぎんを学ぶ
		●	172	朱 純曄	水上ノ民、水辺ニ還リ、
		●	297	伊藤 京子	森の入り口
		●	309	高橋 遼太朗	雫の紡ぎ手
			005	濱川 はるか	オフィス街に住まう
			008	川瀬 智久	花街解体
			030	野田 早紀子	水路と舟と子どもの島
			050	河野 茉莉子／永島 啓陽／伊藤 日向子	109＊2.0
			053	鈴木 徹	都市の遺場所
			069	鈴木 篤也	御影の情景
			097	鳥羽田 圭志	下町アマルガム
			105	西堀 槇一	都市ニテ登ル
			130	駒田 浩基	集落再編計画
			136	竹内 宏輔	ときの残し方
			184	大橋 茉利奈	カンポンアクアリウム、365の暮らし
			187	髙橋 真理	ならまちの街区内ボイドを生かした建築生成コードとまち施設の提案
			198	加藤 佑	BOOK OF DAYS
			214	七五三掛 義和	或る町　或る家　私の家
			244	土器屋 葉子	丘にある祖母の家
			252	杉崎 広空	類推的建築
			257	田中 大我	冬の行き場
			374	岸野 佑哉	群像への建築
			396	猪花 茉衣	跡と共に生きる
			406	味村 悠平	街にある日々　日々にある居場所
			411	小林 亮太	貯水ビルディング
			438	森 史行	The possibility of useless landscape
			446	野中 俊彦	New Owner's Method
4	3	3			
10				合計選出作品数	

＊作品名は、サブタイトルを省略

071

155

グループ審査　審査経過

審査員：トム・ヘネガン、中川 エリカ
アテンド：齋藤 和哉、中田 千彦（アドバイザリーボード、予選審査員）

33 ⇔ 10

199

138

461

297

482

272

172

309

グループ_2：西澤 徹夫 ＋ 武井 誠

これからの世界のあり方に向けた論点

堀口 徹

*文中の作品名はサブタイトルを省略
*（ ）〈 〉内の3桁数字は出展作品のID番号

このグループを担当する西澤徹夫、武井誠の両審査員は、前日の予選審査にも参加し、セミファイナルの審査対象作品の選定にも関わっていたため、ファイナリスト候補となる10作品への絞り込みは難航するかと思いきや、割り当てられた33作品の全体像を把握しようと会場を一巡した時点でファイナリスト候補となる10作品は概ね絞り込まれていたように思う。

リサーチがていねいでも、その結果が建築空間としての提案に直結していない作品や、建築設計の新しい方法論になり得ていない作品（『山手の空翠』〈019〉、『Literal and Phenomenal』〈147〉、『八橋ノ音景編集』〈400〉、『100軒村の17の暮らし』〈423〉、『見えない感覚で』〈460〉）、あるいは既存の制度的、社会的枠組みの中で現実が先行している作品（『都市ヴァナキュラー住居』〈040〉、『透明なまち』〈154〉、『アーケード下、160mの学び舎』〈266〉、『自由の境界線』〈458〉）は、ファイナルでの批評的な議論の可能性という観点から支持を得られなかった。

地域選定における着眼点がすぐれていても、問いの掘り下げが不十分で批評性に乏しいものや、提案内容が不明瞭な作品（『都市の玩具箱』〈192〉、『都市の仮面劇場』〈217〉）や、提案に本質的な矛盾を孕んでいると指摘された作品（『死の主体化』〈046〉、『海へのまなざしの修復』〈101〉、『レンガ巡るまち』〈236〉）も議論に耐え得る充実した内容が足りないと判断された。

エネルギーや共同体など時代性をとらえたテーマ設定をしながら、最終的な提案が費用対効果や自然環境に大きな負荷をかけてしまうものなど、前時代的な枠組みに陥ってしまっている作品（『テランヴァーグの未知性』〈178〉、『SteamSCAPE』〈237〉）もそれ以上の共感は得られない。非常に特徴的な敷地を設定している作品（『Do not go gentle into that good night』〈028〉、『反影都市』〈168〉）は、その野心は評価されるが、特殊解に留まっているだけでは、私たちが生きる世界の建築の未来に対する議論にはなりにくい。

地域設定ではなく自らの経験や想像力を手掛かりに新しい建築空間の原型を模索しようとする作品（『日本語空間を考える』〈012〉、『ベリーピッキング』〈238〉、『わたしと。』〈349〉、『石橋の恣意性 或いは地球』〈476〉）は展示物とポートフォリオのユニークさも相まって、審査員の一定の興味を引きつけ続けたが、共感や納得を得るためには一度、対象化し再整理される必要があったかもしれない。平田審査員長の推薦により逆転でファイナリストとなった『あわいの島』（401）は、このグループでも候補作品として検討されていたが、離島独自の死者の弔い方という深いテーマに対してやや稚拙にも見えかねない作品プレゼンテーション（作品の見せ方）になっているというギャップや、既存の集落の空間構成にそぐわない空間造形が不利に働いたためか、選出されなかった。何より、2011年の東日本大震災以降、被災の現場に身を置きながら多少なりとも日本の漁村の集落構造、生活や生業を学び始めた審査員世代にとって、提案の敷地設定や空間造形と既存集落との関係は、腑に落ちにくいところがあったのも事実ではないか。

予選審査で高得票でありながらもセミファイナルで評価を得られない作品（『都市ヴァナキュラー住居』〈040〉、『海へのまなざしの修復』〈101〉、『Literal and Phenomenal』〈147〉、『都市の仮面劇場』〈217〉）が一定数あった。それは、たとえ同じ審査員でも、予選とセミファイナルでは明らかに異なる審査基準が導入されていることを物語っている。予選審査の段階では作品プレゼンテーションの完成度やユニークさによって評価されることもある。それは自らの作品やテーマ、世界観に真摯に向き合ったことの1つの証、あるいは自分のプロジェクトを完成させようとするマネジメント力の成果でもあり、何ら否定されるべきことではない。しかし、ファイナリストとしてステージに上げる作品を選ぶということは、これからの世界のあり方、建築のあり方に向けた論点、共有すべき新しい発見や驚き、あるいはその可能性を十分に秘めている作品を選ぶ過程であり、両者には質の違う選定基準が前景化されているのだ。

セミファイナル　グループ審査
作品選出結果：西澤＋武井グループ

松	竹	梅	ID	氏名	作品名
●			062	松岡 大雅	路上の建築から学ぶ建築の可能性
●			173	十文字 萌	渋谷受肉計画
●			295	岩花 建吾	感性の翻訳
	●		026	木村 晟洋	奇人思想空間
	●	●	144	佐塚 有希	再結晶する空間的感情
	●	●	170	鈴木 遼太	たとえば基準線にかさぶたを
	●		269	山地 大樹	偶然の建築
		●	042	好田 一貴	岩石為る者
		●	106	大方 利希也	眼差しの皇居
		●	372	中村 文彦	流れゆく茫漠を追いかけて
			012	武井 里帆	日本語空間を考える
			019	川本 純平	山手の空翠
			028	曹 雨	Do not go gentle into that good night
			040	松本 樹	都市ヴァナキュラー住居
			046	川下 洋和	死の主体化
			101	平林 航一 伊藤 渓彩 砂川 良太	海へのまなざしの修復
			147	宝角 成美	Literal and Phenomenal
			154	中田 嘉英	透明なまち
			168	山西 真季	反影都市
			178	堀口 真貴乃	テランヴァーグの未知性
			192	林 侑也	都市の玩具箱
			217	廣川 大樹	都市の仮面劇場
			236	秋山 由季	レンガ巡るまち
			237	宅野 蒼生	SteamSCAPE
			238	森 友里歌	ベリーピッキング
			266	渡邊 莉奈	アーケード下、160mの学び舎
			349	小林 史佳	わたしと。
			400	浅井 唯那	八橋ノ音景編集
			401	畠山 亜美	あわいの島
			423	西山 春凪	100軒村の17の暮らし
			458	井口 直士	自由の境界線
			460	坂井 晴香	見えない感覚で
			476	石橋 佑季	石橋の恣意性 或いは地球
3	4	3			合計選出作品数
	10				

*作品名は、サブタイトルを省略

062

173

グループ審査　審査経過

審査員：西澤 徹夫、武井 誠
アテンド：福屋 粧子、堀口 徹（アドバイザリーボード、予選審査員）

33 ⇔ 10

295

144

269

106

026

170

042

372

グループ_3: 家成 俊勝 ＋ 栃澤 麻利

リサーチとスタディ、表現力と構成力
恒松 良純

*（ ）内の3桁数字は出展作品のID番号

セミファイナル　グループ審査
作品選出結果：家成＋栃澤グループ

松	竹	梅	ID	氏名	作品名
●			017	尾上 篤	国境の建築的調停
●			118	富樫 遼太／田淵 ひとみ／秋山 幸穂	大地の萌芽更新
●			158	中家 優	輪中建築
	●		022	福岡 優	浴場民主主義の世界
	●		058	工藤 浩平	State of the Village Report
	●		398	金沢 萌	ニブンノイチ改築
	●		428	伊藤 一生	ウラヤマ路地ック
		●	024	佐塚 将太	日常をつなぐ架け橋
		●	162	中倉 俊	終の景、湖上の別れ
		●	255	島津 利奈	波止場の終史線
			011	長瀬 紅梨	箱入り娘の夜
			016	福井 雅幸	線路沿いの盛り場
			045	原 良輔	神秘なる邪魔者
			047	高橋 海	都市の断片を切り取る十八の物語
			117	服部 立	Singapore Aquatecture
			125	重村 浩槻	築地再考
			126	米盛 裕美	Space by folding paper
			133	影山 巽基	Vital Base
			149	松田 出帆	CONFLEX HOUSE
			160	西條 杏美	小さな沈黙、繙く支度
			174	浅見 拓馬	0.0　公害万博
			205	中田 智徳	記憶形
			211	細畑 桃	家具と住宅の間
			221	久保 大樹	積木の杜
			260	川島 裕弘	滲む境界
			275	砂古口 真帆	律動
			290	斉 陽介	二方路をつなぐコモンパスによる蒲生の街並みの再編
			308	清水 瑠美香	兼六三十六景
			323	永山 晃平	記憶の宿
			331	葉原 光希	帰路
			450	鈴木 輝	はだしで歩けない
			463	佐藤 裕士郎	つぎはぎの記憶
			473	田中 惇敏	楽しく子育てできるかな？
			490	宮本 彩加	文架創庫の搭乗口
3	4	3			合計選出作品数
	10				

*作品名は、サブタイトルを省略

このグループでは、34作品から10作品を選出した。
家成審査員はセミファイナルからの参加となり、審査対象の34作品を中心に予選通過100作品を栃澤審査員の解説の下に概観。卒業設計で求められる、新規性、独創性、チャレンジ性など、ある種の普遍的な評価指標を前提として、両審査員の評価基準を整えてから審査を開始した。

審査では主に、各作品の設定しているテーマに対して、綿密なリサーチと十分なスタディが行なわれているかという点が注視された。その結果をもとにアウトプットされた作品が、各自の設定した問題に対して、魅力的な表現に仕上がっているか、リサーチなどの結果を十分に理解した上で全体を構成できているかが評価のポイントとなった。はじめに34作品を概観したことで、それぞれの作品に対する理解を深め、その後の選出過程で充実した議論ができたと考える。全体を2周、気になる作品を比較しながらさらに2周し、その上で気になった作品のポートフォリオをすべて集めての議論の末、10作品に絞り込んでいった。

2周した段階で、リサーチとスタディ、表現、構成の面から十分な意欲作と判断した（017）（022）（158）（162）（398）の5作品をまず選出。ポートフォリオの内容を併せて議論する中で、リサーチの結果とアウトプットとの不整合を感じたもの、また、完成度が高いにもかかわらず、根拠や説明が不足しているなど、表現が不十分な印象を受けた（011）（045）（047）（117）（125）（126）（133）（149）（174）（205）（211）（221）（275）（290）（308）（323）（331）（450）（473）（490）の20作品を選外とした。いずれも力作ではあったが、残念な結果となった。

残った9作品について再検討する中で、最終的に（024）は街とのつながりを意識した空間の魅力、（058）は提案された物語と作者のもつ思想への期待、（118）は地域のリサーチの綿密さ、（255）は火葬の場として体験する空間の可能性、（428）はワークショップにより実空間として裏付けがある、などが評価のポイントになり、この5作品を選出することにした。特に（118）（428）は、ポートフォリオを読み込んだ結果から評価を勝ち取った。それに対し、（016）は既存建築物との接続に対する考察が十分か、（260）は建築のボリューム感の適性さ、（463）は現在の空間の魅力と計画案との対峙についての考え方、などで審査員の評価が分かれ選外と判断した。（160）は、テーマについての調査や検討のプロセスは評価されたものの、プログラムと提案された空間に対して共感が得られず、強く推す審査員がいなかった。

最後に、いずれも興味をもった10作品ではあったが、特に本人の言葉を聞いてみたい作品について協議の上で、上位から順に「松」「竹」「梅」を決定した。（022）は、どの程度の作者の意思（思考）によって計画されたか、を判断できず、審査員間で議論となり「松」から「梅」まで評価を迷走する結果となった。

017

118

グループ審査　審査経過

審査員：家成 俊勝、栃澤 麻利
アテンド：恒松 良純、友渕 貴之、西澤 高男（アドバイザリーボード、予選審査員）

34 ⬌ 10

158

058

428

162

022

398

024

255

グループ_4：平田 晃久（審査員長）

無意識、記憶、場所……その新しい展開
平田 晃久

*（　）内の3桁数字は出展作品のID番号

予選を通過した100作品（100選）を中心に、全331作品をきわめて短時間で見極めて、10作品をめどに選出しなければならないのは、なかなかつらい。作品あたり数十秒での自分の判断には、直観と論理と感覚のすべてを使う。僕はタイプ分け的な思考があまり好きではないが、そんな手がかりでもないと整理がつかない。

まず、時代を反映して、データベースや集合的無意識のようなものを扱う（125）（173）（205）（252）（269）といった作品があった。（125）の東京、築地の廃材のデータベースを直截にブリコラージュ*1した建築や、（252）の類推的に生み出される奇妙な既視感のある建築に興味を覚えた。（269）は、わりと直接的なデータベース派。とりわけ（173）はこうした傾向の中で最も知的好奇心をそそる設定を持つ。ただし模型が少し弱い。

極めて個性的な問題設定ながら、データベース的でもある（026）（058）（272）のような作品も興味深い。特に（272）は「記憶術」を用いた難解な設定だけに（修士論文で記憶術に親しんだ）僕が取り上げるしかない。（026）は現実の粘菌の振る舞いから形態を導くユニークな案。独自のアプローチという意味では、（042）の暴走するドローイング、（446）の実寸大のホームレス住居にも目を引いた。

新旧の二分法を無効化する作品群もあった。（053）（138）（170）（199）（260）（396）（398）などは、新築と増改築の区分を再構築する。特に（138）は、保存建築の大胆な切断によって新旧の混成する独自の建築を創出する。（053）（396）は遺跡を新築の建築と混合する点で共通するが、殊に（396）は遺跡の発掘面を転写した構造体がおもしろい。（199）は知的ユーモアで卓越している。正確な記録がなく再建されていない駿府城を、そのことを逆手に取った記号的仮設物としてバーチャル（仮想現実的）に提示する。

特殊な場所性に着目した作品も多い。（022）は国会議事堂に、（106）は皇居に、（008）は京都の花街に、（406）は東京の根津に、（017）はメキシコ国境に独自の視点で介入する。東京の渋谷に介入した（050）（173）（217）はどれもユニーク。（050）はシャープな知性と造形力を感じるものの、少しアイディア・コンペ（設計競技）的か。こうした中で、東京の高田馬場に対する多重的な介入がおもしろい（071）や、負の歴史を持った秋田県の花岡に美しく介入する（118）は印象的に見えた。

東アジアの島国である日本にふさわしく、水際や島の特性にアプローチした（101）（155）（158）（172）（184）（401）のような作品群も目立った。（155）は海女の文化、（158）は輪中*2に着目した実直な案。（184）はありそうでない新しいカンポン（インドネシアの集落形態）を提案する。（401）は荒削りだが奇妙な力強さを持つ造形で島の文化に肉薄しており、他の案の端正な姿に比して目立っていた。

こうして第1段階として、以上の32作品をピックアップした。続いて、カテゴリーごとにより気になった作品、他の審査員が恐らく選ばないが自分としては評価できそうなもの、という観点も踏まえて、これらを再検討し、最終的に、（026）（071）（106）（118）（125）（138）（173）（199）（217）（252）（260）（269）（272）（396）（401）（406）の16作品を選出した。

編註
*1　ブリコラージュ：本書7ページ編註1参照。
*2　輪中：本書7ページ編註5参照。

セミファイナル　グループ審査
作品選出結果：平田 晃久（審査員長）

松	竹	梅	ID	氏名	作品名
◎			071	長谷川 峻	都市的故郷
◎			118	富樫 遼太　田淵 ひとみ　秋山 幸穂	大地の萌芽更新
●			125	重村 浩槻	築地再考
◎			138	伊藤 健	多重露光
◎			173	十文字 萌	渋谷受肉計画
◎			199	落合 諒	駿府の城
●			217	廣川 大樹	都市の仮面劇場
◎			252	杉崎 広空	類推的建築
◎			269	山地 大樹	偶然の建築
◎			272	川永 翼	三匹のムネモシュネ
●			396	猪花 茉衣	跡と共に生きる
●			401	畠山 亜美	あわいの島
	◎		026	木村 晟洋	奇人思想空間
	◎		106	大方 利希也	眼差しの皇居
			260	川島 裕弘	滲む境界
		●	406	味村 悠平	街にある日々　日々にある居所
			005	濱川 はるか	オフィス街に住まう
			008	川瀬 智久	花街解体
			011	長瀬 紅梨	箱入り娘の夜
			012	武井 里帆	日本語空間を考える
			016	福井 雅幸	線路沿いの盛り場

松	竹	梅	ID	氏名	作品名
			017	尾上 篤	国境の建築的調停
			019	川本 純平	山手の空翠
			022	福岡 優	浴場民主主義の世界
			024	佐塚 将太	日常をつなぐ架け橋
			028	曹 雨	Do not go gentle into that good night
			030	野田 早紀子	水路と舟と子どもの島
			040	松本 樹	都市ヴァナキュラー住居
			042	好田 一貴	岩石為る者
			045	原 良輔	神秘なる邪魔者
			046	川下 洋和	死の主体化
			047	高橋 海	都市の断片を切り取る十八の物語
			050	河野 茉莉子　永島 啓陽　伊藤 日向子	109*2.0
			053	鈴木 徹	都市の遺場所
			058	工藤 浩平	State of the Village Report
			062	松岡 大雅	路上の建築から学ぶ建築の可能性
			069	鈴木 篤也	御影の情景
			097	鳥羽田 圭志	下町アマルガム
			101	平林 航一　伊藤 滉彩　砂川 良太	海へのまなざしの修復
			105	西堀 槙一	都市ニテ登ル

松	竹	梅	ID	氏名	作品名
			117	服部 立	Singapore Aquatecture
			126	米盛 裕美	Space by folding paper
			130	駒田 浩基	集落再編計画
			133	影山 巽基	Vital Base
			136	竹内 宏輔	ときの残し方
			144	佐塚 有希	再結晶する空間的感情
			147	宝角 成美	Literal and Phenomenal
			149	松田 出帆	CONFLEX HOUSE
			154	中田 嘉英	透明なまち
			155	坂井 健太郎	海女島
			158	中家 優	輪中建築
			160	西條 杏美	小さな沈黙、繙く支度
			162	中倉 俊	終の景、湖上の別れ
			168	山西 真季	反影都市
			170	鈴木 遼太	たとえば基準線にかさぶたを
			172	朱 純曄	水上ノ民、水辺ニ還リ、
			174	浅見 拓馬	0.0 公害万博
			178	堀口 真貴乃	テランヴァーグの未知性
			184	大橋 茉利奈	カンポンアクアリウム、365の暮らし
			187	髙橋 真理	ならまちの街区内ボイドを生かした建築生成コードとまち施設の提案
			192	林 侑也	都市の玩具箱
			198	加藤 佑	BOOK OF DAYS

*作品名は、サブタイトルを省略

グループ審査　審査経過

審査員：平田 晃久(審査員長)
アテンド：小野田 泰明、小杉 栄次郎、櫻井 一弥(アドバイザリーボード、予選審査員)

100 ⇔ 16

217

252

396

125

401

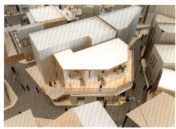
260

406

松	竹	梅	ID	氏名	作品名
			205	中田 智徳	記憶形
			211	細坂 桃	家具と住宅の間
			214	七五三掛 義和	或る町　或る家　私の家
			221	久保 大樹	積木の杜
			236	秋山 由季	レンガ巡るまち
			237	宅野 蒼生	SteamSCAPE
			238	森 友里歌	ベリーピッキング
			244	土器屋 葉子	丘にある祖母の家
			255	島津 利奈	波止場の終史線
			257	田中 大我	冬の行き場
			266	渡邉 莉奈	アーケード下、160mの学び舎
			275	砂古口 真帆	律動
			290	斉 陽介	二方路をつなぐコモンパスによる蒲生の街並みの再編
			295	岩花 建吾	感性の翻訳
			297	伊藤 京子	森の入り口
			308	清水 瑠美香	兼六三十六景
			309	高橋 遼太朗	雫の紡ぎ手
			323	永山 晃平	記憶の宿
			331	葉原 光希	帰路
			349	小林 史佳	わたしと。
			372	中村 文彦	流れゆく茫漠を追いかけて
			374	岸野 佑哉	群像への建築

松	竹	梅	ID	氏名	作品名
			398	金沢 萌	ニブンノイチ改築
			400	浅井 唯那	八架ノ音景編集
			411	小林 亮太	貯水ビルディング
			423	西山 春凪	100軒村の17の暮らし
			428	伊藤 一生	ウラヤマ路地ック
			438	森 史行	The possibility of useless landscape
			446	野中 俊彦	New Owner's Method
			450	鈴木 輝	はだしで歩けない
			458	井口 直士	自由の境界線
			460	坂田 晴香	見えない感覚で
			461	池田 葵	すなぎんを学ぶ
			463	佐藤 裕士郎	つぎはぎの記憶
			473	田中 惇敏	楽しく子育てできるかな？
			476	石橋 佑季	石橋の恣意性　或いは地球
			482	高橋 里菜	都市に舞台を
			490	宮本 彩加	文架創庫の搭乗口
12	4				合計選出作品数
16					
5	2				単独選出作品数
7					

凡例：
＊◎は、グループ_1～3と重複選出
＊●は、グループ_4の単独選出

PROCESS_02 Semi-Final Round　　02_Discussion[ディスカッション審査]

セミファイナル審査員プレゼンテーション

- グループ_1：トム・ヘネガン + 中川 エリカ
- グループ_2：西澤 徹夫 + 武井 誠
- グループ_3：家成 俊勝 + 栃澤 麻利
- グループ_4：平田 晃久（審査員長）

＊文中の作品名は、サブタイトルを省略
＊作品名の後ろに付いた（　）内の3桁の数字は、出展作品のID番号
＊文中の［　］内の文章は、前の英文の概訳
＊SDL＝せんだいデザインリーグ 卒業設計日本一決定戦
＊西澤徹＝西澤徹夫審査員
＊西澤高＝西澤高男コメンテータ（アドバイザリーボード）

本江（司会）：これからセリ（セミファイナルのディスカッション審査）を始めたいと思います。司会が候補作品のポートフォリオを審査員に見せながら評価を定めていく様子が市場の「セリ（競り）」を思わせる、ということで「セリ」と称しております（笑）。Ready for start, ladies & gentlemen.［準備はいいですか？］
英語で発言するトム・ヘネガン審査員（以下、TH審査員）が加わり、今年からバイリンガル（2カ国語審査）ですよ。
ここではファイナリスト10作品を選びます。加えて、3作品ぐらい順番付きで補欠を選びます。

本江（司会）：現時点で、まず審査員長以外の6人の審査員が3グループに分かれて、強く推す順に「松」「竹」「梅」を付けながら選んできた各10作品で、計30作品。そして、平田審査員長の選んだのは16作品で、高評価のものから順に「松竹」と「梅」の2段階に分けています。3グループと重複して選出した作品を除いた7作品が審査員長の単独推薦ということになります（本書47ページ表1参照）。両者を合わせて合計37作品のポートフォリオがここに並んでいます。
この他に候補に挙げたい作品がありますか？
各審査員：（追加推薦作品なし）
本江（司会）：それでは、これから審査する作品は、全部で37作品です。37作品から10作品と補欠3作品を選ぶので、大体、3作品に1つがファイナリストになります。ファイナルでは口頭でプレゼンテーションをするので、ファイナリストに選ばれてもこの場にいないと失格になり、補欠が順番に繰り上がります。ですから、補欠を選ぶことも大事です。また、誰が補欠かは公表されるので、honorable mention（選外佳作）というニュアンスもあります。そのつもりで選んでください。
これから、「松」「竹」「梅」の順で、3グループそれぞれに選出作品について説明してもらい、続いて平田審査員長の選んだ作品についての説明を聞いて、その後、上位（松）の作品から順番に見直し、ファイナリストを選出していきたいと思います。よろしいでしょうか。1:30までの1時間10分で決めていきます。
各審査員：（同意）
本江（司会）：では、まず「松」です。ヘネガン + 中川グループ選出の「松」からお願いします。

071

199

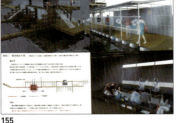
155

482

松　10作品

グループ_1　トム・ヘネガン + 中川 エリカ　プレゼンテーション

■『都市的故郷──公と私の狭間に住まう』(071)
本江（司会）：これは、東京の高田馬場での提案ですね。
トム・ヘネガン（以下、TH）：Oh 高田馬場！ Ok, so. We didn't like the gray parts of the model! We thought that this design had an interesting contrast. It looked like very ordinary, boring architecture──but interesting random pieces were attached to it to balance against the ordinary, boring pieces. And, we thought that there was an interesting separation between regular, ordinary architecture and private space──small space──intimate space. So, at the beginning the design looked too simple, but we gradually understood that it was a complex idea. So, then we thought that we could put the project in the top group.［この灰色の部分はあまり気に入りませんでした。よくある、つまらない建築にランダムに断片がくっ付いているものとしてとらえたからです。しかし、普通の建築と私的な空間、小さい空間、親密な空間との対比がおもしろいと思いました。はじめは単純すぎるように見えましたが、だんだんと複合的なアイディアであることがわかってきました。それで、これを「松」に推します。］
本江（司会）：中川審査員、補うことがありますか？
中川：大丈夫です。
本江（司会）：平田審査員長も「松竹」で選んでいます。
平田：最近、僕はカプセルホテルの設計などもするのですが、カプセルを通して街を見ると、街が全然違うものに見えるという驚きがあります。そのように、自分の知っているものが、まるで違う自然界のように見えるというか……。たとえば、東京の街がサファリのように見えるとか。そういう視線のありようをそのまま、自分が住むということに重ねているプロジェクトのように見えました。

■『海女島──荒布栽培から始まるこれからの海女文化』(155)
中川：これは一見、ワンアイディア（単なる1つの思いつきだけで組み立てた提案）なのですが、結構ていねいにリサーチをしているということと、もともと建築が必要かどうかわからないようなプログラムなのだけれども、その中でいろいろリサーチを重ねて建築にまで落とし込んでいるということで評価したい。また、ファイナルで5分間のプレゼンテーションを聞いてみたいと思って選びました。

■『駿府の城』(199)
TH：This design reminds me of my youth. I wonder whether this student knows the work of Cedric Price and Archigram. Or, maybe the student had a great teacher who told them about Cedric's designs. Or... maybe the student was just lucky, or maybe the student was super-clever, and they created this great project without being influenced by the work of other architects. I think this is a fantastic project. It picks up ideas that were popular in the 1960's, but which were not fully developed at that

062

295

173

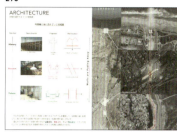
017

118

presented just one option. I think that makes it difficult to put it in the top group. ［「可変する建築」というテーマは良いと思いましたが、可変の提案が1つしかないので残念でした。作品のプレゼンテーションとしては、劇場にもなり、ギャラリーにもなり、といった説明が必要だったと思います。今のところ1例しか紹介されていないので、「松」に入れるのは難しいと思います。］
本江（司会）：「松」より1ランク下がるかもしれない、ということですが、ここで変えると複雑になるので、「松」のままにします。

グループ_2 ｜ 西澤 徹夫 ＋ 武井 誠 ｜ プレゼンテーション

■『路上の建築から学ぶ建築の可能性』（062）
西澤徹：ホームレスの、なんというか……。ややゲリラ的なところが気にはなるのですが、作者は都市の中で再資源化できるものを探して、結構いろいろな街でフィールドワーク（現地調査）をしています。街の中から使える材料をいろいろ集めてきて、それをもとにどういうふうに建築を作るかを考える中で、ジョイント（結合部分の施工方法）までを検討している。一連の作業を一応頑張ってやっているようです。また、模型が非常に良かった。それで話を聞いてみたいと思いました。

■『渋谷受肉計画──商業廃棄物を用いた無用地の再資源化』（173）
西澤徹：これもよくあるパターンと言えばそうですが、東京、渋谷の街の中で、ちょっとした裏側の商業的に打ち捨てられたような場所を対象に、再生できる空間を見出して、それぞれに、渋谷の街でもう一度生き返ることができるようなプログラムをささやかに入れているという作品です。
栃澤：小さな模型がたくさんありました。
西澤徹：また、僕が個人的におもしろいと思ったのは、各場所ごとに、きちんと一風変わった名前を付けているところ。それまで名前のなかったところに名前を付けている、というのがおもしろかったです。
小野田：西澤徹夫コレクションですね。
本江（司会）：今、小野田さんがちらっと言ったような言葉に惑わされないでくださいよ。（場内　笑）冷静に作品を評価してください。

■『感性の翻訳──発達障害者のペースメーカーとなる住居』（295）
西澤徹：この作品は、VR（Virtual Reality）の装置が付いていて……。
本江（司会）：発達障害の？
西澤徹：発達障害の友人のためにいろいろリサーチをして、こういう空間がいいんじゃないかというものをつくっています。
本江（司会）：展示ではVRのゴーグルが置いてありましたね。

グループ_3 ｜ 家成 俊勝 ＋ 栃澤 麻利 ｜ プレゼンテーション

■『国境の建築的調停──アメリカ─メキシコ国境の設計』（017）
栃澤：この作品は、メキシコの国境に墓場と就業支援施設を作っていく提案です。作者が現地にかなり長く滞在してリサーチをしてきたということもあって、提案内容がしっかりしている、ポートフォリオがかなり充実している、ということで選びました。

■『大地の萌芽更新
──「土地あまり時代」におけるブラウンフィールドのRenovation計画』（118）
栃澤：ブラウンフィールド[*1]。秋田県大館市にある、もともと産業構造というか掘削場の跡地を環境的に改善していくという、フィールドリサーチ（実地調査）に基づくランドスケープ（地形、景観デザイン）の提案のような作品です。どこまでが既存部分でどこまでが新しく手を加えた部分なのかが、ややわかりにくいです。けれど、風景のつくり方としてすごく美しいし、よくリサーチされていて、いいと思いました。
本江（司会）：家成審査員どうですか？
家成：いや、もう、そのとおりです。（場内　笑）
本江（司会）：平田審査員長も「松竹」で選んでいます。
平田：この作品には、地層を扱った『跡と共に生きる』（396）と少し似た雰囲気を感じました。必ずしも明るいテーマでなくても、すばらしい空間やランドスケープができるんじゃないか、と感じさせてくれます。穴をもとにランドスケープ・デザインをする、という考え方は、この場所のコンテクスト（敷地状況や歴史的背景）と合うと思いまし

time, and maybe this student will start a new investigation of the ideas. I think we all like this project a lot. ［私の若かった頃が思い出されます。この学生が建築家のセドリック・プライスやアーキグラムを知っていたのか、すぐれた指導教官からセドリックの作品を教わったのか、単に幸運だったのか、もしくはこの学生がとても優秀で自ら生み出したのかはわかりませんが、とても魅力的な作品です。この作品は、実現しなかった1960年代末の建築のアイディアを引用して、良い視点から再考しています。それで、この作品を選出しました。］
本江（司会）：懐かしい感じの作品です。平田審査員長も「松竹」で選んでいますね。
平田：駿府城は図面がなく原形の姿がわかっていないので、明確にわからないが故に復元できないという矛盾を抱えています。そういう駿府城を「どうせ復元できないなら、こんなイメージのコラージュでいいじゃないか」という開き直りで作っている、すごく知的なプロジェクトです。「もう看板だけでもいい」というほどの態度には（？）、知性が感じられておもしろいと思い、「松竹」としました。

■『都市に舞台を』（482）
本江（司会）：これは、工事用の足場で劇場を作る作品です。
TH：I think we all liked the notion of architecture that can easily be changed, but the student has presented only one version. I think the student needed to present this version and also some examples of other programs ── for example, they could show how the building would be if it was a theatre, or a gallery, or anything. But, the student

た。「なぜ、この穴の形状になったのか」という過程までは十分に読み込めていませんが、話を聞いてみたい。完成度が高いので「松竹」としました。

■『輪中建築──輪中地帯の排水機場コンバージョンによる水との暮らしの提案』(158)
栃澤：この作品は、漁港地区の再生です。もともとあった建物の躯体を残して、スカートのような部分の木造構築物を足しています。
小野田：輪中*2でしょ？
栃澤：輪中です。
平田：すごくていねいに設計しています。
栃澤：そうです。模型も良かったし、リサーチもきちんとしていて、設計もレベルが高いと思います。
本江（司会）：今、一通り「松」の説明を聞きました。ここまでで10作品あります。しかし、必ず「松」がファイナリストになるとは限りません。続いて「竹」に参りましょう。

編註
*1 ブラウンフィールド（Brownfield）：一般的に、都市的な利用をされていた土地が何らかの要因で見捨てられ、その後、再利用されていない土地を指す。1970年代にアメリカ合衆国で生まれた造語。
*2 輪中：本書7ページ編註5参照。

竹　11作品

グループ_1 | トム・ヘネガン ＋ 中川 エリカ | プレゼンテーション

■『多重露光』(138)
中川：先ほど説明した「松」の4作品は、全対象作品を一巡した時点で2人ともが「選出していい」と評価した作品でしたが、それ以外は、2人の評価の分かれた作品を「竹」「梅」に残したという経緯があります。
これは、金色のドローイングがあった作品です。まず、アウトプット（成果物）の量がすごく多い点と、図面もいろいろと詳細に描いてある点は評価に値すると思います。提案内容には、わからないところもあるので、詳しい話を聞かないと判断できないのですが。
本江（司会）：平田審査員長も「松竹」で選んでいます。
平田：これは、既存の小学校のわりと伝統的な建物のボリューム（塊）を切り刻んで、小学校のグラウンド側に部分的に移動してしまうという提案です。現実的な提案かどうかは、わかりませんが、切り刻んだ建物の一部を移動することで、古いものと新しいものが合わさった不思議な空間が「多重に露光される」という主張です。リノベーション（改築）と新築の建物の関係性を、リノベーションという言葉自体が無効化するような方法論で考えているところがおもしろいと思い「松竹」で選出しました。

■『三匹のムネモシュネ──建築と記憶術』(272)
TH：This year, the students have presented a lot of projects where separate parts of a building have been designed independent of each other, and they have then been combined in ways that are not very convincing.［今年はこの案のように、複数のエレメントを作り、それを最終的に、あまり説得力のない形でつなぎ合わせる作品が散見されました。］
中川：これは昨日の予選で当落線上にあった作品です。
TH：I think this is a simple idea, but it's not very successful. At the beginning the parts of the building were very different──and that's interesting──but at the end, when they are put together, the final design is too ordinary.［これはシンプルなアイディアですが、あまり成功していません。異なる要素で構成される建築から出発していて、そこはおもしろいのですが、最終的には、すべてを一緒に組み合わせて、きわめて普通の建築になってしまっています。］
平田：これは、作者自身が物語を書いていますね。
各審査員：そうそう。
本江（司会）：平田審査員長も「松竹」で選んでいます。
平田：これも結局、集積したオブジェクト（物体）を再構成して建築を作る「オブジェクト系」で、やや『類推的建築』(252)に近い作品です。まず、作者の個人的な記憶を克明に書き留めたある種のデータベースを作って、それぞれの象徴的な記憶のようなものをオブジェクトとして定着させていき、そのオブジェクトが入る空間として建築

158

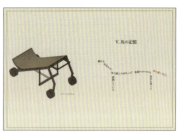
272

138

461

026

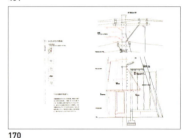
170

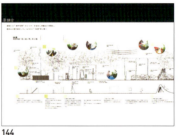
144

269

を再構成するという作品です。
僕も研究しましたが、記憶術というのは「場」と「イメージ」でできています。「場」（頭の中に描いた空間）の中に、各記憶と結び付く特徴的な「イメージ」を持った像が置かれていくというシステムになっていて、後から「場」の各所に置かれた像をぐるぐる巡ることで記憶を思い出す方法です。
この作品では「イメージ」に属するものがこのオブジェクトであり、「場所」をもとに1つの建築として再構成するという内容です。だから、すごく私的な個人語りの作品でもある。僕は選んでいないけれど、他にも個人語りからスタートした作品はいくつかありましたね。それらと比べてこれは、もう少し構築的に考えられていて不思議な魅力を備えている。全体の建物が、たぶん作者の個人的な記憶でしょう。ルールや解釈を自分に都合の良いほうに引き寄せてきて建物の形状を作っているのかもしれないし、なぜ、オブジェクトの収まる建物の空間構成が、こうでなければならなかったかは最後までわからなかった。それでも、単純に集積したオブジェクトを再構成して建築を作るという大多数の作品のアプローチとは違うし、同時にオブジェクトを収容する空間の設計をしているので、「オブジェクト系」としては独特のアプローチだととらえて、「松竹」で評価しています。

■『すなぎんを学ぶ』(461)
中川：これは商店街を調理専門学校に改修していくという作品です。設計した建物には、かなり既視感があるし、印象もやや弱い。しかし、対象作品全体を見ると、プログラムを積極的に提案しているものが少ない中で、オリジナリティがあるのではない

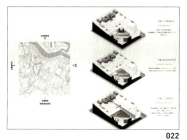

022

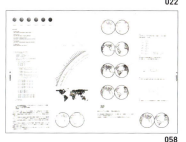

058

398

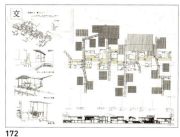

172

428

297

か、ということで推しています。

グループ_2｜西澤 徹夫 ＋ 武井 誠｜プレゼンテーション

■『奇人思想空間──50の粘菌実験から読み解く南方熊楠の思想空間』(026)

本江(司会)：「粘菌」の作品ですね。

西澤徹：これは問題作です。(場内 笑)
粘菌の動きをリサーチして、その結果をもとに、生物学者、南方熊楠の思想を表す空間をつくったという作品。「思想を表す空間をつくった」というところは、引っかかるといえば引っかかります。しかし、人間から見た空間がどうなっているか、とは別に、「粘菌という人間と全く別種の主体がどのように空間をつくっているか」というアプローチが建築上でどう展開し得るか、について、どう考えているのかが重要です。それについてのビジョンを聞いてみたいですね。なければないで、しょうがないのですけれど。(場内 笑)

小野田：実際に、粘菌で増殖過程を実験しているところがおもしろい。

本江(司会)：平田審査員長も「梅」で選んでいます。

平田：これは、アルゴリズムを使うからといって全部をコンピュータに依存してしまうのではなくて、自然の現象である粘菌の生業のようなものをある種の計算過程として取り出して、それを使って設計してしまうという作品です。自然現象自体が計算過程だというプロジェクトではないか、と興味を覚えました。最終的なアウトプットである建築はあまりおもしろいと思えないので「梅」にしています。

■『再結晶する空間的感情──情調を纏うエレメント』(144)

本江(司会)：悩ましい作品は、これですか？

西澤徹：これです。「竹」か「梅」か、結構迷った作品です。これもマテリアル(材料)にいろいろな属性を数字的に当てはめて建築を作っていますが、完成後に、でき上がった建築をもう1回、検証してその結果をフィードバックする、というプロセスが抜け落ちているので、どう評価すべきかを迷ったのです。しかし、かなり思い込みの激しいタイプの人らしいので、話を聞いてみたい、と思いました。

本江(司会)：シンガーソングライター、椎名林檎の『長く短い祭』の映像を使っていましたね。

西澤徹：そうです。

本江(司会)：おもしろいですね。

■『たとえば基準線にかさぶたを』(170)

西澤徹：これは計画道路によって街区がぶった切られる部分を「かさぶた」と呼んで修復しつつ、新たに魅力ある街を提案する作品です。まず、図面をかなりきちんと描いていて、社会的な問題を扱っていることを評価しました。また、作者は、工場生産される単管や端材をどのように組み合わせれば、ささやかに建物を修復できるか、といったテクトニクス(構法)にかなり興味がある。そういう部分のスタディや設計がきちんとできているのではないか、と思って選びました。

小野田：各部分での建築的な操作はささやかだけれど、全体として全く違うものに生まれ変わっている、という印象ですね。

西澤徹：そうです。

■『偶然の建築──オブジェクトデータベースを用いた設計手法及びその実践』(269)

本江(司会)：オブジェクト(物体)を集めたデータベースで建築を設計する作品。

西澤徹：これもかなり迷ったのですが……。論点をかなり欠いているし、オブジェクトと言っている物が、最終的に建物のスケール(規模)になっている点も気になる、など評価しにくい点が多々ありました。が、これも実際に話を聞いてみたいと思って選びました。

グループ_3｜家成 俊勝 ＋ 栃澤 麻利｜プレゼンテーション

■『浴場民主主義の世界』(022)

本江(司会)：『テルマエ・ロマエ』[*3]です。

栃澤：国会議事堂の向かいに浴場を作って……。

本江(司会)：ローマ風の浴場、テルマエ(古代ローマの公衆浴場)ですね。

栃澤：「浴場で政治をやってしまえ」という『テルマエ・ロマエ』です。そう言うと、ギャグ(冗談)っぽいのですけれど、意外と設計はきちんとしていて、また、リサーチもしっかりしているので、ギャグ風の様相に反して、意外とおもしろい話が聞けるんじゃないかと。本人が大まじめに取り組んでいるならおもしろいと思い、選びました。

■『State of the Village Report』(058)

栃澤：地球儀のような模型の作品です。地球をぐっとスケールダウンした直径4kmの球にし、その地球上の人口を1,000人にするという仮説を立て、その規模に応じてエリアごとに国を割り当て、それぞれの国にふさわしい特徴のある建築を建てるという提案です。人々がそこに住むことを前提に、それぞれの国の建築的な特徴は、かなり細かくリサーチされています。国境をまたいで建っているものもあり、何だかいろいろと考えていそうなので、話を聞いてみたいと思いました。

■『ニブンノイチ改築──繋がる家のまちづくり』(398)

栃澤：この作品は、1／2というところがミソで、結構いいと思っています。住み手の感覚として、自分の家を1／2だけなら都市に供出してもいいのではないか、という提案には説得力があるし、一方で、建物全体の1／2までだったら比較的、改修がしやすい、という法規的なメリットもある。各家を1／2ずつ壊して減築して建て替え、壊した部分を街に開いて周辺住民の共用スペースにしよう、というアイディアが、とてもおもしろいと思いました。その1／2の切り取り方も平面計画上の1／2だったり断面計画上の1／2だったり、さまざまな工夫を駆使して、いずれもきちんと設計できているので、いいと思います。

本江(司会)：家成審査員も黙っていないで(笑)。

家成：バッチリ〜。(場内 笑)

■『ウラヤマ路地ック──斜面住宅地の減築と再編』(428)

栃澤：斜面地に建つ住宅の減築計画なのですけれど、かなり地味な作品です。もともと、増築を繰り返してきた斜面地住宅があり、そこには日当たりと人口減少の問題があって、その日当たりの問題を解決するために減築していくという提案。さらに、単に提案するだけではなくて、実際に、対象の住宅を壊しているのです。壊した跡には、集めた古材でストリート・ポーチ(屋外の周辺住民の屋根付き共用空間)を作ったり、既存住宅の軒をちょっと付け足したりしている。地味ですけれど、わりとていねいな設計だし、ポートフォリオを読み込んだら、実際に壊して提案を実現しようとしていることがわかったので、そこがいいと思いました。

西澤徹：これは空き家になってるの？

栃澤：わからない。でも、空き家を実際に壊しています。古材を回収して古材のストックヤード(資材置き場)を作って、といったことまで提案しているので、リアル・プロジェクトとしては、いいのではないかと思いました。

編注
*3 『テルマエ・ロマエ』：(THERMAE ROMAE)。ラテン語でローマの浴場。テルマエは、古代ローマの公衆浴場のこと。ヤマザキマリによる、古代ローマと現代日本の風呂をテーマにしたコメディ漫画作品(2008-13年、『コミックビーム』で連載、エンターブレイン社刊)のタイトル。2014年、映画化。

梅 9作品

グループ_1 ┃トム・ヘネガン ＋ 中川 エリカ┃ プレゼンテーション

■『水上ノ民、水辺に還リ、』(172)
中川：中国の水上に住戸を作るという提案です。審査対象作品に、この水上住戸の作品とカンポン（インドネシアの集落）を扱った『カンポンアクアリウム、365の暮らし』(184)というアジアの集落形態を扱う作品が2つあり、その比較でこの作品を残しました。
そもそも水の上に住むということ自体がおもしろいのですが、プロジェクト内容もおもしろい。ただし、「こういう家に住んでいるから、こういう出来事が起こる」ということを作者が積極的に言い切れているかというと、疑わしいところはあります。

■『森の入り口』(297)
本江（司会）：斜面に建つ木造の建築……。
中川：里山の循環を考えたプロジェクトで、3つの中継所を作るという作品です。模型よりもネットワークを示したドローイングを貼り込んだパネルが良くて、それを私もTH審査員も評価しています。ただし、模型を見るとわかる通り、部分部分の設計しかなくて、ネットワークになっていないので、各所を結び付ける道の部分の設計があったら、もう少し推せるのに、という印象です。

■『雫の紡ぎ手』(309)
本江（司会）：ソマリアの水に関する作品です。
中川：そうです。評価としては、昨日の予選で全出展作を見た際に展覧会場にあった、火星や金星などを扱う計画の分類の中では、わりとよくできている、という……。
小野田：ソマリアは地球だけど（笑）？
中川：ですね（笑）、地球環境への問題提起をしています。建物にどれぐらい説得力があるかはわかりませんが、コンセプトの立て方は良いのではないか、ということで選びました。

グループ_2 ┃西澤 徹夫 ＋ 武井 誠┃ プレゼンテーション

■『岩石為る者』(042)
西澤徹：この辺になると、だいたい問題作なんです（笑）。（場内　笑）
これは、石に焦点を当てた、粘菌の『奇人思想空間』(026)にもやや近い作品。石を観察する中で、想像力をもってその石の世界に入り込んでいくと、そこに空間を見出した。その空間を妄想的に拡大していって空間をつくったらどうなるか、要するにそう言うことなんです。それ以上、作者本人の世界から出ることはないので、さらに発展的なことが見出せるかどうか、というと怪しいところではある。しかし、作者ののめり込み方は、おもしろかったです。

■『眼差しの皇居──空虚な中心への近代的切断の思考』(106)
西澤徹：これも「皇居」に視線を向けた問題作です。よく見ていくと、それぞれの施設にわずかなファンクション（機能）は設計してありますが、もう少し周辺との関係がほしいと思いました。フランスの文芸批評家、ロラン・バルトが言うように、確かに、皇居は東京のど真ん中に大きな空虚として存在し、道を隔てた周囲とは何の結び付きもない場所です。そんな皇居を道を隔てた反対側の計画と強引に結び付けようとしているところを評価しました。また、意味論的にいろいろと組み立てようとしている点について、話を聞いてみたい。ただし、いろいろな軸線を引いていますが、その根拠がよくわかりません。
本江（司会）：平田審査員も「梅」で選んでいます。
平田：西澤徹夫審査員の説明どおりです。ただし、この作品では、「見える」ということに対する装置として、7つ全部の場所で筒状の隧道を設計しているのだけれど、それぞれの場所ごとに違う「見る」という行為のあり方をもっと提案したほうが良かったと思って、「梅」にしました。実は、これは「松」で登場した『都市的故郷』(071)と近い作品だと思っています。まず、何か観察すべき対象があって、次に「作る」という、それに対して寄生するような行為があり、最後に「見る」という行為があって、その3つと建築の関係がある。

309

106

042　372

024　162

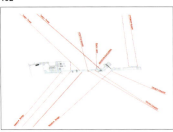

255

■『流れゆく茫漠を追いかけて──素材の触感で識る風景』(372)
本江（司会）：これは素材（マテリアル）を扱った作品、タイルのような……。
西澤徹：サトウキビの作品ですね！　これもどちらかと言えば、私的な作品で、作者の好きな場所での記憶を辿りながら、それぞれの場所にどういうスペースをつくったらいいのかを検討しています。ただし、自分の記憶や感情と選択したマテリアルとの間に、明確な関係性がないので、そこは提案として弱い。
他にもいくつか同様の作品がある中で、これは計画として抽象的な話に終始するのではなく、もう少し具体的に、マテリアルと自分の経験を結び付けて考えようとしているところがいいと思って選出しました。

グループ_3 ┃家成 俊勝 ＋ 栃澤 麻利┃ プレゼンテーション

■『日常をつなぐ架け橋──東南海地震を想定する事前復興計画』(024)
栃澤：長い津波避難路を設計した作品です。海の端から高台までを、細く長い避難路（建築）でつないでいます。この細長い建築は、単なる避難路と避難タワーではなくて、人々が日常的にも使えるように、さまざまな機能を備えた場所が随所に埋め込まれています。災害時には、この建築をショートカット（近道）して避難できる動線計画があり、高台まで素早く到達できるようになっています。また、各経由地（防災拠点）周辺のエリアや避難距離などをしっかりとリサーチしています。避難路を日常的に使いましょう、という提案です。

125　252

217　396

401

260　406

■『終の景、湖上の別れ──奥浜名湖におけるホスピスと火葬場が紡ぐ環』(162)
栃澤：火葬場を取り上げた作品として、2作品選出していますが、こちらは静岡県の浜名湖を敷地としたものです。終末医療施設であるホスピスと火葬場を人々の日常生活圏から追いやって遠い場所に置くのではなくて、もっと環境のいいところで最期を迎えようという提案です。分散型のホスピスを森の中に作り、最期、亡くなったら火葬場まで船で行くというシーンを展開している。水をいろいろなかたちで使っていそうなのですが、まだ十分に読み込めていません。ドローイングが美しく、シーン(場面)としては、とてもうまくデザインしていると思いました。

■『波止場の終史線──Final double bar line at the wharf』(255)
栃澤：これは火葬場を扱ったもう1つの作品で、敷地は東京の浜離宮です。もともとあったらしい鉄道の支線のような線路の残る敷地を火葬場に変えてあり、線路上をコトコトコトと、人々が手で棺を押しながら運んでいく。近年、死者を弔う葬儀場から火葬場までの距離感が短いのを憂い、そこをぐっと引き伸ばしてみましょう、という提案です。これも、どこまでが既存構築物でどこまでが新しく建てた建築なのかがわかりにくく、不明な点もあり迷った末に、「梅」として残しました。

審査員長単独選出

松竹　5作品

グループ_4 ｜ 平田 晃久(審査員長) ｜ プレゼンテーション

■『築地再考──十人十色に住みこなされる建築』(125)
平田：今日、短時間の中で多数の作品を審査しましたが、みなさんの説明を聞いて、「全出展作品をよく見ていて、さすがに説明がうまいなあ」と感心しました。(場内　笑)
この作品や『類推的建築』(252)、そして『偶然の建築』(269)に共通して見られるように、最近の学生の設計では、まず、何らかのルールで集めたオブジェクト(物体)のデータベースをつくって、そこから何か新しい建築を析出する、という手法やアプローチが増えてきているように思います。
その中で、『築地再考』(125)は、そのデータベースをAI(artificial intelligence)的に平均化、平準化と言うか、最適化することによって新たな形が生まれる、といった手続きをとっています。
先ほど説明があった、西澤+武井グループが「松」で選出した、東京の渋谷で小さな場所をつくっていく『渋谷受肉計画』(173)は、その場所にあるものをオブジェクトとしてたくさん集めてきて、それを再構成することで、その場所の中に、ひだを増やしていくように、また別の場所をつくっていく計画です。しかし『築地再考』(125)は、もっとリテラル(字義どおり)に、東京の築地に存在する街の断片を使って、新しい建物を再構成している。僕の心はこの2作品の間で引き裂かれている、というか……(場内笑)。オブジェクトを建築として再構成した時の街へのアプローチとしては、『渋谷受肉計画』(173)はすごくおもしろいと思うんです。ただし、表現された模型そのものが少し弱い印象で、もっと魅力的な建築にできなかったのか、と……。一方で『築地再考』(125)は、単に物を集めただけに見えるのに、できた建築に何だかすごい力を感じる。それで、僕としては『築地再考』(125)を選ぼうかな、という感じですが、この2作品で議論できるのではないかと思いました。
中田：『築地再考』(125)と『渋谷受肉計画』(173)の両方を一緒に議論したいということですね。

■『都市の仮面劇場』(217)
平田：今、東京の渋谷では、元来の地形や街の構成が一気に消えていくような方向で再開発が進んでいます。そんな渋谷の地形に対して、古い建築の構造体を思わせる張り出した形状の構築物などを使って、地形的な建築を再解釈したような建築を作っているところがおもしろいと思いました。ただし、「仮面」が何を意味しているのかが、最後までよくわかりませんでした。

■『類推的建築──宮城に建つ3つの住宅』(252)
平田：この作品は、データをたくさん集めるわけではないのですが、ある事象から想起される物の断片を集めてきて、その断片を再構成して記憶のようなものにアクセスしようとしています。アルド・ロッシのドローイング研究をもとに、でき上がった建築は、何だかよくわからない、変な懐かしさを持っていて、どうやって作ったんだろう、という興味をもちました。また、ドローイングが、すごくうまくて。
中田：うまいよね。
平田：魅力がある。不思議に脳みその奥深いところへ語りかけてくるようなところがいいと思いました。

■『跡と共に生きる』(396)
平田：これは、新しい建物であるにも関わらず遺跡の型を取っているところがおもしろい、というぐらいの評価です。(場内　笑)
ほとんどが半地下空間なのに、新築の建物だという。僕には、自分にとってハッとさせられる様相の建築を突き出されると、選んでしまうという習性があるようで……。(場内　笑)

■『あわいの島──島のくらしに浮かぶmémento-mori』(401)
平田：島の中でこういう形の建築を作るのなら、もっと地形と関係付けたほうが良かったと思います。しかし、一見ふざけているかのようなこの造形は、意外に若い人しかアプローチできない自由さの証しなのかもしれない、とも思いました。また、石積みで作った壁にも、不思議な新しさがある。ということで、これもここで挙げれば十分だと思いますが、不思議な建物だと思いました。

審査員長単独選出

梅　2作品

グループ_4 ｜ 平田 晃久(審査員長) ｜ プレゼンテーション

■『滲む境界』(260)
平田：これは、工場地帯で、既存の建物に新築の建物を交ぜながら立体化していって、多国籍な街をつくるという提案です。標準的によくできている、ということで選出しましたが、「梅」でいいかな、と。
本江(司会)：ここでコメントをもらっている点で、大変、名誉なことです。

■『街にある日々　日々にある居場所
──街の特徴を活かす住機能特化型賃貸アパート群の提案』(406)
平田：「街の中にいろいろな場所を見つけていく」タイプの多数の作品の中で、これは「場所」を見つけるセンスがすごくいい。また、その「場所」への建築による具体的な介入方法についても、高く評価できる、いい模型を作っていたので選んでいます。ここで取り上げておきたい、ということでした。

PROCESS_02 Semi-Final Round 　 02_Discussion[ディスカッション審査]

ファイナリスト選出のためのディスカッション

＊文中の作品名は、サブタイトルを省略

本江(司会)：以上で4グループから選出作品についての説明が終わりました。作品を詳しく見たプロからの説明があると、作者本人がそう思って作ったかどうかは別ですが、よくわかりますね。特に追加のコメントがあればポートフォリオも見てください。選出したのに、まだ褒めていない作品はありますか？（場内　笑）
審査員一同：（指摘なし）
本江(司会)：では、現時点で37作品があります。10作品選出なので、これから3つに1つぐらいの割合で選んでいきたいと思います。
順番に1作品ずつ、改めて確認していきましょう。ファイナリストに選ぶ「当選」の作品、まだ「保留」にしておきたい作品、明らかに落としてもいい「落選」、の3種類に分けていきます。1／3ということは、割り切ってどんどん落とさないと数が絞れません。そのつもりで審査をお願いします。
ではまず、3グループの選出した「松」10作品、審査員長選出の「松竹」12作品（重複選出含む）から順に見ていきます。ほとんどのみなさんが推しているはずの作品群です。否定的な意見が出なければ「当選」にしてもよいのではないでしょうか。しかし、強く推す意見が出なければ「落選」にします。

では「松」10作品から見ていきましょう。ヘネガン＋中川グループ選出の「松」4作品からです。
『都市的故郷』(071)、平田審査員長も「松竹」で推しています。敷地は東京の高田馬場です。
小野田：これは設計がうまい。
中川：TH審査員は、この作品を結構、推していました。グループ審査で会場を回っていた時に出た、芸術家の川俣正さんの話がおもしろかったです。
TH：Yeah! I quite like that one.［これは結構、気に入っています。］
本江(司会)：では、「当選」に近い「保留」です。1巡した後にまとめて確認します。

本江(司会)：次は、『海女島』(155)です。
中川：私はこの作品を、まずまず推しています。出展作全体を見ると、コンテクスト（敷地状況や背景）を読んで設計を進めたという作品が数々ありましたが、その場所でなくてもその形態が成立する作品が多かった。そんな中で、この作品は、場所を移動したら成立しない、この場所ならではのアウトプット（建築形態）になっていた。ポートフォリオを読み込むと、海女の産業や場所のリサーチなど、計画のバックグラウンドもしっかり固めてあるように感じられたので、来年以降の学生へのメッセージも込めて選びたいと思いました。
本江(司会)：激推し！
中川：「激」ではないのですが……。
平田：伝統建築のような木の格子状の組み方は、このコンテクストと何か関係があるのですか？
中川：海草の作り方に関係しているような説明が、ポートフォリオにあった気がします。
西澤徹：本当？　構造体としては、少し重くないですか？
中川：それを言うと、何で木造なのかとか、いろいろ疑問はあるのですが。（場内　笑）
平田：意外に、海の中でずっと使っていると木は腐らないとか？　そこはいいんだけど、なぜこの形態にしたのか、それが最後まで疑問だった……。
中川：まあ、それは……。
本江(司会)：ファイナルに呼んで話を聞くという手もあります。

平田：では、まず「保留」にしてください。
小野田：コンテクストと結び付いた建築として、中川審査員がそこまで推すんだったら「保留」にしておいたほうがいい。
本江(司会)：では『海女島』(155)は「保留」です。

次は、『駿府の城』(199)です。平田審査員長も「松竹」で選出。
TH：One of the best pieces from the students, right? It's fantastic!(笑)［今回の出展作の中で一番いいんじゃない？　すばらしい！］
（場内　笑）
本江(司会)：TH審査員が激推し！
中川：この作品は、もう昨日の予選から、TH審査員が、トム・ヘネガン賞をあげたい、というぐらいの一押しです！
西澤徹：じゃあ、これはstay［「保留」］で。
本江(司会)：では『駿府の城』(199)は、「当選」に近い「保留」とします。

続いて、『都市に舞台を』(482)、工事用足場で構成した劇場です。
平田：これは、選ばなくてよいんじゃないですか？
TH：（同意）
中川：（TH審査員と相槌を打って）まあ、いいです。「落選」でいいです。
本江(司会)：「落選」でいいですか？
審査員一同：（「落選」に同意）
本江(司会)：では『都市に舞台を』(482)は「落選」です。

次からは、西澤＋武井グループ選出の「松」3作品です。
『路上の建築から学ぶ建築の可能性』(062)、ホームレスの作品です。
小野田：作者に喋らせると、すごくおもしろいか、つまらないか……。
栃澤：作者のキャラクターに期待する？
家成：実際にこれを作って、そこで暮らしていたんですか？　どこで……。
本江(司会)：そうそう。
西澤徹：日記のようなものがあった。
武井：もともと、作者は完全には建築を信じていなかった、と言うか。もちろん、そもそもこういうものを作りたかったとは思うけど（笑）。最後の卒業設計の時にようやく機会が巡ってきて、彼は、たぶん真剣にこれを作ったんだと思います。さらにおもしろいのは、彼がどこにこれを設計したか、です。土木的な構築物である擁壁に寄りかかるように作っている。つまり、非常に資本主義的な場所を選択して、結局、そこ（土木構築物＝資本主義）に寄りかかっているところに、かわいらしさを感じてしまいました。
本江(司会)：という、応援演説がありましたが、ファイナリストに選出しますか？
中川：「保留」かな。
各審査員：（多数が同意）
本江(司会)：では『路上の建築から学ぶ建築の可能性』(062)は「保留」にします。

次に『渋谷受肉計画』(173)は、平田審査員長も「松竹」で推す、東京、渋谷の街角コレクション。
武井：これは各スペースに名前が付いています。よく見ると、日常によくある風景をていねいに選んで敷地に設定していて、そのスペースが生活用品と商業廃棄物をつな

げる接点になっているところがいい。造形や建築はあまりおもしろくありませんが。
平田：これは、ポートフォリオもいいし、おもしろそうです。模型がうまくいっていなかっただけで、本質的にはおもしろそうな気がします。
武井：街から抽出した要素を組み合わせて建築として再構成するアイディアは他の作品にも多く見られました。その中でもこれは、もしかしたら、1個1個が単独でも成立するような空間になっているのかもしれない。
本江（司会）：かなりポジティブ（肯定的）な評価ですね。
場内：（口々に肯定的な反応）
小野田：とりあえずキープしておいたら？
本江（司会）：では『渋谷受肉計画』(173)はキープ「保留」です。

続いて、『感性の翻訳』(295)、発達障害のVirtual Realityの作品です。微妙という評価ですか？
平田：これは、平屋でなかったらすごく推したい。しかし、全部をこの考え方に沿って設計して、建築の形状も平屋でどこまでもフラット（平坦）な世界になっていく、という単純なビジョン内に収まってしまっている。そのビジョンを超えた提案でないと推せないですね。作品のプレゼンテーションとしては、いろいろなことに取り組んでいていいんですが。
小野田：ノウハウを調べながら進めていて、方法論はいい。提案された空間がもう少し調査結果と結び付いていれば評価できるんだけれど。
平田：視覚がどんどん子供や動物などに近づいていくとすれば、どちらかと言うと、もっと立体的な空間に結び付けて提案するべきではないか、と思います。
小野田：記号化して設計しているからダメと言うか、もう少し多様な情報を入れてほしかった。
本江（司会）：頑張りました。だけど「落選」という感じですか？
審査員一同：（「落選」に同意）
本江（司会）：それでは『感性の翻訳』(295)は「落選」です。

次からは、家成+栃澤グループ選出の「松」3作品。まず『国境の建築的調停』(017)です。
TH：Border...I' m not so interested.［国境……。あまり興味がもてない。］
本江（司会）：この作品は、それほど肯定的に評価できない？
平田：テーマ設定はすごくおもしろいのですが、最終的にアウトプットされた造形には既視感がある……。
栃澤：確かに、そうですね。
平田：それも結構、昔の建築に多かった造形と重なる既視感で。メキシコとの国境だと、なぜ、そういう造形になるのかがよくわからない。
本江（司会）：展示されていた本もカッコイイですよ。審査員たちは、やや否定的な評価という様子ですね。誰もサポートしないと「落選」になりますよ。
審査員一同：（「落選」に同意）
本江（司会）：では『国境の建築的調停』(017)は「落選」です。

次は、『大地の萌芽更新』(118)です。平田審査員長も「松竹」で選出。
栃澤：これは、話を聞いてみたいです。
本江（司会）：かなりポジティブ（肯定的）な評価ですね。これは「当選」に近い「保留」とします。

続いて、『輪中建築』(158)は、どうでしょうか？　得票は多いです。
平田：すごくよくできていると思いますが、最終的には、この作品の何がおもしろいのでしょうか？
小野田：ていねいな作品という以上の何かがあるか、ということですね？
平田：そうそう。
福屋：立地を生かした発見的なプログラムであるとか、何か推すところはありますか。
家成：僕は、水防共同体という水を防ぐために集落地帯で連携していた歴史を反映させて、水と人間の生業の接点のようなものを、増築した部分や庇の下につくり出しているのではないか、と思いました。

平田：そこは、何となく読み取れるんだけれど、もっと他に……。
本江（司会）：では、まだ保留ですかね。
審査員一同：（同意）
本江（司会）：「落選」ではないが、まだ「保留」で、というところです。
小野田：もっと積極的に落としていかないと……。

本江（司会）：次からは、平田審査員長の「松竹」12作品を見ていきましょう。3グループとの重複選出作品については、すでに検討済みの作品もあります。『都市的故郷』(071)、『大地の萌芽更新』(118)は、先ほどの審議で、いずれも「当選」に近い「保留」として残っています。

では、『築地再考──十人十色に住みこなされる建築』(125)。東京の築地を敷地としたコラージュの作品です。
平田：ファイナリストに『渋谷受肉計画』(173)を入れるなら、こちらは落ちる。けれど、評価した記録だけでも残しておきたい。
中川：2作品はリサーチ系で、わりと似ていますね。
平田：似ているけれど、『築地再考』(125)だけは、オブジェクト（物体）の扱い方が違うんだよ。
家成：『築地再考』(125)は、単にエレメント（要素）を組み合わせただけで終わっている気がする。
武井：そう、そういう気がする。
平田：確かにね。そういう意味では……。
西澤徹：「いかにも築地」な感じがね。
本江（司会）：『築地再考』(125)は「落選」する方向ですか？
平田：そうですね。『渋谷受肉計画』(173)に対する批評として、ここで『築地再考』(125)を挙げておけば、もうそれで役割を果たしたと……。
本江（司会）：築地の仇は渋谷が討つはず。（場内　笑）
ということで、『築地再考』(125)は「落選」とします。

続いて、『多重露光』(138)、リノベーション（改修）計画です。ヘネガン+中川グループでも「竹」で選出されています。
栃澤：昨日の予選で見た時点で、この作品は良いと思いました。
本江（司会）：どうですか？　肯定的な評価ですか？
西澤徹：最終的にどういうものになるの？
栃澤：既存の小学校を、半分壊していくんです。
西澤徹：斜めにカットした部分は、どうやって壊したり移したりしているんでしょう？
中川：斜めにカットした部分は、パソコンの画面上で斜めにカットするのとほとんど変わらない方法でカットするつもりだと思います。
西澤徹：だよね。それで、どういうふうにこの部分を移しているんですか？
中川：それも不明。だから、現実的な建物にはなっていない……。
堀口：棟の間にあるのはガラスのストラクチャー（構築物）なんですか？
中川：ストラクチャーも成立していないし、ほとんど新しく作り変えています。もともとは、既存の古い建物に敬意を払っていたはずなのですが、実際には相当たくさん新しいものを入れています。その割合などについては、作者本人の話を聞かないとわからないです。
栃澤：ちょっと話を聞いてみたい。
本江（司会）：では『多重露光』(138)は、話を聞きたいという評価で残す、「保留」ですね。
審査員一同：（「保留」に同意）
本江（司会）：では『多重露光』(138)は、「当選」に近い「保留」です。

続く『渋谷受肉計画』(173)、『駿府の城』(199)は、先ほどの議論で、いずれも「保留」となりました。
続いて、『都市の仮面劇場』(217)はどうですか？
平田：それは、ここまでで、もういいと思います。「落選」でいいです。
本江（司会）：では、『都市の仮面劇場』(217)は落としていいですか？

審査員一同：(「落選」に同意)
本江(司会)：では、『都市の仮面劇場』(217)は「落選」です。

次は、『類推的建築』(252)。イタリアの建築家、アルド・ロッシの研究！（場内　笑）
小野田：これは、ファイナルに呼んだら、すごくおもしろそうだな。
中川：これは、私たちのグループの審査対象作品でしたが、私たちはスルー（無視）しました。
本江(司会)：ダメかな？　ちょっと弱い？　推す人がなければ落ちます。
小野田：実は、作者はあまり考えていなかったり？
中川：実は、内容は薄いんじゃないかな。
本江(司会)：「落選」ですか？
審査員一同：「落選」に同意
本江(司会)：では『類推的建築』(252)は「落選」です。

続いて、『偶然の建築』(269)、オブジェクト（物体）のデータベースから作る建築です。西澤+武井グループも「竹」で選出。
西澤徹：これも、そんなに積極的には推せないな。
平田：これは「落選」でいいよ。
各審査員：(「落選」に同意)
本江(司会)：では『偶然の建築』(269)も「落選」です。

続いて『三匹のムネモシュネ』(272)、記憶に関する作品です。ヘネガン+中川グループでも「竹」で選出されています。
西澤徹：まだ十分に内容を把握できていないのだけれど、魅力はある。
平田：これは、ファイナルで話を聞いたほうがいいんじゃないか、と思います。
本江(司会)：ファイナルで話を聞きますか？
西澤徹：気にはなっていた作品です。
本江(司会)：では、『三匹のムネモシュネ』(272)は「当選」に近い「保留」です。

続いて『跡と共に生きる』(396)、遺跡の型を取った作品です。
平田：これは、もういいと思います。ここまで評価した、ということで。
本江(司会)：「落選」にしていいですか？
審査員一同：(「落選」に同意)
本江(司会)：では『跡と共に生きる』(396)は「落選」です。

続いては、石積みの作品『あわいの島』(401)です。
西澤徹：これは、かわいかった。
中川：これは墓ですよ。
西澤徹：え？　墓？
中川：墓です。この島には、墓参用の墓と実際に埋葬する墓とが別になった、両墓制という文化が残っている。その文化を後世に引き継ぎ伝える建築を島のシンボル的に作るという提案です。墓を扱った他の作品とは全く違うアプローチではあります。
家成：もともとある墓に加えて、新しく墓を作ることで、何か違うことが起きるんですか？
平田：こういう作品は、ひょっとするとひょっとする（期待以上に応えてくれる）タイプなんですよね。（場内　笑）
中川：別の卒業設計講評会で、作者から話を聞いたことがあって、提案内容を知っているのです。日本では現在、火葬がほとんどですが、この島ではもともと土葬で、土葬した場所で育てた野菜をみんなで食べて死者を想ったりするようなんです。そんな独特の風習がある島だから、墓をターゲットにしたんだと思います。
各審査員：(納得した様子)
小野田：では、これは「保留」ですね。
中川：ただし、どうしてこういう造形になったかは不明です。
平田：でも同じような作品が並んでいるより、いいかもしれない。
本江(司会)：ダメだろう、という人がなければ「保留」！

審査員一同：(「保留」に同意)
本江(司会)：では『あわいの島』(401)は「保留」で残します。

本江(司会)：「松」「松竹」は以上です。で、今のところ10作品ほどが「保留」として残っています。もっとどんどん落とさないとファイナリストを絞り込めませんよ。
では続いて、「竹」の11作品を見ます。

次からはヘネガン+中川グループ選出の「竹」3作品。
『多重露光』(138)、『三匹のムネモシュネ』(272)は、先ほど平田審査員長の「松竹」作品として検討し、いずれも、「当選」に近い「保留」として残っています。

最後の『すなぎんを学ぶ』(461)はいかがでしょう。
中川：これは、ここまで残せただけで十分です。（場内　笑）
本江(司会)：まあ、そういう選出の意味もありますね。
中川：みなさんにメッセージを伝えたいという意味で選出しました。
各審査員：(了解)
本江(司会)：では、「落選」でいいですか？
審査員一同：(「落選」に同意)
本江(司会)：『すなぎんを学ぶ』(461)は「落選」です。

今度は、西澤+武井グループ選出の「竹」4作品です。
では粘菌の作品『奇人思想空間』(026)はいかがでしょう。平田審査員長も「梅」で選出。
各審査員：(「喋らすか」「話を聞かないとわからない」などの声)
家成：僕も粘菌を育てていたことがあるんです。粘菌の生態を建築や空間にするのは無理ちゃうかな、と思って、先ほどポートフォリオを見直したら、ドローイングがあまり評価できない、と言うか……。
西澤徹：そうなんだよ。
家成：こんなふうに固まってしまうと、粘菌の流動性がなくなってしまうじゃないですか。
小野田：家成審査員は、作者と粘菌友だちだけど、我々は……。（場内　笑）
家成：やるなら、粘菌の良さをもっと出してほしいです。
中川：作者が生物学者、南方熊楠の子孫だから、粘菌を扱っているんです。
平田：熊楠の子孫の話は聞いてみたいが……。
中川：そう、ただ個人的に、熊楠の子孫から話を聞きたいというだけです。
本江(司会)：では、個別に聞いてください(笑)。いいですか？　落ちますよ。
審査員一同：(「落選」に同意)
本江(司会)：おもしろかったけれど『奇人思想空間』(026)は「落選」です。

続いて『再結晶する空間的感情』(144)。音楽や数字に置き換えた材料で建築を構成する作品。
武井：積極的には推さない。
西澤徹：同じく、積極的には推さない。マテリアル（材料）に感情や数値を与えて、建築として再構成するという……。
小野田：たくさんの物が並んでいた作品で、分析はおもしろいんだけれどね。
西澤徹：不思議な、非日常的な空間になっていた。
平田：数値の根拠が弱い。
家成：個人的な数値を使っているんですよね？
西澤徹：そうそう。
中川：では「落選」で。
西澤徹：今回、「保留」にした中にも、このパターンの作品はあったからね。
各審査員：(同意)
本江(司会)：「落選」でよろしいでしょうか？
審査員一同：(「落選」に同意)
本江(司会)：では『再結晶する空間的感情』(144)は「落選」です。

今度は『たとえば基準線にかさぶたを』(170)、計画道路に引っかかる部分を扱った作品です。
西澤徹：そんなに積極的には、推さないです。
本江(司会)：こんなに矩計図をたくさん描いた作品はないですよ。
西澤徹：確かに、矩計図をここまでたくさん描いた作品はないと思う。でも、プロジェクトの中身の広がりはそれほどない気がする。
小野田：物の分析や検討の後で、その結果をもってもう1回、都市の検討に戻っていけばいいんだけれど、それがない印象なんだ。
栃澤：そうね。そこでどういう生活ができるか、といったことまで描ききれていない。
小野田：すごく好きな作品ですけれど。
本江(司会)：いいですか？
各審査員：(否定的な反応が優勢)
平田：先ほど「保留」した『渋谷受肉計画』(173)と似ているんです。『渋谷受肉計画』(173)のほうがいいと思います。
本江(司会)：では、「落選」でいいですか？
審査員一同：(「落選」に同意)
本江(司会)：では『たとえば基準線にかさぶたを』(170)は「落選」です。

最後の『偶然の建築』(269)は、先ほど平田審査員長の「松竹」作品として検討し、「落選」しました。

続いて、家成＋栃澤グループ選出の「竹」4作品。
まずは『浴場民主主義の世界』(022)、テルマエ・ロマエ*1です。
武井：これは、話を聞いてみたいですね。
平田：これは、おもしろいかな？
本江(司会)：ファイナリストに呼ぶ？　最終的に落とすつもりなら、割り切ってここで落とすか。現在、「保留」で残っている数ほどは、ファイナリストにできません。
平田：国会議事堂の前にこの建築を置いたことまでは、いいと思う。そこまでは言葉で説明できる、テーマ設定の範囲内ですから。しかし、そのテーマを引き受けて建築として何かを発展させる、という部分が弱い。
西澤徹：空間的な発見という面で、物足りないということだね。
本江(司会)：そこが弱い。美しいけれどね。
平田：これは、単に成り立つように設計しているだけであって、このテーマ設定と密接に関係した空間のありようではない、と感じた。
武井：でもこれは、人間と人間の関係性が空間構成に結び付いている。別々の入口から入った来場者は、上に向かうにしたがって、だんだん衣服を脱いでいく。それに応じて、両者の関係性が近づいていき、最終的には人と人との……。
平田：さすが昨日、温泉付きのホテルに泊まっただけのことはある。(場内　笑)
武井：(笑)というような、結構、深い話なんですよ。
家成：また、数少ない、楽しい作品ではある。
各審査員：(納得)
本江(司会)：では『浴場民主主義の世界』(022)は、やや上位の「保留」とします。武井審査員が目の色を変えて風呂を推す……。(場内　笑)
でも落とすものは、落とさないといけませんよ。先ほど出た意見のように、ファイナリストとして同じような作品がいくつもあるのもうまくありません。ファイナリスト10作品で、卒業設計がもっている広がりを示すという目的もあるので、各作品の提案内容があまりに重複すると議論の幅が広がりませんから。

次に、『State of the Village Report』(058)。縮小した地球、1,000人の村ですね。
家成：これも、収集した要素を再構成して建築をつくる「オブジェクト(物体)系」の作品だと思います。
本江(司会)：「オブジェクト系」ね。
平田：その分類分けでいくなら、地球の模型がものすごくカッコイイ、ぐらいでないと評価できませんね。(場内笑)
これでは、ちょっと……。

本江(司会)：何だかちょっとね。
中川：ポートフォリオと模型で、説明がほとんど一緒なのが気になりました。
本江(司会)：インフォグラフィックス(infographics)*2、頑張りましたけど、ここまでですか？
各審査員：(多数が「落選」に同意)
本江(司会)：推す人がいなければ落ちます。
家成：僕は結構、この作品の話を聞きたいです。
西澤徹：では、まだ「保留」にしていいんじゃないですか？
本江(司会)：では『State of the Village Report』(058)は「保留」にします。

ということで、続けます！　『ニブンノイチ改築』(398)です。
平田：これはおもしろいのですが、住民間や近隣間に「干渉作用が起こる」ことを前提とした提案なのに、その「干渉が起こる」部分について、十分に考えられていなかったので、ここまででいいと思います。
本江(司会)：推す人がいなければ落ちます。
審査員一同：(「落選」に同意)
本江(司会)：ありがとうございました。では『ニブンノイチ改築』(398)はここまで、「落選」です。

続いて、『ウラヤマ路地ック』(428)、斜面建築を減築する作品です。
平田：先ほどの栃澤審査員の説明を聞いていたら、すごく良い作品に見えてきた(笑)。
栃澤：そうですか。でも実は、我々のグループでは迷った末、一番最後に選出することになったんです。
家成：壊すところまでは、実際に済んでいるけれど、作るところはまだできていないので。
栃澤：そうなんですよね。
平田：実際にできても良さそうな提案内容だという点はいいんだけれど、新たに提案された建築が、今ある既存の街のありように、あまりにも引きずられている気がする。
中川：現在の状況と近すぎる。
平田：また、設計の自由度をやや拘束しすぎるルールを設定している点が、個人的には引っかかりました。たとえば「この部分は日陰が多すぎるので絶対に壊す」というように、厳格なルールで設計を縛ってしまっている。創造力が介在する余地を残さないようなルール設定です。
本江(司会)：では、力作だが落とす、でいいですか？
審査員一同：(「落選」に同意)
本江(司会)：では『ウラヤマ路地ック』(428)は「落選」です。

まだ結構たくさん候補作品が残っています。
続いて「梅」9作品を見ていきます。ヘネガン＋中川グループ選出の「梅」3作品からです。
まずは『水上ノ民、水辺ニ還リ、』(172)、水上の桟橋に建つ家です。
各審査員：(曖昧な反応)
西澤徹：どうなんでしょうね？
中川：この建築の使い方に関するオリジナリティに、もう少し言及してほしかったです。
本江(司会)：「落選」ですか？
審査員一同：(「落選」に同意)
本江(司会)：ということで、『水上ノ民、水辺ニ還リ、』(172)も「落選」です。

次は、『森の入り口』(297)、斜面のネットワークの作品。
中田：調子に乗って、落とし過ぎてはいませんか？
西澤徹：でも今、すでに「保留」が10作品以上ありますよ。
中川：これは里山の循環を扱った作品で、ドローイングがすごく良かったのですが、それ以上の評価はどうでしょう。
栃澤：でき上がっている建築は、評価しにくいですね。
中川：そう、各スポットに寄り過ぎていて、ネットワーク全体の表現がほとんどない

んです……。
平田：「『エッジをにじませる』というのは、曲線になればいいということかい？」と突っ込みたくなる。短絡的な設計に見えます。
中川：ネットワークの設計が不十分だった、というのが惜しいポイントだと思います。
西澤徹：印象に残っていない。今、模型を思い出しているのだけれど。
中川：模型よりも、その下にあった大きいドローイングがすごく良かったです。
各審査員：（曖昧な反応）
本江（司会）：いいですか？　落ちますよ。
審査員一同：（「落選」に同意）
本江（司会）：では『森の入り口』(297)は「落選」です。

続いて、『雫の紡ぎ手』(309)、ソマリアで水を集める作品です。
西澤徹：これは美しいプロジェクトです。
各審査員：（曖昧な反応）
中川：ファイナリストに残った時に、この作品の応援演説をできるかというと、ちょっと苦しいかも。
各審査員：（同意）
小野田：テーマはいいんだけど。
西澤徹：すごく好感度は高いですが。
栃澤：好感度は高い。
本江（司会）：が、ファイナリスト10作品には入らないですか？
審査員一同：（「落選」に同意）
本江（司会）：『雫の紡ぎ手』(309)は「落選」です。

この辺からスピード上がってきました。
続いて、西澤+武井グループ選出の「梅」3作品です。
まずは、『岩石為る者』(042)です。
家成：これは、スキャンしてやればいいことで、ドローイングでわざわざやるこっちゃないかな、と思いました。（場内　笑）
西澤徹：これに関しては、ドローイングで、きちんと身体的なものにもっていかないといけないかなと。
平田：個人的に、この人は好きです。（場内　笑）
けど、あと10倍ぐらいの数のオブジェクトを使ってほしい。
西澤徹：僕も好きなんです。だけどファイナリストの10組には残さなくていいかな。
中川：設計を続けてほしいですよね。
西澤徹：うん、設計すればいい。
審査員一同：（「落選」に同意）
本江（司会）：ということで『岩石為る者』(042)は「落選」です。

続いて『眼差しの皇居』(106)です。平田審査員長も「梅」で選出。
平田：高田馬場の『都市的故郷』(071)が残るなら、これはいらないのではないですか？
各審査員：（同意）
本江（司会）：応援する人がいなければ落ちます。
各審査員：（応援発言なし）
本江（司会）：では『眼差しの皇居』(106)は「落選」です。

次に『流れゆく茫漠を追いかけて』(372)です。これは素材を並べたサトウキビの作品。いろいろな触れるサンプルのようなものを持ち出しています。ここまででしょうか？
各審査員：（曖昧な反応）
西澤徹：これもファイナリストに入れなくていいかな。そんなに完成度は高くない。
中川：表現の方法にはオリジナリティがあった。
本江（司会）：完成度はそれほど高くない。では落ちますよ。
審査員一同：（「落選」に同意）
本江（司会）：『流れゆく茫漠を追いかけて』(372)は「落選」です。

次からは、家成+栃澤グループ選出の「梅」3作品。
まず『日常をつなぐ架け橋』(024)、長い橋の作品です。
各審査員：（曖昧な反応）
平田：津波避難路だと言うけれど、むしろ災害によって倒れそうな気がする。
栃澤：今回は、結構そういう、矛盾を解決できていない作品が多かったです。
小野田：この建築自体が災害を起こしそうだ。
本江（司会）：美しくできていますが、落としますよ。
審査員一同：（「落選」に同意）
本江（司会）：では『日常をつなぐ架け橋』(024)も「落選」です。

今度は、『終の景、湖上の別れ』(162)、浜名湖のホスピス。
平田：これも、先ほどの栃澤審査員の説明を聞くとすごくいいと思うのだけれど、何だかナルシスティック（自己陶酔が強）過ぎて推しにくい。
本江（司会）：美しいですよ。
平田：いや、ちょっと……。
各審査員：（同調する様子）
本江（司会）：では、落としますよ。
審査員一同：（「落選」に同意）
本江（司会）：では『終の景、湖上の別れ』(162)も「落選」です。

次は『波止場の終史線』(255)。
家成：それはもういらない気がします。
各審査員：（否定的な反応）
本江（司会）：「落選」でいいですか？
審査員一同：（「落選」に同意）
本江（司会）：では『波止場の終史線』(255)は「落選」です。

最後に、平田審査員長の選出の「梅」4作品。先ほど、『奇人思想空間』(026)は、西澤+武井グループ選出の「竹」作品として、『眼差しの皇居』(106)は、西澤+武井グループ選出の「梅」作品として検討し、いずれも「落選」しています。

次に『滲む境界』(260)、工場のような移民の街はどうですか。
各審査員：（やや否定的な反応）
平田：不必要に大仰なつくりなのが、どうもね……。
本江（司会）：でも迫力はあります。
栃澤：模型はおもしろかったけれど、それを作りたかっただけかな、と感じます。
本江（司会）：では「落選」でいいですね。
審査員一同：（「落選」に同意）
本江（司会）：『滲む境界』(260)も「落選」です

今度は『街にある日々　日々にある居場所』(406)です。国道スペシャルとか書斎を作るとか、さまざまな性格の賃貸アパートの部屋を設計した作品。
平田：作者には相当、場所を読み取るセンスがあると思います。その評価を一言残すだけでいいのではないでしょうか？（笑）
各審査員：（同意）
本江（司会）：では「落選」でいいですか？
審査員一同：（「落選」に同意）
本江（司会）：十分に褒められた、ということで『街にある日々　日々にある居場所』(406)は「落選」です。

本江（司会）：ということで、ファイナリスト候補37作品を見てきました。みなさんの協力で、だいぶ候補作品が絞られました。ここから絞り込みますが、ファイナリストとして10作品をバランスよく選んでください。その後、補欠を順番付きで3作品選びます。これまでの実績から見れば、補欠が必要になることはほとんどないと思いますが、過去に1、2度、補欠がファイナリストに上がりましたので、十分に吟味して選ん

でください。
今、ファイナリスト候補として、次の12作品が残っています。単純に考えると、このうちの2作品が補欠ということになります。あとは、どれをファイナリスト10作品に選出するかです。

西澤徹：もう『State of the Village Report』(058)と『多重露光』(138)は、補欠にしていいんじゃない？

本江(司会)：改めて、候補となるのは、テルマエ・ロマエの『浴場民主主義の世界』(022)、地球儀の作品『State of the Village Report』(058)、ホームレスの作品『路上の建築から学ぶ建築の可能性』(062)、『都市的故郷』(071)、ブラウンフィールドと鉱山の作品『大地の萌芽更新』(118)、切り刻んでリノベーションする作品『多重露光』(138)、『海女島』(155)、『輪中建築』(158)、渋谷の街角コレクション『渋谷受肉計画』(173)、記号系の作品『駿府の城』(199)、記憶を扱った『三匹のムネモシュネ』(272)、『あわいの島』(401)の12作品です。
以上の中から2つ落とします。「落とすのだったらアレがいい」という意見があれば、今だけ受け付けます。

西澤徹：『路上の建築から学ぶ建築の可能性』(062)をファイナリストにしては？
本江(司会)：この12作品からファイナリストを選んでもいいですか？
平田：『路上の建築から学ぶ建築の可能性』(062)は、ベッドがあった作品でしょう？
本江(司会)：そう、ベッドがあった。そして、すばらしい屋根の模型があった作品。(場内 笑)
家成：これは話を聞いてみたい。
本江(司会)：『路上の建築から学ぶ建築の可能性』(062)、ホームレスの作品ですね。
武井：まあ、これは話を聞きましょうよ。
小野田：でも、内容が期待はずれだったら、責任を取ってくださいよ(笑)。
家成：どんなヤツなのかな、と思って。(場内 笑)

本江(司会)：先ほども言いましたように、これからファイナリストとして残る10作品は、まず、今年の卒業設計作品のスコープ(傾向)を示しているか、次に、来年以降の学生たちに何らかの指針を与えるようなものか、さらに、こう言うと何ですが、ファイナル会場に呼んでおもしろいか、という3つの観点から選んでいただきたいです。
西澤徹：まずは大きく分類してみたい気がします。
家成：まあまあ、実際にバランスを見るならそうですね。

本江(司会)：これらは内容や方向性が被っているとか、アレ系の作品がないとか、意見があれば今、お願いします。

平田：『State of the Village Report』(058)は、『渋谷受肉計画』(173)と近い。
各審査員：(以下、候補作品のポートフォリオを移動してグループ分けを進める)
本江(司会)：集めた要素を再構成して建築を作る「オブジェクト(物体)系」の作品ですね。
平田：『駿府の城』(199)もある意味では近い。
本江(司会)：駿府城も記号を扱った「記号系」ですね。

西澤徹：『大地の萌芽更新』(118)は、「まじめ系」かな、と。
本江(司会)：『大地の萌芽更新』(118)、『あわいの島』(401)は、「まじめ系」ということですね。
平田：それと『輪中建築』(158)もね。
本江(司会)：『輪中建築』(158)も「まじめ系」。
各審査員：(さらにポートフォリオの移動を進める)

本江(司会)：全員にわかるように、ID番号とグループ分けの理由を言いながら動かすようにしてください。
各審査員：(同意しつつ、しばらくはどんどん選り分ける)
本江(司会)：今、何となく、KJ法*3に似た方法で候補作品のグループ分けが進んでいます。
西澤徹：これは何？
栃澤：テルマエ・ロマエ、『浴場民主主義の世界』(022)です。
西澤徹：それも、このグループじゃないの？
各審査員：(「こっちかな？」「ここら辺かもしれないよ」とポートフォリオを動かしながら分類)

本江(司会)：今、KJ法で、まじめなテーマに正面から取り組んだ、よく調べた、という「まじめ系」の作品を上のほうに並べています。『大地の萌芽更新』(118)、『海女島』(155)、『輪中建築』(158)などです。
西澤徹：『あわいの島』(401)も「まじめ系」ね。
本江(司会)：『都市的故郷』(071)も「まじめ系」ですね。

西澤徹：『多重露光』(138)は？ ちょっと「ファンタジー(空想)系」？
中川：それは、最終的にできたものが建築ではない、と言うか。
家成：これがどの分類に入るか、僕もちょっとピンとこないな。
本江(司会)：『三匹のムネモシュネ』(272)も同系統ですね……。

各審査員：(ほぼポートフォリオの分類を終える)
本江(司会)：現在、以下のような分類になっています。
まじめに取り組んだ、しっかりリサーチした、という建築の王道である「まじめ系」が、『浴場民主主義の世界』(022)、『都市的故郷』(071)、『大地の萌芽更新』(118)、『海女島』(155)、『輪中建築』(158)、『あわいの島』(401)です。
それから、記号によって建築を表現した「記号系」が、『State of the Village Report』(058)、『多重露光』(138)、『三匹のムネモシュネ』(272)。
収集した要素を再構成して建築を作る「オブジェクト系」が『渋谷受肉計画』(173)、『駿府の城』(199)。
どの分類にも属さない「孤高」の作品が、ホームレス、『路上の建築から学ぶ建築の可能性』(062)。
この分類を参考に、ファイナリスト選出を進めましょう。

TH：(『多重露光』(138)に言及)Gone! This has got nothing.［退場！ これには何もない。］
中川：TH審査員は『多重露光』(138)は不要、という意見ですね。ゴーン(gone)ね。現在、『多重露光』(138)を推している人はいますか？
各審査員：(「推していない」「誰かいる？」の声多数)
本江(司会)：誰も推していない？ では、『多重露光』(138)は「落選」です。「補欠」という評価ですか？
審査員一同：(「補欠」に同意)
本江(司会)：では『多重露光』(138)は「補欠」となります。

平田：今のところは『多重露光』(138)を推しませんが、『State of the Village Report』(058)が候補に残っている状態なので、『多重露光』(138)はそれより先に落ちるような作品なのか、疑問です。
本江(司会)：では、『State of the Village Report』(058)もファイナリストから外していいですか？
家成：しかし、この作品は、まだ、どう出るかわからないですよね。
武井：いや、これは、どうにも「出ない」と思いますよ(笑)。
家成：「出ない」？ (笑)
本江(司会)：では『State of the Village Report』(058)は、「補欠」候補に下げていいですね。
審査員一同：(「補欠」に同意)

本江(司会)：これで今、ファイナリスト10作品が一応揃いました。確認します。『浴場民主主義の世界』(022)、テルマエ・ロマエ、国会の前の作品。『路上の建築から学

ぶ建築の可能性』(062)、ホームレスの作品。『都市的故郷』(071)、高田馬場の積み上げた作品。『大地の萌芽更新』(118)、ブラウンフィールド、鉱山の作品。『海女島』(155)、海草と海女さんの作品。それから『輪中建築』(158)、輪中施設の軒下に大スペースをつくっていた作品。『渋谷受肉計画』(173)、渋谷の街角のコレクション作品。『駿府の城』(199)、記号の作品。『三匹のムネモシュネ』(272)、記憶の作品。『あわいの島』(401)、石積みの墓の作品。いかがでしょうか?

平田:『路上の建築から学ぶ建築の可能性』(062)をファイナリストにするのには、かなり反対ではあります。
家成:それより、『State of the Village Report』(058)を残したくなってきた。
中川:私は、先に「落選」した計画道路の作品、『たとえば基準線にかさぶたを』(170)を入れたい。木密(木造住宅密集地域)を改造する作品はたくさんありましたが……。
西澤徹:その中では、評価できるね。
中川:その中では、かなりていねいにやっていたし、これを残すことによって、図面を熱心に描く学生が増えてほしい、という気持ちもあります。もう一度、ポートフォリオを見ていいですか?
本江(司会):『たとえば基準線にかさぶたを』(170)のポートフォリオを戻してください。
(学生スタッフが戻す)
西澤徹:絶対にこれを推したい、というわけではないんだけれど……。
中川:作者本人の話を聞いてみたい、ということです。
栃澤:まあね、うん。
本江(司会):『たとえば基準線にかさぶたを』(170)が復活してきました。入れ替えるなら今ですよ。
各審査員:(各々で議論)

本江(司会):テルマエ・ロマエ、『浴場民主主義の世界』(022)は確定でしょうか?平田審査員長は、やや微妙な表情です。(場内 笑)
栃澤:だったら『路上の建築から学ぶ建築の可能性』(062)を残したい。銭湯の『浴場民主主義の世界』(022)より、ホームレスの『路上の建築から学ぶ建築の可能性』(062)という評価です。

本江(司会):『たとえば基準線にかさぶたを』(170)はどうでしょうか?
中川:「激推し」ではないけれど、図面表現を評価する、という学生へのメッセージとしてファイナリストに残しておきたいです。
本江(司会):では、入替えで落ちるのはどれ?
中川:風呂の『浴場民主主義の世界』(022)か、ホームレスの『路上の建築の可能性』(062)でしょうか。

本江(司会):外すのは、風呂かホームレスか?
西澤徹:風呂の『浴場民主主義の世界』(022)はいらないと思う。
中川:『浴場民主主義の世界』(022)は、結構、コアなファン(武井審査員)を獲得しているんですね。(場内 笑)
西澤徹:『浴場民主主義の世界』(022)はいらないと思うけどなあ。
平田:この作品でできる議論としては、まあ、国会議事堂の前に風呂を置くとか、そういうところで勝負する学生が今後増えるかどうか、というあたりですか。
武井:いや、でも僕は、この作品で重要なのは国会議事堂の前に建築を置くことだけではないと思う。敷地の議論ではなくて、設計の内容についての議論がしたい。読み込むと、結構、内部の設計がよくできている。だから、もし『たとえば基準線にかさぶたを』(170)で図面表現の話をするのであれば、『浴場民主主義の世界』(022)の設計の話もしてほしい。

平田:『たとえば基準線にかさぶたを』(170)は『渋谷受肉計画』(173)と似ている。
本江(司会):『たとえば基準線にかさぶたを』(170)と『渋谷受肉計画』(173)は近いのではないか、という意見ですね。
中川:でも作品のプレゼンテーションとしては、『渋谷受肉計画』(173)は模型による表現が多かった。一方、『たとえば基準線にかさぶたを』(170)は図面によって表現している。
本江(司会):そうですね。『たとえば基準線にかさぶたを』(170)は、提案内容を図面化しています。
中川:もちろん、同じ系統の作品だとは思うのですけれど。
武井:『たとえば基準線にかさぶたを』(170)は、都市計画道路の周辺部分をカットして、そこにささやかな操作をすることによって、その空間がどれぐらい日常生活の豊かさのようなものにつながっているか……。
中川:こういうささやかな操作しかしていない「ささやか系」の提案は、今回のように似た系統の作品が複数ある時には、絶対に残らないじゃないですか?
武井:いや、そんなことはないんじゃないですか?
平田:しかし、最近、こういう作品が、たくさん残り過ぎることが、少し問題になっているんです。
武井:僕も、こういう作品が残るケースが多いと思う。
平田:すごく美しい図面表現だけれどね。
中川:たまたま同様の系統の作品が候補に多い中で、頑張っている気はする。
(場内 苦笑)
でも、ファイナリストになった時に、その中で強力に推すか、というと、それは……。
(場内 笑)
武井:いや、そうなんだよね。
家成:この作品をファイナリストにしても、強くは推しきれない、という気がします。
各審査員:(「おっ! おっ!」のもてはやすような声)
家成:提案内容にあまり新しさがないんです。
小野田:もう少し、都市の問題や改修の問題などに焦点を向けると良かったんだけれど、これは建築の話だけだからね。
家成:そうなんです。

武井:そうしたら、『路上の建築から学ぶ建築の可能性』(062)も……。
平田:やっちゃう? じゃあもう、ホームレス、『路上の建築から学ぶ建築の可能性』(062)もいらない?
栃澤:もう落としていいですよ。
小野田:これはもういらないよ。こういう問題を考えることは、学生にとってすごく大事だから、ステージで聞かせたかったというか、本当は落としたくはないんだけれど。
各審査員:(「落選」に同意)

家成:あれ? これは地球。『State of the Village Report』(058)は戻ってきたの?
本江(司会):いえ、これはボーダーライン上です。(ポートフォリオを移動)
良さそうな作品からもう決めていきますよ。ファイナリスト当選が堅い9作品があって、残る1席を決める、ということです。まず9作品を確認します。『浴場民主主義の世界』(022)、『都市的故郷』(071)、『大地の萌芽更新』(118)、『海女島』(155)、『輪中建築』(158)、『渋谷受肉計画』(173)、『駿府の城』(199)、『三匹のムネモシュネ』(272)、『あわいの島』(401)です。

まず、『浴場民主主義の世界』(022)のテルマエ・ロマエ、「当選」でいいですか。
各審査員:(和やかにざわめきつつ、肯定的な反応)
小野田:武井審査員に熱く語ってもらったし……。(場内まだ騒然としつつ 笑)
本江(司会):いいですか?
審査員一同:(「当選」に同意)
本江(司会):『浴場民主主義の世界』(022)は「当選」です。

次、『都市的故郷』(071)、高田馬場のコラージュ。
審査員一同:(「当選」に同意)

本江（司会）：『都市的故郷』(071)も「当選」。

次『大地の萌芽更新』(118)、ブラウンフィールドの鉱山はいいですか？
家成：いいと思います。
審査員一同：（「当選」に同意）
本江（司会）：いいですね。『大地の萌芽更新』(118)は「当選」です。

では、『海女島』(155)、海女の海草。
平田：これが、固定した構築物として設置してあるなら、干満による海面レベルの変化に対応できないブリッジになってしまいます。中川審査員、その問題は大丈夫かね？
中川：それを私に訊きますか？（場内　笑）
平田：いや、海について、きちんと考えて作っているかどうか……。
本江（司会）：「お前は海をわかってないんじゃないか」と言われないか、ということですね。
中川：まあ、そうですね。この作品が実際にファイナルでプレゼンテーションをしたら、もしかしたら、最終のアウトプットである建築の説得力はすごく弱くて、リサーチの厚みがあるだけだ、とわかることになるかもしれません。けれど、産業を扱っているし、他の場所に移動できない敷地と結び付いた建築を、リサーチの積み重ねによって作るという点で、ファイナリスト10作品の中に残して、学生へのメッセージを送るのは、アリではないかと思います。
家成：なんで、この構造が必要なの？
栃澤：浮かせてはダメなのか、と思えてしまいますよね。

小野田：ツッコミどころ満載なんだよ。
本江（司会）：審査員たちから突っ込まれまくる生け贄の役割ですか。
中川：「ツッコミ枠」で！（場内　笑）
本江（司会）：では、落とさなくていいということで？
中川：ツッコまれる幸せがあるのでは？（場内　笑）
審査員一同：（「当選」に同意）
本江（司会）：中川審査員が必死に推すのであれば『海女島』(155)は「当選」で残します。

続いて『輪中建築』(158)の輪中の建物。
審査員一同：（「当選」に同意）
本江（司会）：では『輪中建築』(158)も「当選」です。

続いて、『渋谷受肉計画』(173)の渋谷のコレクションは「当選」ですね？
審査員一同：（「当選」に同意）
本江（司会）：『渋谷受肉計画』(173)は「当選」です。

次に、『駿府の城』(199)、これもいいですね。TH審査員推し。（場内　笑）
TH：（審査員長と顔を見合わせてうなずく）
審査員一同：（「当選」に同意）
TH：（ガッツポーズ）
本江（司会）：『駿府の城』(199)は「当選」。

続いて『三匹のムネモシュネ』(272)、記憶術。これはいいですね？

審査員一同：(「当選」に同意)
本江(司会)：『三匹のムネモシュネ』(272)も「当選」です。

続いて、石積みの『あわいの島』(401)はいいですか？
審査員一同：(「当選」に同意)
本江(司会)：『あわいの島』(401)は「当選」です。

では、この9作品の中にも順位はありますが、まず、この9作品がファイナリストでいいとすると、残りの4作品から1作品ファイナリストを選び、3作品の順番を決めて補欠とします。
次の4作品の中から1作品がファイナリストに上がります。『State of the Village Report』(058)の地球。次が『路上の建築から学ぶ建築の可能性』(062)、ホームレスの小屋の作品。先ほど浮上してきました『たとえば基準線にかさぶたを』(170)、都市計画道路の作品。そして『多重露光』(138)、リノベーションの金色の作品。この中から1作品をファイナリストに上げます。

家成：『多重露光』(138)は、ファイナリストに入らないな。
本江(司会)：落としますか？ 落とすほうがよければ、「補欠」にします。
TH：これ、ない。
審査員一同：(「補欠」に同意)
本江(司会)：では、『多重露光』(138)は、「補欠」へまわります。続いていかがでしょう。

家成：ホームレスの『路上の建築から学ぶ建築の可能性』(062)も、落としていいです。読み込んでみたら、内容にあまり奥行きがなかったので……。
本江(司会)：この作品を推していた家成審査員が手放しました。
家成：そんなに強く推してはいませんよ。(場内 笑)
本江(司会)：『路上の建築から学ぶ建築の可能性』(062)への評価も、やや否定的になっています。

では、残りのどちらかが、ファイナリスト！ 『State of the Village Report』(058)の地球儀の作品か、都市計画道路の『たとえば基準線にかさぶたを』(170)。
各審査員：(〈058〉を推す声が優勢)
本江(司会)：では『State of the Village Report』(058)が間隙を縫うようにしてファイナリストになりますが、いいですか？
西澤徹：もう一度『State of the Village Report』(058)のポートフォリオを確認させてください。

本江(司会)：では、少し待ちます。『たとえば基準線にかさぶたを』(170)もいいところまでいきました。この流れだと、これが「補欠1位」です。
各審査員：(同意の声多数)
本江(司会)：『たとえば基準線にかさぶたを』(170)を復活させた中川審査員、応援演説をするなら今ですよ。
中川：(発言しない意志表示)
本江(司会)：中川審査員は、先ほど『海女島』(155)を推して力尽きている……。(場内 笑)
家成：計画道路で断ち切られるものは、絶対に、少しはありますよね。『たとえば基準線にかさぶたを』(170)は、いわゆる、計画的な暴力に対して……。
西澤徹：いや、それは評価しているんだ。
中川：評価できますよね。

本江(司会)：他のファイナリスト作品とのバランスも見てください。
各審査員：(各々が気になる作品のポートフォリオを見る)
平田：たぶん、イベントとしては『State of the Village Report』(058)のほうが場は盛り上がるんだよね。
小野田：これは、でき上がるものは地球なの？

福屋：そうです、直径4kmぐらいの地球。
中川：『State of the Village Report』(058)の作者を知っていますが、弁が立つタイプの学生だから、喋るのはうまいと思います。
西澤徹：じゃあ、いいじゃない。(場内 笑)
家成：むしろ、弁が立たない作者だったらどうしよう、と心配していた……。(場内 笑)
中川：では、『たとえば基準線にかさぶたを』(170)は、最後まで競った、ということで……。
本江(司会)：十分に競りましたよ。では、『たとえば基準線にかさぶたを』(170)は「補欠1位」ということで、『State of the Village Report』(058)がファイナリスト「当選」ですね。
審査員一同：(了承)

本江(司会)：あとは、補欠の2位、3位を決めます。ホームレスの『路上の建築から学ぶ建築の可能性』(062)と『多重露光』(138)のどちらが上ですか？
平田：それはこっち、『多重露光』(138)でしょう。(場内 笑)
本江(司会)：みなさんに、文句がなければ。
審査員一同：(了承)
本江(司会)：では、補欠2位は『多重露光』(138)です。

本江(司会)：では、ファイナリスト10作品を確認します。『浴場民主主義の世界』(022)、『都市的故郷』(071)、『大地の萌芽更新』(118)、『海女島』(155)、『輪中建築』(158)、『渋谷受肉計画』(173)、『駿府の城』(199)、『三匹のムネモシュネ』(272)、『あわいの島』(401)、それから最後に入った『State of the Village Report』(058)。以上、10組でよろしいでしょうか？
審査員一同：(了承)
本江(司会)：では、ファイナリスト10組に拍手を。
(場内 拍手)

本江(司会)：続いて「補欠」です。
補欠1位が『たとえば基準線にかさぶたを』(170)でいいですね？
審査員一同：(了承)

本江(司会)：続いて、補欠2位が『多重露光』(138)、補欠3位が『路上の建築から学ぶ建築の可能性』(062)で、よろしいでしょうか？
審査員一同：(了承)

本江(司会)：ありがとうございました。10分押しましたが、みなさんの協力で無事にファイナリストが決まりました。
(場内 拍手)

＊ディスカッション審査終了後、ファイナリスト10組に連絡したところ、『駿府の城』(199)が辞退したため、補欠1位の『たとえば基準線にかさぶたを』(170)が、ファイナリストに繰り上がった。

編註
＊1 『テルマエ・ロマエ』：本書59ページ編註3参照。
＊2 インフォグラフィックス(infographics)：データの表現手法の1つ。路線図やグラフなど、データを視覚的にわかりやすいかたちで表現したもの。
＊3 KJ法：文化人類学者の川喜田二郎が考案した発想法で、考案者の頭文字から命名。グルーピング、ラベリング、図解化、文章化という手順で、多種多様な情報を効率良く整理し、その過程を通じて新たなアイディアを創出したり本質的な問題の特定をする。

PROCESS_3
Final Round

01_Presentation>>Q&A
02_Final Discussion

ファイナル（公開審査）

プレゼンテーションと質疑応答
ファイナル・ディスカッション

2019.03.03.PM
せんだいメディアテーク
1階オープンスクエア

ファイナル審査員

平田 晃久（審査員長）
トム・ヘネガン
西澤 徹夫
武井 誠
栃澤 麻利
家成 俊勝
中川 エリカ

進行役
櫻井 一弥

ファイナルでは、公開審査によって、ファイナリスト10作品の中から「日本一」を決める。2016年以来、会場は本拠地であるせんだいメディアテークに定着してきた。
セミファイナル審査で10組のファイナリストが決まると、選出された各ファイナリストに連絡する。本人と連絡がつき次第、ファイナリストの模型やポートフォリオを、せんだいメディアテークの1階オープンスクエアへ移動。審査員たちも会場へ向かった。
ファイナルの審査は2部門で構成される。最初に、ファイナリスト10組のプレゼンテーションと質疑応答を行ない、続くファイナル・ディスカッションによって「日本一」をはじめ各賞が決定した。

10 ⇔ 1

＊文中の（ ）内の3桁数字は出展作品のID番号
＊ファイナルでは、中田千彦アドバイザリーボードが、トム・ヘネガン審査員の英語での発言の概要を通訳した。
＊発言者の表記の西澤徹＝西澤徹夫審査員

Photos except as noted by Toru Ito, Izuru Echigoya.

01_Presentation>>Q&A
プレゼンテーションと質疑応答

ID022	福岡 優	浴場民主主義の世界	
ID058	工藤 浩平	State of the Village Report	
ID093	長谷川 峻	都市的故郷──公と私の狭間に住まう	
ID118	富樫 遼太 + 田淵 ひとみ + 秋山 幸穂	大地の萌芽更新──「土地あまり時代」におけるブラウンフィールドのRenovation計画	
ID155	坂井 健太郎	海女島──荒布栽培から始まるこれからの海女文化	
ID158	中家 優	輪中建築──輪中地帯の排水機場コンバージョンによる水との暮らしの提案	
ID170	鈴木 遼太	たとえば基準線にかさぶたを	
ID173	十文字 萌	渋谷受肉計画──商業廃棄物を用いた無用地の再資源化	
ID272	川永 翼	三匹のムネモシュネ──建築と記憶術	
ID401	畠山 亜美	あわいの島──島のくらしに浮かぶmémento-mori	

Presentation [プレゼンテーション]

022 福岡 優 Masaru Fukuoka
京都工芸繊維大学　工芸科学部　造形科学域　デザイン・建築学課程

浴場民主主義の世界

提案趣旨

本卒業設計は、国会議事堂前庭、憲政記念公園前に民主主義をめざした公共建築を設計するというものです。国会議事堂前に存在すべき民主的な空間のヒントを、古代ローマの公衆浴場（テルマエ）から得て、これをモデルとして設計しました。古代ローマの公衆浴場というのは、皇帝も市民も全員が同じ空間でフラット（平等）な関係性を築いた空間の1例であると言えます。いわゆるテルマエというビルディング・タイプは、古代ローマの各都市の中心地から半径500m以内には必ずあったと言われます。

古代ローマにおいてテルマエがどのように形式を確立していったかを表す、平面図の変遷の年表を見ると、帝政ローマ発足時から西ローマ帝国崩壊までの間に、空間が肥大化していったことがわかります。それほど浴場は市民や権力者に求められていた空間であったことがうかがえます。

古代ローマの事物を現代的に解釈

次に、テルマエの様式を特徴付ける要素を現代の日本に持ってきた時に、その要素がどのような変化を遂げるのかを考えました（図1）。たとえば、古代ローマの浴場は、中央に孤立した浴場があり、文化施設や議論の場などが、その周囲を取り囲む塀のように存在していました。それを現代的に解釈し直すと、それらの場所を立体的に再構築するということになります。また、古代ローマでは、レスリングなどの運動を行なった後に、汗を流して浴場に入っていたということです。レスリング場を現代に置き換えると、テニスコートやバスケットコートなどに当たるのではないかと考えます。また、コンクリート製のドームを現代の日本に置き換えると、大空間を形成できる、鉄骨のトラスではないかと考えます。古代ローマの建物の形式や構造を現代の日本に持ってきた時に、どのような使い方があるのか検討した結果を図示しました。

設計：古代ローマの公衆浴場の3部構成を引用

古代ローマの公衆浴場が、議論の場、運動の場、浴場の3つによって構成されていたことを踏襲して、現代においても、議論の場、運動の場、浴場を立体的に構築し直したものを設計しました（図2）。下層部、中層部、上層部の3部構成としています（図3）。

国会議事堂の前に置いた建物の配置図（図4）と敷地の断面図（図5）です。1階の平面図では、政治家と市民のエントランス自体を分断しています。かつ、中央の壁を境に、政治家と市民の空間は分断されています。両者は他者の存在を認識しつつも、直接的に相手に干渉することはできません。中央の螺旋状スロープを上ると中層階に到着します（図6）。中層階では、まず更衣室でスーツを脱いで、運動をして汗を流す。その後エスカレータで上に行くと、そこには陸上競技用トラックが周囲を1周回っていて、その内側に2つのエレベータがあります。片方は男性用、もう片方は女性用のエレベータです。下層部では市民と政治家というものを分断していた壁が、ここでは、男性と女性を分断する壁に変換されるわけです。

そして上層階が浴場になっています。浴場のプラン（平面図）です（図7）。浴場階ではまず、中央のテピダリウムという体温より少し低いぐらいの室温の部屋に到着します。ここではまだ、男性と女性を分断する壁が中央にあります。そこから暖かい大浴場に向かい、露天風呂（図8）や小さい風呂がたくさんある小浴場群の空間を経て、最後に蒸気風呂にたどり着きます（図9）。ここでは、服を着たまま、男女も、市民と政治家も一緒に入浴します。このように男女という壁が取り払われ、かつ、市民と政治家という壁も取り払われた民主的な空間というものが最終的なゴールとしてあります。

Q&A [質疑応答]

栃澤：意欲的で完成度の高い作品だと思って見ていましたが、疑問があります。エントランスのところで政治家と市民を分けたり、中層階で男女を分けたりしていますが、最後に全員を融合させるために、わざわざ途中のプロセスで両者を分けなければならなかった理由を説明してほしいです。

福岡（022）：まず古代ローマの公衆浴場が3部構成だということをそのまま踏襲する、という意味で3部構成にしています。下層部では、一般の人と政治家とが分断されているという現状と言うか、実際の現代日本における国民と政治家の乖離（かいり）のようなものを、最初にここで表現したかったことが、両者を一緒にせずに分断した理由の1つです。また、政治家に必要なものと一般の人が欲しているものが違うと思っているので、それぞれに必要なものを用意するためにも、下層部では空間を2つ用意しています。最初から両者が相互に交われる状況にしてしまうと、最後の浴場に到達した時の、何と言うか、浴場の特異感が失われると思いました。

栃澤：浴場の特異感を演出するがために、わざわざ二項対立の空間にするというのはどうなのでしょうか。

福岡（022）：演出するためではないのですけれど……。両者それぞれに必要なものが違うので、わざと分断した面もありますし、ここでは意図的に交わらせる必要もないと思って分けた、と言うか分かれたという感じです。

栃澤：民主主義的な公共建築というキーワードは良いと思うのです。けれども、下層階では政治家と市民を分け、中層階で男女が分かれている、という操作については、志向としてどうなのか、と疑問が残ります。

平田：古代ローマのテルマエ（公衆浴場）をモデルにすると、こういう3層構造になる、ということですが、なぜ、そもそも古代ローマをモデルにしなければいけないのか、という根本的な話を聞かせてください。

それから、内部構成に関しては説明がありましたが、国会議事堂の前に建てることについて疑問があります。提案した建物の外観なり構成なりが持っている、都市の中における意味と言うか、なぜそういう場所を選んで、なぜそういう形態の建物をそこに建てるのか、について説明してください。

福岡（022）：はじめに古代ローマの公衆浴場を選んだ理由です。まず浴場というビルディング・タイプ自体に民主的な要素を見出したからです。帝政ローマ期という、いわゆる独裁の時代であっても浴場は民主的な空間として存在していたので、そこに可能性を感じて選びました。日本の銭湯を選べばよかったのではないか、と言われたこともありましたが、ここに銭湯をモデルとした空間をつくることは、個人的に違和感があって……。つまり、ここに日本的なものを持ってくる必要が……、持ってくること自体に違和感があったからです。都市として見ると、この敷地の前には堀とかつての江戸城があり、それによって都市が分断されていて、かつ、その外側には国会議事堂や最高裁判所などがある。わりと権力を持った機関の、海外から持ち込んだ様式の建物が並ぶ中に、銭湯のようなものを作ることには違和感があったことが、

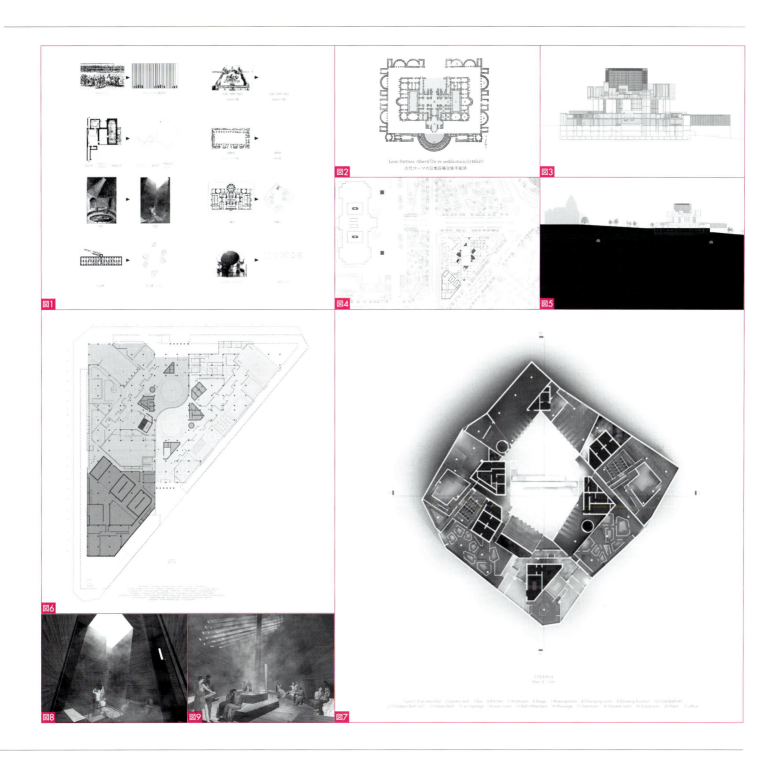

銭湯を選ばなかった理由の1つです。
次に、なぜ、この場所を選んだか、です。卒業設計にあたって、まず、公衆浴場を建てよう、とビルディング・タイプを決めました。その時に、浴場が持っている民主的な性質を一番効果的に表現できるのはこの場所なんじゃないか、ということで……。国会議事堂という非常に強いコンテクスト（敷地状況や歴史的背景）があって、その他のコンテクストを排除したかったと言うか、国会議事堂と対峙することだけに絞るには、一番この場所が……。
平田：その「対峙する」ということが、提案された建物の外観や都市の中での建ち方において、どのように考えられているかを聞きたいのです。
福岡（022）：国会議事堂は強いシンメトリー性をもった、かなり権威的な強い軸線の通っている建物です。それに対して、それとは違うけれど、十分に対峙できる原始的な外観を持った建物にしようとは考えていました。下層部は、ファシズム的な印象の柱の建った、権威的な国会議事堂とわりと似通った形式の建物になっています。中上層部は、その様式とは明確に分けて、大地から沸き上がってくるような造形で、中心がたくさんあるような建物を作ることを意識しました。模型の灰色の部分が上層部ですが（模型写真参照）、上層部の外観デザイン自体が国会議事堂と相反すると言うか、中心性がたくさんあると言うか。有機的なデザインとまでは言えませんが、強い中心軸を持たない建物を作ることを意識しました。

平田：うーん、なぜ古代ローマの浴場なのかという質問については、回答にはなかったけれど、西洋から来た概念でできている日本の国のシステムや街区に対する建築を考える上で、西洋の歴史を遡ってみると、日本の伝統とも通じる温泉（浴場）の話が出てくるのが古代ローマである。そういう点から、古代ローマを引用している、というところまでは、勝手に想像して納得がいく。けれど、その場合になぜこの建ち方なのか？ 上層部も含めて提案された建物が、かなり、権力を表象するような建物に見える、というのが疑問のポイントだったのですけれど。

櫻井（進行）：時間がないので一言だけどうぞ。

福岡（022）：下層部は従来の権威主義的なデザインで、それとは中層部で分断して、上層部と中層部は全く別のイメージで表現しました。下層部は権威的なものと言われても納得するのですが、上層部に関しては、そうではない。岩の塊のようなものが浮いている、という、有機的な造形をつくっています。

櫻井（進行）：今の作品を振り返ると、用途としてはテルマエです。この建築の建っている国会議事堂前という立地、それからこのローマ時代のテルマエをここに引用する必然性について、どういうことなのかという質問でした。まだ不明な点が残りますが、後半のファイナル・ディスカッションで、もう少し深く掘り下げた議論をしていければいいと思います。この作品には、印象的な強い形態による魅力があり、予選では多くの票を集めました。

Presentation [プレゼンテーション]

058 工藤 浩平 Kohei Kudo
東京都市大学 工学部 建築学科

State of the Village Report

サインバイノー、ドバルダン、ボンジョルノ、こんにちは。学生のうちにさまざまなところを旅して、こうした挨拶をしてきましたが、加えて建築のさまざまな面を垣間見ることができました。目を見張るようなモノや人との出会い、それらを内包している建築たちに違いを見出して、世界は1つではないこと、多様性に満ちていて、その分だけ建築があることに気づき感動しました。

この写真はイタリアのブリオン墓地で出会った赤いスカートを履いた女の子(図1)。こっちはインドネシアの端で遭遇した、少年たちと彼らを内包している建築たち(図2)。このように出会った人たちと彼らを内包する建築たちの多様性に心を打たれた4年間でした。ボイジャー1号が宇宙の彼方から地球を撮った写真では、よく見えないのですが、端に青い点が1つあって、それが今の僕たちが住んでいる唯一の家であり、星です。そこで、写真や統計を通して、地球に住む人々のヒューマニティとさまざまな環境で人間と呼応している建築という2つの側面を同時に捉え、地球の多様性を見出し、世界中の人々に相互理解を促す、ひと綴りの村の報告書を提案します。然して、私は「State of the Village Report——ある村の現状報告書」というものを提案します。世界の人口を1,000人に縮小し、さらに地球もそのまま小さくします。つまり、地球を理解しやすい単位に置き換えて、そこに100戸の建築、村民のための住戸を「身にまとった」人口1,000人の村を創造します(図3)。

無限に及ぶ村の構成事項

現在の居住可能地域の人口密度を踏襲して村の縮小率を決定し、村の大枠を決定します(図4)。次に、自分自身が世界を見て感じた、世界の建築の共通事項をA4判サイズの用紙1枚の決定規範に限定し、設計の軸とします。また、地球の敷地を低解像度化し、これによってリアルな敷地を獲得します(図5)。建築を変形する際に必要となるコンテクスト(敷地状況や歴史的背景)や環境を思考プロセスに加えることで、村道の検討も可能になります。

続いて、現在の国別人口比率をもとに、各村民の人数、位置を決定。平均GDPや宗教などの、住戸に影響を与えるであろう事象を獲得していき、自分自身が直接プロットした敷地を旅して、もしくはStreet Viewやインターネットを使って現地に赴いて、住戸のボリューム(規模)を検討していきます。また、学生のうちに訪問した建築とそれが内包している人々の生活についての情報をさらにブラッシュアップして、私の設計におけるデザインのフィルタとします。

村の詳細図説

以降は住戸と図説が代弁します(図6)。

あるピクセル*1では、村民が集まり盛んに情報交換をする、ロッジアという建築が印象的でした。大学の教授と一緒に回った、ユーゴスラヴィア撤退後の、放置され朽ちた住居の内と外が曖昧になっている建築を見て、大学4年生にして建築とは何であるかに気づき始めた旅がありました。このような旅をきっかけに、あるピクセル*1では村民の住戸や宗教施設など、100戸の住戸を設計してきました。それらの住戸は、言語的なコミュニティ、食物のサイクル、電気の可能性などによって変化し、村自体も形を変えます。私はこの報告書を提案し、世界の人々に見てもらいたいと願っています(図7)。

編註
*1 ピクセル:この作品では、地域区分した敷地を指す。Google Earthを制作に使用。

Q&A [質疑応答]

栃澤:あなたが見てきたものは、とてもすばらしいと思うし、そこから何らかの建築を作ったというところまではわかるのですが、この総体のめざしているものがよくわからない。何のために、パッチワーク的にいろいろなものを貼り付けた地球儀のような模型を作ったのか。そもそも、この作品は何をめざしているものなんですか?

工藤(058):大枠としては、まず、世界の多様性を一目見てわかるようにしたかった。それを一目見て……。

栃澤:インスタレーションのようなものですか?

工藤(058):いや、建築にしたかったので、インスタレーションではないと思います。

平田:この地球儀のような模型は人が入るための建築なのですか? あるいは模型ですか? それとも、これ自体が建築だと主張しているんですか?

工藤(058):これは、村の敷地図や鳥瞰図のようなものだと受け取っていただいて結構です。

平田:その場合、直径4kmの地球のような形だったら、結局、重力はどこかの軸に対して働くわけだから、建築空間としては全く逆さになってたり横向きになってたりする部分が出てくる。たとえば、これはバーチャル(仮想現実)空間につくられる重力から解放された空間モデルで、一連のさまざまな場所の特性を備えた空間があり、人々がその中を体験できる、とか言うなら、わかる。これまでの説明では、腑に落ちないんです。だから、審査員はみんな、「何だかおもしろそうだけれど、何なのこれ?」と疑問を抱いている。

工藤(058):ああ、これは、この新しい星を作ったと思ってもらえばいいのです。自然の摂理や環境については、本物の地球と同様です。各ピクセル*1での重力や風の吹き方、太陽の向きなどは、実際の地球に存在する地点とほぼ同じです。Google Earth上で、気候区分を適切に抽出する単位ごとに地球をランダムに細分化して、各地点の情報をピクセル上に載せ、それをパッチワーク状につなぎ合わせて、新しい星を作ったんです。地球と同じ環境を持った星を。そこに人口分布のマップを3D上で特定していって、住戸の位置をまず確定していきました。そこに、人口比率をもとに僕なりに計算した村民の分布を……。

平田:そこから先は、わかっています。では、宇宙空間のどこか別の空間に、この直径4kmの星が浮かんでいるとした前提での質問です。ここでは、各ピクセルが全部分かれています。つまり、プロットされた各場所には形状やデータ的な考え方に基づく中身があるにしても、1個1個の建物は全部別々のパビリオン(展示館)のようになっている。球上にそれらがずらっと並んでいる、という総体をもって、あなたは一体何をやりたいのか。それについては、どうですか?

工藤(058):1個1個の住戸が独立してしまっている、という話ですが、僕は建築に、機能性や、今の本当の情勢のようなものをきちんと反映させてデザインをしているので、ある程度の住戸たちは関連を持っています。たとえば、スーパーと住戸が一緒になった建築を建てるなど、複数の機能を同時にデザインしています。

平田:もう少し具体的に、隣り合うもの同士が何か影響を与え合っている、とかいう説明のほうがわかりやすいと思います。

工藤(058):1つの敷地に多数の村民が入っている場合があります。たとえば、あまり具体的に言いたくないんですが、パレスチナとシリアのような紛争が起こっている地域に住戸を建てなければいけないことになった場合です(01参照)。この敷地自体がまずアフリカ大陸とアジア大陸を結ぶ動線の要となっています。そこで、2大陸を2本の動線に見立て、それを渦状に二重螺旋で巻き付けて、その上に住民のための宗教施設を置きました。彼らにはイスラム教の祈るための空間が必要です。また、ブッダに向かって開いた開口を作ったり、住民のために

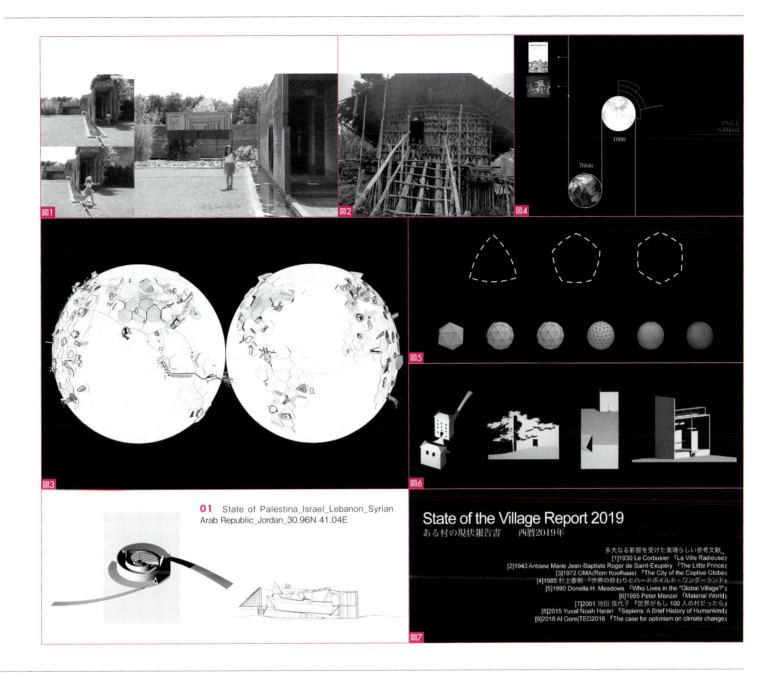

01 State of Palestina_Israel_Lebanon_Syrian Arab Republic_Jordan_30.96N 41.04E

State of the Village Report 2019
ある村の現状報告書　西暦2019年

多大なる影響を受けた素晴らしい参考文献_
[1]1930 Le Corbusier 『La Ville Radieuse』
[2]1943 Antoine Marie Jean-Baptiste Roger de Saint-Exupéry 『The Little Prince』
[3]1972 OMA(Rem Koolhaas) 『The City of the Captive Globe』
[4]1985 村上春樹 『世界の終わりとハードボイルド・ワンダーランド』
[5]1990 Donella H. Meadows 『Who Lives in the "Global Village?"』
[6]1995 Peter Menzel 『Material World』
[7]2001 池田佳代子 『世界がもし100人の村だったら』
[8]2015 Yuval Noah Harari 『Sapiens: A Brief History of Humankind』
[9]2016 Al Gore|TED2016 『The case for optimism on climate change』

複数の可能性を考えて、この住戸を建てました。これが具体的な説明です。僕としては、この村(地球)自体がある1つの建築だと思っていて、100戸に及ぶ住戸はその建築のディテール(詳細部)だと思っています。その小さなディテール100個を、それぞれ住戸化して、それを1つにまとめたものがこの村である、ということです。今回は、この新しい星だけの模型をここに持ってきました。

西澤徹：これは、ある意味で、地球を縮小したリプレゼンテーション(再現)ですよね？　そして、多様なものをマップして(貼り付けて)いるけれども、それが宇宙空間のどこかにある架空の星だと言ってしまうと、結局、地球の多様性よりは、はるかに多様性の乏しい、地球を縮小したモデルにしかなっていない。それで審査員はみんな、疑問に思っている。

むしろ、先ほどレポートだと言っていたように、これは、あなたがこれから社会に出て、建築を作っていく時に、世界中を旅していろいろ得た経験を、いつも自分のポケットにしのばせておくためのもの、これ自体が建築です、と言ってくれたほうがまだ、理解できた……。つまり、これは自分の旅行のメモであり、旅行記であり、これからこういう建築を作っていきたい、そのためのスケッチブックなんだ、と。それが自分にとっては建築なんだ、と言ってくれたほうが、まだ評価できる。

工藤(058)：自分でもそうしたいと思っています。僕は、実際には、先ほど説明した自然の摂理のようなものは度外視して、と言うか、横に置いて、今言われたことを自分の軸として、これを作ってはいます。

武井：気になるのは、これが建築なのか星なのかはわかりませんが、建築は建っている限り、重力に抗うことはできない、ということ。直径4kmのこの模型が建築として成り立っていることを考えると、君は、やはり地球上にある建築をここに作っているように見えてしまう。諸条件という面で、建築の様態としては何か変わっているのですか？

工藤(058)：自分のフィルタを通すことで、今まであった既存の村落のあり方や、ヴァナキュラー(土着的)な建築が変わってはいるとは思います。

中川：昔、講評会で会ったことがあり、あなたが優秀な男だってことは知っているのですが(笑)。工藤さんとしては、この卒業設計は、自分でやり切って成功した、と感じているのか、「ちょっとやっちまったな！」と、やや失敗したと思ってるのか。自分のジャッジはいかがですか？

工藤(058)：すごくファンタジー(空想)に寄った作品で、同世代からは尊敬されないだろうな、と思っています。卒業設計にあたって、2019年の地球を表現しようと思って始めました。しかし、実際には、100戸の建物をデザインしたことで、2019年の僕自身の持っている建築のボキャブラリー(建築言語)や形態、僕がどのように建築を見ているかといったことが、この作品に表層化されています。建築は、もっと「地球にはびこる良さ」のようなものであってほしいと僕は思うのです。将来、僕が建築家になった時に、自分の軸となるような卒業設計に必ずなると思っているので、僕的にはやり切ったと思っています。

櫻井(進行)：なかなかの話題作です。会場でも地球儀のような造形の模型が目を引いていました。今の質疑応答も、わかったようでわからないような、わからないようでわかったような、そういう説明が多かったように思います。今の議論で理解できたようには思えませんので、この後のファイナル・ディスカッションでどうなるかというところだと思います。

Presentation [プレゼンテーション]

071 長谷川 峻 Shun Hasegawa
京都大学　工学部　建築学科

都市的故郷──公と私の狭間に住まう

提案趣旨
都市に住まう人は拠り所がない、故郷と呼べる場所がないと感じている人も少なくない。そのことに漠然とした不安を抱えている。故郷とは何か。それは、何かに包まれているような、そして落ち着けるような、居心地の良い空間ではないか。では、都市におけるその居心地の良い空間とはどこか。それは、パブリック（公共空間）とプライベート（私的空間）の境界が揺らぐ、境界線上ではないか。人の集団はもはや自然のごとくそこに存在し、私たちはそれを風景として見ている（図1）。遠くで聞こえる電車の音。それを聴きながら本のページを1枚めくる。近くで聞こえる人々の話し声。それを聴きながら物思いに耽る。そこで感じる音は、別世界へと誘う音となる。私たちが失い始めている故郷。その感覚を都市に取り返すことは、都市に住まう人を救う何か、となり得るのではないか。そこで、商業施設と住宅を混在させ、その揺らぎを発生、増幅させる建築を考える（図2）。

敷地
敷地は、東京都新宿区高田馬場。ここはかつて住宅地であったため、小さなボリューム（塊）でできたビルが多い。また、起伏に富んだ地形も特徴の1つである。この2点を高田馬場性と定義づける。

構成
その高田馬場性を敷地に引き込む。街区や駅の形状をも地形ととらえ、そのボリューム感を引き継ぎ、屋外空間としてスロープを挿入する。そこにできた空間に境界の揺らぎが発生し、それを感じられるような住宅を設計していく（図3）。全体として敷地、商業施設、住居部分は、階層構造をもって配置している。

住居の設計例
ここには110種類の住宅が存在するが、そのうち5つを抜粋する。
① 商業施設中央部をえぐりとり、設計した住戸
部分模型が中央の段の左側にあるが、坂の勾配により空間分割を行ない、よりパブリックに近い住居群となる。駅との接続口やその下の広場と空間を共有している。スロープの下には住民用の共有スペースがある（図4）。
② 敷地東側道路に張り出した住戸
敷地東側の通りを南に進むと戸山公園や、高校、大学がある。人通りが多いため、時々刻々と移りゆく風景を見て、音を聞き、風を感じることで、都市に投げ出されたような感覚をもちながら生活を営む（図5）。

Q&A [質疑応答]

トム・ヘネガン（以下、TH）：Can I get you to talk a little bit about the materials you are using and the scales that are occurring in your design? You are basically tackling on a "tough" district of Tokyo, a hard district, and it seems appropriate that the core of your building is equally hard. What I like a lot is that attached to that hard, concrete core, you've attached elements of softness which looks like wood, which looks like small scale of spaces made of wood which bring in a feeling that is completely different from the concrete core. And it reminds me a lot of the big buildings from Kowloon, where people were sleeping in cages attached to the wall and drying their clothes attached to the wall, and the way that they lived was exposed or expressed to people looking at the buildings from outside, and I think your building looks a little bit like that. It exposes the scale of the humans who are living inside it and it exposes the materials, the softness of the materials, the part of the lives of the people inside. So can you tell me a little bit about the materials and a little bit about scale?

中田（通訳）：材料と規模について関心がある、ということです。わりと硬い、コンクリートのようなものに、やわらかいもの（木など）がくっ付いているように読み取れる。だから、この作品は、九龍城[*1]のように、ハードなものに対して建物の外まで生活があふれ出したようなものと似ていると思った。その「ハードなものにソフトなものがくっ付いている」ことに関わるような点で、あなた自身は、素材についてどう考えているのかが、訊きたい。なぜかというと、建物というものはそういうもので、それが混在していることが街のコンテクスト（敷地状況や歴史的背景）だから。街との関係として、何か提案をしているのか、ということを訊きたい。

長谷川(071)：商業施設の部分をコンクリート・パネルなどで作って、住宅をもっと軽い材料で作る、ということは、意図しています。なぜ、両方の材料が交ざっていないか、という質問ですよね？

平田：なぜ、とは訊かれていない。建物内にある人々の生活が硬いコンクリートの殻（建物）からはみ出している、というような効果を意識して設計しているんじゃないかと思うけれど、その部分にどういう素材を考えているか、という質問です。

長谷川(071)：商業施設は鉄骨にコンクリート・パネルを貼るような形で、住居部分は軽い鉄骨に対して木目調パネルを貼って作ろうと考えています。

武井：この敷地は線路上ですか？　線路の上にもかかってますか？

長谷川(071)：線路の上にもオーバーレイして（被さって）います。

武井：なるほど。これを作る主体としては、どこを考えていますか？

長谷川(071)：主体は、東京の高田馬場駅の東側にある敷地をメインにして作っています。

櫻井（進行）：主体よ、主体。誰が作るの？

長谷川(071)：ああ、主体？　主体は自分です、すべて。

平田：あなたが資金を出して作るの？

櫻井（進行）：これは公共建築なのか？　建築主は誰か、という質問です。

長谷川(071)：あ、いや、えっと……。

武井：要するに、ある企業が、建物をここに作るということですか？

長谷川(071)：はい、そうです。

武井：では、なぜ高田馬場にしたのですか？　他の駅で

③商業施設2棟にまたがる橋状住居
住居の真ん中に行けば行くほど開放感があり、下の広場の見え方が変化していくため、1つの住居内でもグラデーション(段階)的にプライベート性が変わっていく。本を読む時は住居の真ん中で、寝そべるところは端のほう。1つの住宅内で、その時々の居場所を見つけながら生活していくことができる(図6)。
④最小限住戸群(6戸)
ベッドと少しのスペースだけがある住居である。休憩する時は外のカフェ、本を読む時は近くの広場に出る。寝ること以外は商業施設部分に委ねることで、より都市的な住まい方を提案する。
⑤複数の商業施設のボリュームに絡みつく住戸
商業施設3棟のすき間で、壁にまとわりつくように住む。それぞれ異なる商業施設やパブリック・スペースの雰囲気を感じながら、いいとこ取りをして生活する。ある時は劇を見に2階へ、ある時は食事をしに1階のレストランへ、そしてある時は静かなテラスで本を読む。

プラン(平面計画)
①4階:商業施設を出入りする人の流れに沿うように玄関を設けて、身体的にもその人たちとの一体感をなす。また、広場を設けて、その手前に大階段を配し、そこでコンサートや劇が行なえる装置を作ることで、広場に人混みをつくり出す(図7)。
②9階:駅側にボリューム(建物部分)を張り出すことで、地上では味わえないような開放感のある高田馬場性を味わうことができる(図8)。

断面図(断面計画)
中心部にシアターを設けることで、人の流れに緩急をつけることができる。

そうして、パブリック・スペースとプライベート・スペースの境界線上にできた住居は、境界の揺らぎを発生、増幅させながら、都市の中で人々の故郷となっていく(図9-10)。

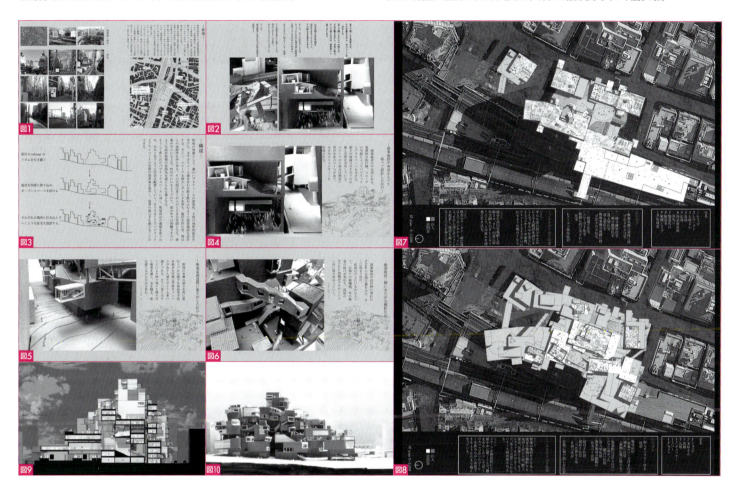

もこの考え方を適用できると考えていますか?
長谷川(071):はい、他の駅でもできると思います。

中川:商業施設と住宅を混在させる、ということですが、模型を見ると、住宅はどれもすごく小さい規模で作っています。商業施設のほうはすごく大きく作っていて、ボイド(余白スペースや吹抜け)のスケール(寸法体系や規模)も、どちらかというと商業施設寄りに見える。先ほどTH審査員から「素材が分かれている」という話が出ましたが、扱っているスケールも商業施設と住宅で少し違うように思えます。住宅をあえて小さく設計しているのか、それとも本当はもう少し大小の住宅が混在するようなイメージにしたかったのか、を聞かせてください。
また、住宅については、どういう人が住むことをイメージしているのか、を教えてください。
長谷川(071):住宅のスケールは、あえて小さくしています。そうすることで、住宅から商業施設のスペースに出た時の開放感のインパクトが大きくなる。閉じこもってる状態と開かれた場に出た時の状態との差の大きいほうが、住宅と商業施設を混在させた意味を、より発揮できるのではないかと考えています。
住む人については、新宿も近いので、新宿で働く人や、この地域に住む人をはじめ誰でもいいのですが、単身者をメインとして想定しています。

西澤徹:2つ質問があります。まず、感覚的にこの形を決めているのでなければ、商業部分と住宅部分の面積比を教えてください。
それから、居心地が良いという説明でしたが、商業施設を訪れる人たちにとっては、どういうメリットがあるんですか?
長谷川(071):すみません、商業施設と住宅の割合は計算していません。
次の質問についてです。既存の商業施設のビルディング・タイプは、自分自身が入っていきたいと思えるヒューマン・スケールから、だいぶかけ離れた巨大なものだと考えています。それで、そこに住居という小さなスケールの要素を入れ込むことで、住宅に住む人だけではなく、商業施設に入っていく人も、自分の身体スケールに合ったような、居心地の良い雰囲気を感じられるのではないか、と思っています。
家成:人の居場所がいろいろあって、そこは居心地の良い場所だという説明でした。しかし、基本的には、小さな家にいて、「物を買え買え」と購買意欲をかき立てようと待ち構えている商業施設の空間に行くわけですよね。なぜ、それがくつろげることにつながっていくのか、を聞かせてください。
長谷川(071):くつろぐ場所というのは、商業施設に向かって住居が開いている室内部分や、商業施設にまとわりつくスロープなどです。商業施設の中というよりは、屋外空間に対して居心地の良さを提案しています。
櫻井(進行):よろしいですか?
家成:まあ、大丈夫です。

櫻井(進行):この作品は、高田馬場での住宅と商業施設の提案。住居部分が商業施設に絡みつくような形で街区の整備をしていくという「差し込む系」の提案でしょうか。すごくたくさんのシーンがあり、特徴的なプレゼンテーションでした。パネルや各シーンの作り方がすごく印象的で、これも予選では、かなり票が入った作品です。

編註
*1 九龍城(Gau lung zaai sing):九龍城砦。歴史は宋時代(960-1279年)に遡る。現在の中華人民共和国、香港、九龍の九龍城地区に作られた城塞、またはその跡地にできた無計画な増築により複雑化した巨大なスラム街を指す。1993〜1994年に取り壊された。英語ではKowloon Walled City。

Presentation [プレゼンテーション]

 富樫 遼太 Ryota Togashi　田淵 ひとみ Hitomi Tabuchi
早稲田大学 創造理工学部 建築学科

＊共同設計者の
秋山幸穂は、欠席

大地の萌芽更新——「土地あまり時代」におけるブラウンフィールドのRenovation計画

提案趣旨
東京を中心とした圏域を「中央」と見た時、その外側に広がる「辺境」の地では「中央」の力によって遠隔的に操作されることがあります。そんな「辺境」の地、今回対象地とする秋田県大館市花岡町は、人々が豊かに暮らす裏で「どこかの場所でやらなければいけないこと」を担い続けてきました。(図1)。
花岡町では、明治時代に財閥系企業により銅鉱山が開発され(図2)、戦時中には「花岡事件」と呼ばれる中国人労働者への強制労働と虐待という事件がありました(図3)。一田舎教員であった私(富樫)の祖父が、この「花岡事件」の記憶を後世に語り継ぐ活動に携わっていたことが、この地に着目するきっかけでした。現在は、廃棄物処理工場や埋立場として利用され、福島原発からの焼却灰や首都圏からの謎のドラム缶などがこの地に運び込まれます(図4)。
我々は花岡の地がブラウンフィールド*1という1つの色にまとめられてしまう現状を危惧します。

計画
負の歴史を含めた場所性を継承していくために、不気味なランドスケープ(地形や景観)を手掛かりとして、3つのスケール(縮尺)で計画を行ないました(図5)。
計画A：地域計画
「花岡事件」の断片や廃棄物処理場などを巡るように、既存道路のルート選定とプロムナードの計画を行ない、地域全体をランドスケープ・パークとして更新します。
計画B：ランドスケープ計画
パークを中心にスケールをダウン(拡大し)、植物による汚染土壌改善を行なうためのランドスケープをデザインします。現地で確認された青い土や赤い川などの汚染に対して、長い時間をかけて植物による土壌浄化を行なう、ファイトレメディエーション(phytoremediation)の実験場として整備します。
計画C：建築計画
各場所の深層を表出させるための4つの建築を計画しました。
1.「共」のための橋型焼却炉(図6)
河沿いのプロムナードを歩いていると見えてきます。ここで、土壌の有害物質を吸収したイネを焼却します。パイプを通して、その煙を小川を挟んで対岸の民間工場に送ります。閉鎖的だった民間企業の利用地が、機能的な役割を通して公共に開かれることになります。
◇設計手法：工場などの合目的な建築物を地域に合わせてリ・デザイン(再設計)します。民間企業の既存利用地と企業が公共に開いた土壌汚染改善のための土地をつなぎ、「常民*2」と「民間」の土地は間接的に連続します。
2. 大地に触れるためのスラブ(図7)
河辺を離れ土手を上がると、夏は一面が土壌汚染を浄化するためのひまわりの花で覆われます。

Q&A [質疑応答]

平田：これは3つのレベルでの計画という説明で、1つめは都市的な道路やプロムナード、次にランドスケープ、最後が建築的な計画でした。建築的な計画では、どこが重要なポイントなのか、もう一度、説明してもらえますか？

富樫(118)：3つめのレベルでは、建築を4つ設計しました。4つの建築はそれぞれバラバラにあり、それぞれの不気味なランドスケープに応じて別々の目的を持っています。不気味なランドスケープというのは、鉱山を掘った露天掘りの跡や、鉱山のカスで埋め立てたようなダムなどです。ダムは、底にカスが堆積した大地になって、その上に新たな植生が形成されて、今はダムなのかどうかわからない。こうした各場所の不気味なランドスケープを表層化させる……。

平田：待って、説明が抽象的すぎる。これは一体、何なのか、もう少し具体的に説明してもらえますか？ この何かを掘ってできた擁壁のようなものは新しく作ったものなのか、この形はどういう役目なのか、というように、全部を建築的に説明してほしい。1つでいいので、何か一番、重要なものについて説明してもらえますか？

富樫(118)：一番、横に長い建築(天気のわかる坑道)は、その後ろがダムです(図9参照)。ダムには時代ごとのいろいろなものが複層的に堆積しています。もともとあった集落や花岡事件の中国人の寮をかき消すかのように、そこに鉱山のためのダムを作って、現在は、ダムの水が干からびて大地を形成し、植物が生えているという状態

です。それで、その経緯を想起させるためだけに、この長い坑道を作りました。同様に、4カ所で各場所ごとの計画を行なっています。

平田：4つの中で一番特殊な建築を説明してくれました(笑)。穴が掘ってあるところがすごく印象的ですね。

富樫(118)：えーと、ここだけはわりと平らな土地で、その中で、穴を掘ってある部分だけが、唯一、等高線上で窪んでいたような穴があった場所です。それをあえて、掘って。これは新たに作った壁なんですが、盛土*3と……。

平田：かつての等高線をトレースするようにこの建築を作って、そこから下は、全部を穴にしてしまった、という操作ですか？

富樫(118)：はい、そうです。

平田：そちら(水界反転広場)の模型の、ゴミや廃棄物が入っている穴も同じですか？(上写真右、向かって左から2番め)

富樫(118)：この穴は、先ほどの建築の後ろ側のダムですが……。

平田：スケール(縮尺)が全然違う？

富樫(118)：そうです。スケールが全然違います。

栃澤：すごく意義深いプロジェクトだと思うのですが、どこまでが今あるもので、どこからが自分たちの操作なのかをもう少し詳しく説明してください。たとえば、その

の穴は、すでに掘ってあったところに壁だけを作ったのか、とか。

富樫(118)：「『共』のための橋型焼却炉」の模型では、既存の工場は今あるものです(上写真右、向かって左)。「水界反転広場」の全体模型(上写真右、向かって左から2番め)のダムの手前の穴は、部分模型の凹んでいる部分です。これは今ある穴で、何が昔と違うかというと、穴に水が張ってあるという点が違います。

平田：この3つの模型が同じスケール(縮尺)で、こちらの2つが違うスケール？

富樫(118)：「水界反転広場」の全体模型だけが違うスケールです。

西澤徹：それぞれ何分の1の縮尺？

富樫(118)：「天気のわかる坑道」の模型が1/200、「大地に触れるためのスラブ」の模型が1/200(上写真右、向かって右)、「『共』のための橋型焼却炉」の模型が1/200、「水界反転広場」の部分模型が1/200(上写真右、向かって右から2番め)、「水界反転広場」の全体模型が1/2,500です。

中川：今の流れと関係する質問です。建築を4つ作る、と決めたのだと思いますが、その4つでなければならなかった理由を教えてください。やろうと思えばもっと多く、5個も6個もできたのか、それともその4つということにすごく意義があるのですか？

富樫(118)：4つということに特別な意義はなくて、や

掘削と盛土*3の関係から導いた空間は、ひまわりの成長とともに、用途が移り変わります。
◇設計手法：あえて現在の地形の等高線に沿って、開発的行為である土壌の掘削と盛土を行ないます。この場所を人間と大地をつなぐ「スラブ（水平板材）空間」として設計しました。

3. 水界反転広場（図8）
ひまわり畑からつながる獣道をなだらかに下った先、森に潜む青く淀んだ湖の水面下に広がるかつての露天掘り跡。この跡をそのまま活かした広場を設けることで、人々は過去の大地を知覚し、水面に最大限、近づくことができます。
◇設計手法：もともと水を張っていなかった露天掘り場に対して、水中に壁を設けることで「水界*4」を操作します。表出した露天掘り跡からは、さらに水中の奥深くに露天掘り場の大地が見えます。

4. 天気のわかる坑道（図9）
中国人寮、鉱山のためのダム、植生が戻りつつある大地が複層する丘には、長さ100mの坑道と風景を分ける階段を計画。ここから、この花岡町のランドスケープをダイナミックに形成するものたちを一望できます。
◇設計手法：坑道の上部は筋状に開いており、雨や雪、光や風が坑道内部に影響を及ぼします。

本計画は、「中央」による負の歴史が刻まれた「辺境」の地から発信する、20世紀近代化のツケを知らずに過ごす現代の人々に向けた計画です。

編註
*1 ブラウンフィールド：本書58ページ編註1参照。
*2 常民：一般の民、庶民。民俗を伝承し保持している基層文化の担い手としての階層。民俗学者柳田國男の用語。
*3 盛土：敷地の造成や築堤などの際、低い地盤の土地などに、他の場所から持ってきた土砂を入れて高くすること。
*4 水界：水陸の境界、境界線。

ろうと思えばもっとできました。今回は「計画B：ランドスケープ計画」の時点でファイトレメディエーションの実験場を整備して、それと関連づけるように特徴的な大地4つを選んで建築を計画したという形です。

中川：この建築をこの場所に入れていくことによって、最終的にはどうなることが良いと考えているのですか？と言うか、これは、どういうビジョンによる計画なんですか？

富樫(118)：目的は、この場所に建築を入れることによって、埋まってしまった昔の大地を表出させたり、計画エリア内に民間企業が所有している部分の土地を人々に開いていく、ということです。将来的な意味としては、歴史を記憶する人がいなくなっていく中で、ここの場所性を建築によってレコード（記録）することです。たとえ近々、ここに人がいなくなっても、100年後に人が増えた時に、ここの場所性をすべてリセットして最初から始めるのではなくて、場所性をここに建築としてレコードしていくという将来的な展望を持っています。

トム・ヘネガン（以下、TH）：Do you imagine it as a place where a lot of people come to, or do you imagine that as a place where very few people come to, and they come on their own? The reason I ask that is because… if it's the first one, if it's a place of memorial, that you want a lot of people to experience, you have to deal with the infrastructure, the boring things about the toilets and the car park. If you want it to be pure, if it's art, if it's art rather than architecture, if it's pure, then you don't have to worry about that but you don't get a large number of people coming. So if your vision of the future is that it will have many visitors, you need to begin to deal with those issues, the parks, the signs, the car parks.

櫻井(進行)：どうですか？ ここにたくさんの人が来るのを期待しているのかどうか？

富樫(118)：正直に言えば、ここに人がたくさん来ることは想定していません。このブラウンフィールドという土地の現状は、一瞬、美しくも見えてしまう。そういう現状に対して、この土地の現在のアイロニカル（皮肉）な状態に人々が正しくアプローチできるための手段として、ここに私たちが建築を置いた、ということです。また、どのように、原風景を維持したまま、美しい風景を残していくかを視野に入れて計画しました。

TH：The reason I asked the question is because there is a museum by Tadao Ando near Osaka ── at Chikatsu-Asuka ── where you must get out of the Tadao car or out of the bus two kilometres away from the building, and you must walk through the rain, through the snow, through the heat, a long journey to the building, and along that journey you forget the current context, you become more sensitive to the special place when you arrive. So that was the reason….

櫻井(進行)：そこに行く道程の辛さも含めての展示なのですか？ そういう扱いでいいのですか、という質問。

富樫(118)：そうです。あえて各建築に辿り着くまでを長い道程として計画しています。また「計画A：地域計画」で提案したように、周辺にある、既存の子供のための公共空間などと合わせて巡ることもできます。

平田：その他にも、1つめのレベル「計画A：地域計画」では、インフラストラクチャーとして都市の道路のネットワークを計画していました。たくさんの人をアクセスさせるだけだったら、道路のネットワークについてそれほど計画しなくてもいいはずなのに、計画している。だから、その理由や計画との関係についての説明がないと、納得できません。

富樫(118)：「計画A：地域計画」で、いろいろな道路を計画しているのは、この場所以外にも、周りにたくさんの不気味なランドスケープが広がっているからです。それらを巡らせるための道路を計画しました。

櫻井(進行)：この作品も予選で非常に票を集めました。まず模型が非常に印象的で人目を引く。「何だろう？」と思わせておいて、よく見ると、負の遺産をどう扱っていくかという、まじめなテーマに、まじめに取り組んでいる。負の遺産を扱った出展作品はいくつかありましたが、その中では非常に評価が高かった作品です。

Presentation [プレゼンテーション]

155 坂井 健太郎 Kentaro Sakai
島根大学 総合理工学部 建築・生産設計工学科

海女島──荒布栽培から始まるこれからの海女文化

計画概要
素潜りで漁をする海女は、独自の文化を持ちながら海とともに生きています。そんな海女が消滅の危機にあるので、荒布(あらめ)*1の栽培による藻場(もば)の形成と、アワビの栽培漁業を始まりとする、持続可能な海女文化の形成を図ることが、今回の卒業設計の目的です。

海女の特徴
①セーマン、ドーマン
海女の独自の文化の1つとしてセーマンとドーマンの魔除けの印があります。海女たちは漁の道具や手拭いにこれらの印を付けて身に着け、水難事故に遭わないように祈りながら漁をしています(図1)。
②海女小屋
海女小屋とは海女たちが漁の前後に、休憩したり着替えたりするための海沿いに建つ小さな小屋のことです。
③潜水技術
海女たちは深呼吸ではなく、磯笛と呼ぶ口笛に似た音を出しながら息を整えます。音を発することは、仲間の居場所確認の役目も担っています。海女の潜水時間は平均50秒、長い人だと1分を超える人もいます。

海女が抱える問題
高齢化や海女人口の減少、アワビ漁獲量の減少などが挙げられます。アワビ漁獲量の減少には藻場の減少が大きく関わっており、藻場の減少が海女の抱える諸問題を誘起し、継承者不足に発展しています。

現状
①観光業としての海女小屋
近年では、観光海女小屋や海女漁実演ショーなどの観光業で海女の収入の安定化と文化の発信を図っていますが、新規の海女を獲得する手段には至っていません(図2)。
②アワビ種苗の養殖と放流
三重県ではアワビ種苗の放流事業も行なっていますが、放流サイズが小さいことによる食害によって、栽培アワビの回収率は5%とあまりよくありません。

計画対象地
対象地は三重県鳥羽市国崎町です。ここは海女発祥の地なので、今回はこの地から新たな海女文化を構築していこうと考えました。
①敷地
国崎漁港近海。荒布の生息限界水深である5mをヒントに建設場所を定め、アワビ種苗を5千匹、

Q&A [質疑応答]

栃澤:木造の建築は、海底に固定されているものなのか、水に浮いているものなのか、それともどちらの部分もあるのか、よくわからなかったので説明してもらえますか?
坂井(155):どちらもあります。木を組んである部分は、海底に固定してあって、人が歩いている動線の部分は浮体建築となっています。
栃澤:模型で説明してもらえますか?
坂井(155):模型の格子状の木組み部分と、透明プラスチック部分は固定してあって……。
栃澤:模型の格子状の木組み部分は固定されている?
坂井(155):はい。ここだけ固定されていて、一番上の人が歩く部分は浮きによって支えられ、浮いています。
櫻井(進行):一番上の部分だけ、下部の構造体からは独立しているということ?
坂井(155):そうです。

中川:海面の水位が変わると、浮体建築の部分は上がったり下がったりするわけですね? その時、固定されている木組み部分との関係はどうなるのですか?
坂井(155):人が歩く浮体建築部分は、水位が下がると、模型の透明プラスチック部分がストッパーになって、あまり動かないようになる、という仕組みを考えています。
平田:この場所の水位差は、どれぐらいなんですか?
坂井(155):6mぐらいです。
栃澤:そうではなくて、満潮と干潮の水位差は?

坂井(155):1m。

栃澤:干潮で水位が下がる時、木組みの構造体がある部分は下がらず、浮いている部分はぐーっと下がってしまう、ということ?
坂井(155):そうです。木の歩道部分は一応、下の構造体とくっ付いているので、一番下がっても模型の透明部分のところで止まると考えています。
中川:模型の茶色い歩道部分は、両端の2カ所で下部の構造体に固定していたとすると、海水で浮いている間は、力学的に保つからいい。けれど、水面が1mほど下がった場合には、歩道部分の長いスパン(間隔)を飛ばさなければならないから、力学的に支えられずに、歩道部分が真ん中でパキッと折れる、とかいうことはないんですか?
坂井(155):ちょっとそこまでは……。
中川:栃澤審査員は、そういう点を訊いているんだと思います。
坂井(155):そこまでは考えきれていなかったです、すみません。

西澤徹:(模型を指して)これは?
坂井(155):それは木造のフレームに載っている観光海女小屋です。
平田:観光海女小屋で、海女と一緒に潜るようなスキューバのツアーなどもするのですか? こういうところ(模型の海中の木組み部分)を巡るのは、すごく楽しそうだ。

坂井(155):ここは、基本的に海女だけが訓練する場所で、観光客がスキューバをするのは別に……。

中川:訓練する場所とアワビを獲る場所と、海女体験する場所がある、と説明していましたね?
平田:観光客が海女体験をする?
坂井(155):はい。
中川:そして、海女小屋で海女と話をしながらアワビを食べる、という説明でしたね。
坂井(155):はい。そういう複数の機能をこのフレームで、一括して実現できるような仕組みを考えたかったんです。

中川:下部の格子状になっている木構造体の加工がすごく特徴的だと思うのですが、ポートフォリオには、その格子の寸法で海女がどれぐらい深く潜ったかがわかるようになっている、海女モジュール(単位寸法や寸法体系)だといった説明があった気がします。この下部の構造が、なぜ、このようになっているのかについて、もう少し補足して説明してください。
坂井(155):接地面が少ないのは、あまり海底地形を崩さないように心がけたからです。格子部分のスパンが1mになっていて、海女が格子の数を数えながら、「あ、だいたい今、水深2mぐらいかな」などと確認しながら潜れたらいいと思いました。海女のお守りであるドーマンからインスピレーションを受けて、格子状の形に組んで

中間育成できる規模で計画しています(図3)。
②材料
海女小屋や海上養殖場で使用されている木材や単管パイプ、トタンをメインに使用し、地元の海の風景から材料を引用することで、景観になじませます(図4)。
③デザイン・ソース
海女が身に着けるお守りの一種であるドーマンの線状や格子状の要素を取り入れ、基本構造にします。

全体計画
大きく分けて荒布、アワビ栽培所、活動動線、海女小屋、海底建築で成立しており、海女と海の生き物たちの新たな活動拠点とします。

提案
①荒布の栽培
この建築は、底生生物による食害が少ない荒布の促成栽培を可能にします。また、荒布の栽培過程は海女の素潜りの訓練となります。促成栽培では、ロープに荒布の幼体を吊るし、1mになるまで成長させます。成長した荒布のロープを外して海底に固定し、藻場を造成します。1本の荒布ロープに25株を結び付けます。組木の水平材の間隔は1mになっており、海女に大まかな水深を知らせます。
②アワビの中間育成
栽培された荒布はアワビの餌としても利用されます。アワビの中間育成の方法です。まず栽培漁業センターからアワビの35mm種苗をもらい、かごに入れます。餌には栽培している荒布を用いることで、餌にかかる費用を軽減。種苗を大きく成長させることで、食害を減らし、また、放流を海女がすることでアワビの回収率を上げます。
③観光海女小屋
ここは観光客と海女が交流する場所で、海底建築による疑似的な磯により、観光客は海女漁の体験をすることができます。海女体験により獲得した魚貝は海女小屋で海女たちと囲炉裏を囲みながら食し、海女や海についてなど、海女たちからいろいろな話を聞きます。
◇海女小屋の位置関係：海女体験の指示役をする海女も、海底建築で素潜りの練習をする海女も、荒布の栽培をする海女も、防波堤から主要動線を通り、この海女小屋で支度を済ませ、各々の業務に向かいます。観光客と海女の移動軸が交差するので、それぞれの行動は独立せず、一体的に作動します。
④海中環境
◇海中生物の住処：20cm角の角材を組むことで、生物が好むすき間が生まれ、波型スレートを架けることで、すき間の表面積が拡張し藻類が繁茂します。
◇海女の用途：海中生物の住処のパターンを連続させることで、海女の足場や素潜りの訓練をする場所、漁場としての機能を持ち始めます。
⑤海に生きる者たちの建築
海中生物のスケールから組み上げられた海女小屋を支える構造体や、荒布栽培所動線を支える構造体は、海中環境の関係性の中に組み込まれ、国崎の磯の生物たちと海女たちに、さらに強固なつながりをもたらす海中建築となります(図5)。
⑥これからの海女文化
荒布栽培からアワビの栽培を行ない、それが海女の育成につながり、それらの風景、体験が観光資源になり、海女が潤っていく。この海女島での活動は、まるで途切れることのない五芒星を模った魔除けの印セーマンのように、これからの新しい海女文化を築いていきます。

編註
*1 荒布(あらめ)：本書24ページ編註1参照。

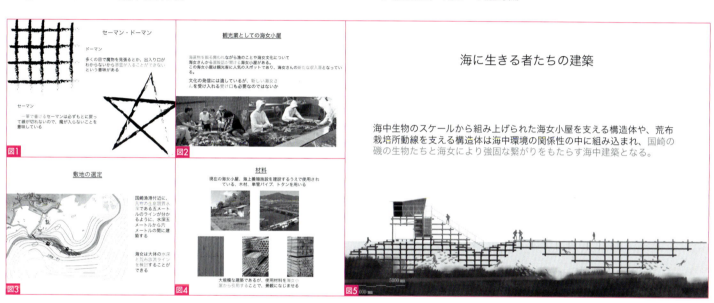

図1　セーマン・ドーマン
図2　観光業としての海女小屋
図3　敷地の選定
図4　材料
図5　海に生きる者たちの建築

います。
中川：とりあえず、了解しました。

武井：なぜ、このような格子状を使ったのかが訊きたかったのですが、お守りの形から来ている、ということですね。たとえば、この構造体をトラス*2にしてみるとか、海流の流れに対して一番抵抗の少ない構造方式を考えてみるとか、力学的な面から検討したのではないのですね？
坂井(155)：はい。また、木を組んだのは、海の圧力で締まってより強固な構造体になるのではないか、という考えからです。

家成：波板の棚は、何をする場所でしたっけ？
坂井(155)：そこは、海中生物の住処になります。波形で、表面が少しザラザラしているので、そこに海藻がひっ付いたりして生き物が……。
家成：アワビを増やすために、そういう場所があるんですか？
坂井(155)：この国崎の海の底では、アワビが主食としている荒布という海草が減ってきているので、アワビを増やすために、まず荒布の栽培から始めています。海中生物がもっと増えて、海中環境が充実するような仕組みを波型スレートでできたらいいと思って作りました。

西澤徹：現在は、海女さんはどういうふうに水深を数えているのですか？　また、養殖した海産物をこの構造体のグリッド(格子)に引っ掛けているのでしょうか？　つまり、わざわざここまで大きな構築物を作ることによる効果やメリットが、どのぐらいあるのかを知りたいのです。
坂井(155)：海女は現在、増えていなくて、高齢者が多い。素潜りでの漁というのは、やはり危険なので、継承者が減っているのです。新たに海女になりたい人がいても、海女を育てる学校というものがない。それで、この架構で潜水時の水深を示したり、潜るのが難しいところをつくったりして、この建築に海女の学校を作ることで、これから海女が増えたらいいと思いました。

平田：海女の文化というのは、大陸から渡ってきた人々の文化でもないし、縄文の文化とも少し違う。海を渡って来ている人々の文化だと思うのです。そうであれば、島々があって、磯があって、という海流の中で形成された形のようなものがもう少し表出したデザインになっていても良さそうなんだけれども、この建築はそうなっていない。このグリッドは海女のシンボルかもしれないけれど、それによってできている形が、寺院の組み物のように大陸的文化の建築の表象に見えなくもない。あなたは自分自身のルーツとしてこの場所の出身なのですか？　何の動機付けでこの建築を作ったのですか？　その辺も含めて、文化とデザインについての考えがあれば説明してください。
坂井(155)：僕の出身は三重県です。三重県の海女より、東北地方の海女のほうが目立っていたので、やっぱり「三重県が海女の発祥やぞ！」ということで(場内　笑)、これを作りたかったのです。

中川：親戚に海女がいる、といったことが理由ではないんですか？
坂井(155)：全然いないです。
中川：三重のプライドに賭けて、ということ？
坂井(155)：そうです。(場内　笑)

櫻井(進行)：平田審査員長からの形の話については、どうですか？
坂井(155)：ドーマンから作ったとしか言えないのが現状です。

櫻井(進行)：海や水を題材にした作品は結構な数ありましたが、生産(地場産業)とかなり密着した提案であるところが、この作品の評価を高めた非常に大きいポイントでした。海女の文化に対する作者の愛が見えたのは良かったと思います。

編註
*2 トラス：部材を三角形の組合せで構成する構造方式。

Presentation [プレゼンテーション]

158 中家 優 Yu Nakaie
愛知工業大学 工学部 建築学科

輪中建築──輪中地帯の排水機場コンバージョンによる水との暮らしの提案

提案趣旨
はじめに、地元である輪中*1地帯を選定し、地元の可能性を探りたいと思ったのが本卒業設計の始まりです。また、この美しい木曽三川と生業の風景に惚れ込んでいるということも選定理由の1つであります。しかし、過去のローカルな民族誌的連関では、後継者や担い手不足で資源を有効活用できず、閉鎖的で連関の途絶えた弱者を生み出してしまう均一的な産業化のシステムに移り変わった昨今、ここは水害だけの街に変貌しようとしている(図1)。そこで、輪中という地帯でしか成立しない水との暮らしを再発見し、建築し、輪中の暮らし方を再構築することが、建築家としての役割だと考えました。

敷地
輪中とは、木曽三川流域において、豊富な降水を集めた三川が土砂を運びながら乱入することで形成された土地であり、水との関係が深い地域です。その中でも三重県桑名市長島町の大島集落、大島排水機場を選定しました(図2)。大島集落は、川縁に沿うように住宅を建て、調整池と水田が周辺を取り囲む集落として生まれました。そもそも、治水工事により漁村集落が移転してきたことが始まりです。そして、伊勢湾台風を経て、海抜0m以下のこの地域には、水を永久に排出するために、国の管理による排水機場が設置されました。しかし、現在は、規模の大きい国土交通省の新しい排水機場にその機能が移転し、以前の排水機場は廃墟化しています。

提案
以前の排水機場をコンバージョン(用途転換)し、大島集落に水との暮らしを再構築します。そのために、まず、輪中地帯の水と暮らしに関わるものごとをリサーチ。現在と過去の連関の共通項をもとに、流域圏内において現在の連関では足りない部分を補う建築に必要なものを検討し、それらを具体化して設計へと落とし込みます(図3)。

設計
昔の排水機場は、入会(いりあい)*2で作られた物や調整池などから成る、ヒューマン・スケールの木造建築であり、住民によって管理・資源化されていました。しかし、近年の排水機場は、水を排出するという機能だけを追求して、すべての寸法が土木工学の考え方で効率的に設計されたため、周囲への配慮に欠けた非人間的なスケール(規模)の巨大建築物となりました。そして、役目を終えた現在は、理不尽な景観だけが残されています。そこで、この建築物を現代の生業スケールに変換することで、輪中独特の建築を設計します。この建築は、昔の調整池や排水機場のように、漁と農とを結び付け流域圏を再生していく建築となります。

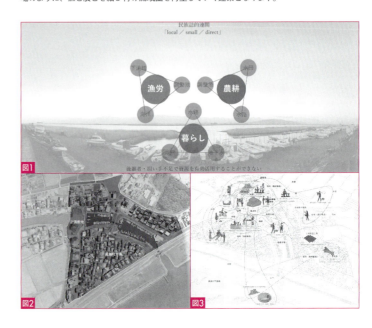

図1 / 図2 / 図3

Q&A [質疑応答]

家成：メチャメチャわかりやすかったです。それで、質問です。
ここでやろうとしていることはわかったのですが、この集落の人口は、どれぐらいですか？ つまり、漁業と農業、それから新規住民と元から住んでる人たちの交流するスペースをつくる必要性が本当にあるのかどうかについて、聞きたいのです。
中家(158)：まず人口については、漁業民が数十世帯で、農業民も同様です。新規住民も同じぐらいいます。
次に、これを作る理由です。今、産業化が進んでしまって、ここでは穀物などは全部をJAに集積して都市部に出荷する、という形になっています。それによって新規住民との関わりや、漁業者や農業者同士の関わりがなくなっていくという、輪中地帯にとってマイナスとなる問題をまず1つ抱えています。それと同時に、JAなどが大量に生産できる産物を出荷する方式だというのも問題です。そこで、対面式の直売などによって商品に付加価値を与えたり、農漁業の産物を一緒に交ぜて加工して新たな付加価値のある商品をつくることで、畑の面積が少ない人や、機械にさわれない農業者の助け舟になるような建築をめざしています。

平田：今までのファイナリストの舌足らずな説明に比べると、全部がきちんと説明されていて、しかもその目的意識がみんなのためになる、とはっきりしていることもあり、基本的には、すばらしいと思います。その一方で、あまりにも全部がすばらし過ぎるところが、気になる。と言うのは、この排水機場という建物は、内部に水を排出するための巨大な機構が入っている、近代の作り出した何か得体の知れない特殊な建物です。その建物が、このように全部ヒューマンなスケールの場所につくり変えられていって、ものすごく高い天井高だった大空間が低い天井高の空間になって、みんながワイワイできるような空間になっていく。建物内が市民の賑わいなようなもので全部埋め尽くされてしまっている。しかし、元の建物にあった謎めいた雰囲気とか、この時代にこれだけの巨大スケールでできた空間のもつ特殊性や、禍々しいかもしれないけれども、ある意味では巨大で独特な空間の魅力のようなものが全部、埋めつくされてしまう、ということに対して、少し違和感を覚えたんです。
中家(158)：そうですね。
平田：負の要素を持った部分も含めて、新しい価値につくり変えていくと言ったほうが、もっと説得力が出る気はするんです。それについてはどうですか？
中家(158)：この排水機場を見学した時、外側は圧倒的な印象のコンクリートで覆われていて、フェンスが周囲を全部囲っているような空間でした。しかし、内部を見た時にスッと日の光が入ってきて、高さ15mという長い軌跡にはすごく感動しました。それで、その部分に関しては、模型を開いた断面でわかるように、スキップ・フロア状に空間をつくりながら、建築を構成しています。吊り上げてある上のものが上げ仏壇*3です。これは、そもそも輪中地帯には昔からあり、貯蔵や……。
平田：この模型は動くの？
中家(158)：動きます。
平田：実物も木で作っているの？
中家(158)：今のところ、新築部分には木を考えています。太陽光発電のソーラーパネル化事業によって、もともとこの輪中地帯にあった屋敷森が全部伐採されてしまうということがありました。そこで、建物の一部にでも、そういう木材を使うことができればいい、と思って木材を提案しています。

中川：淀みないプレゼンテーションだったと思います。この形を作っていく時に、どうやってスタディをしていったのかについて、聞かせてください。
と言うのは、建築は「サイズの芸術」と言うか、建築のデザインは、寸法を決めていく仕事でもあると思うんです。この寸法でなければならない、とどこかで判断しながら決めていくところがある。ですが、あなたの説明にはあまりに淀みがなくて、自動的にこの寸法が生まれてきたかのように聞こえてしまった。たとえば、どのように考えて軒を出したのか、とか、寸法を決めていった過程について少し教えてください。
中家(158)：まず、人数割りを何となく考えました。現地に行った時、ここに排水機場があってすぐそこに船着場があって、こちら側に農免道路があって農作業をしている人たちがいました。それで、どれぐらいの半屋外空

①都市スケールでの計画
異物化された排水機場に多面的な正面性をつくり、排水機場を包み込むように新たな建築を配置。周辺状況を考えながら周囲に緩やかに変形させた半屋外空間を配し、固有の生業空間を現代のヒューマンなスケールに落とし込むことで、周囲の街のスケールと合わせていきます。
②建築スケールでの計画
排水機場の中に、輪中らしい風景や要素を、必要な機能に合わせて再編し、建築化していきます。それによって、機能と建築の双方が輪中地帯に適し、馴染むものになっていきます。
③身体スケールでの計画
排水機場の空間特性である15mの高さと親水空間を活かし構成します。回遊性を持たせた垂直方向の動線計画により、来場者の立体的な交流を生み出します。親水空間は、水に浮体するスラブ（水平方向の板材）によって可動する空間となり、絶えず人の流れがある作業空間に対応しながら柔軟に人々が交わる空間が生まれます（図4）。

これらの操作によって、異物化されて人々が寄り付かなくなっていた以前の排水機場が、農業者、漁業者、新規住民を1つにつなげていきます。1つにつながることで、新たな可能性が生まれ、輪中建築は輪中地帯の未来にとって必要な存在へとなっていきます。

各場所の設計
①外部空間
フェンスで囲まれ、周辺と関わりのなくなってしまった外部空間には、垂木を利用した乾物掛けの加工空間や、柱による水揚げ荷下ろし空間、石垣土台による水洗いの作業空間を再編し、内部空間に導くための半屋外空間とします。これによって、排水機場にはヒューマンなスケール感が生まれます。

②内部空間
薄暗く不透明であった内部空間には、親水空間を活かして、水路や調整池、漁業浮きを再編していきます。これによって、新規住民と生産加工などの生業に従事する水防共同体とのつながりを緩やかに変化させ、ここは新たな出会いや交流を生み出す空間へと姿を変えます。
③排水機場
排水機器を吊り上げるため、非常に天井が高く非人間的な巨大スケールの空間であった排水機場には、水屋や上げ仏壇*3などを再編します。これによって、水防に合わせた立体的な賑わいが生まれ、新規住民の新商品開発の場となったり、中期的研修で輪中の未来について考える場となります（図5）。
④游水池
ゴミ取り用の機器が挿入されて排水機場の裏の空間となっていた游水池は、排水機場内部に水を引き込む入口となります。また、漁業浮きを再編したテラスによって、集落の人々がふらふらと集まり井戸端会議する親水空間となります。

そして、異物化されていた以前の排水機場は、輪中地帯による恵みが外観を彩り、この大島集落に馴染み、この地に欠かせないものになっていきます。

編註
*1 輪中：本書7ページ編註5参照。
*2 入会（いりあい）：特定地域の住民が、慣習に基づいて、決まった山林原野や漁場を共同で利用し、山菜、薪炭材、魚介などを採取すること。慣習的な物権。
*3 上げ仏壇：水害の際には、濡れないように天井裏へ上げられる、輪中地帯に独特の可動式の仏壇。

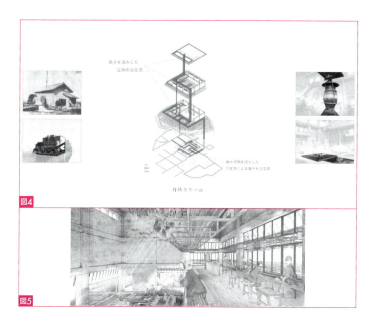
図4
図5

間が必要なのか、どれぐらいの外部空間が必要なのか、については、その人たちが使っていく上で、どれぐらいの大きさが必要なのかをスタディしながら考えていきました。
中川：少し訊き方を変えます。パネルも模型も建物単体だけを見せているけれど、実際には、この建物は街に建ちます。この建物は、街のもつスケール感に対して、やや大き過ぎるような気がするのですが、この大きさに対してはどう思いますか？
中家（158）：この排水機場は、もともと建っていたものです。この遺物化された建物のスケールをどのように抑えて新しいものを作っていくかを考えて、これぐらいの距離感で、これぐらいのボイド（吹き抜け）を変更しよう、というように検討しながらスタディをしました。

栃澤：ポートフォリオには、排水機場はこれ以外にも、いくつかあると書いてありました。また、昔は、水郷共同体のような集団のみんなで資金を出し合って排水機場を建設し、それによるコミュニティと言うか、ある種のつながりや共同出資のようなものがあったとも。
この複数の排水機場は、現在も使われているのか、全部が遺構になっているのかわかりませんが、全部がこういう建築になったほうがいいと思っているのですか？　やや広域のエリアについての展望があれば、聞かせてください。
中家（158）：この形がすべてだとは思っていません。この輪中地帯にもいろいろな可能性があります。ここの場合は、漁業も農業もあるし、新規住民もいる。いろいろな人がいるという意味で、最初にこの敷地を選定しましたが、農業だけを行なっている場所や、一般的なベッドタウンでハウスメーカーの住宅がずらりと並んでいる場所に排水機場がある、という形もあります。ベッドタウンでは、集会所にしたり、農業だけの場所であれば農業だけのスペースにしたり、という可能性も考えています。
栃澤：いずれにしても、排水機場を、ある種のコミュニティの場として再生していこう、という大きなビジョンがある中で、これは1つのエリアの1つの回答だと考えたらいいのでしょうか？
中家（158）：そうです。現在、19棟ある排水機場の内、これを含めた4棟が廃墟化しているので、残り3棟もこのようにコンバージョン（用途転換）していけたらいいな、とは考えています。

トム・ヘネガン：I wish the delicate mesh on the outside would come into the center of the old building. It seems very cut off. You've got this beautiful thing, the collar, around the box, but then you come into the box and it still looks crowded and kind of not special. But if somehow this could come in and maybe come up through the roof light or create spaces inside the box that are similar to the kind of spaces you've got outside. It just looks too functional on the inside of that box whereas the outside looks like a fantasy place where you would enjoy the location.
中田（通訳）：建物の周りにあるストラクチャー（構築物）は、楽しそうな場所に見えるんだけれど、それが建物内部との関わりの中でやや機能的になりすぎているのではないか、という指摘です。外にある、外との関わりの中でのあり方というものに対しての美しさのようなものや、楽しみのようなことがあるべきなんじゃないかと思う。けれども、断面図を見ると、それがいきなり機能的な要素として入り込みすぎているので、そこが気になりました、ということです。
中家（158）：全体として、周囲に波及していく建築を作らなければならないということについては、自分の中でも葛藤がありました。基本となる概念としては、この排水機場を改修した建築というものを1つ建設することで、この地区全体を変えていきたい、という思いがあります。小さい建築をポコポコといろいろ作ったり、住宅をつなげたりという方法ももちろん考えましたが、この建築による、連関という面での地域への影響力を考えた時に、自分としては、大島集落の人々がここに集結して活動していくという姿のほうが合っていると思った。それでこのような形にしました。

Presentation [プレゼンテーション]

170 鈴木 遼太 Ryota Suzuki
明治大学 理工学部 建築学科

たとえば基準線にかさぶたを

提案趣旨
作った建築を中心に説明していって、それが最終的に何を語るか、ということでプレゼンテーションをしていきたいと思います。
僕は街の片隅のような場所が結構、好きです。こういう場所は、歪(いびつ)ながらも根底には知性や構築というものがある。それが建築の本来あるべき姿なのではないのかと思っています。

作品

Case study A: 皮一枚落とし
ある事象によって、屋根の構造体である小屋組みが成立し得なくなってしまい、同時に床面積を増加しなければならない、となった時の「建物の応答」を描きました。ここには肘木(ひじき)*1と桔木(はねぎ)*2という寺院のテクトニクス(構法、構築)が召喚されます。それらは近傍のネットワークに取り込まれながら、さらに変化していく。それが単管パイプに置換されて歪なテクトニクスになっていく、という様子を描いています。
その肘木と桔木の部分にビニル・シートをかけて、双堂(ならびどう)*3のような形式にします。その両端にそこらへんで拾った石をくっ付けることによって、それが重しとなってビニル・シートの下がった部分が、雨樋になります。図の真ん中に示したのが石です(図1-2)。

Case study B: 二面接道化旗竿敷地とその隣家
容積を移動するために、壁面を戦略的に後退させていく。もともと壁面が無かった場所で、建物の組成が近傍のネットワークに取り込まれながら変化していく様を描いています。防水層をビニル・シート、断熱層をおがくず、構造材となるところは構造用合板を最後にバチッと決めています。開口部はありませんが、建物の組成などが勝手に見えてくるような、ある意味で開口部的なものになっています(図3-4)。

Case study C: 斜め切り落とし
これも小屋組みの不成立と階段がなくなることによる建物の機能不全に対する「即物的な応答」について描いています。ここでは越屋根*4のテクトニクスを召喚して、階段を召喚します。そして、既存の屋根の内側から新たな屋根を生やすように作り、解体時に出てくる材でその部分をピン留めしながら、キャンティレヴァー(片持ち式の構造)にして迫り出させ、越屋根の形状を作っていく。建物の外側には単管で足場を組んでいます。家屋の解体の際に出る工事用足場の単管を、ボイド管*5を型枠にした基礎に突き刺しただけで足場が固定され、足場の構築物の中に階段の機能を獲得しています(図5)。(図6)のような外観になります。

Case study E: 既存不適格からの修復とその周辺
工場が既存不適格建築*6になって、その空いたストレージ(倉庫)に対して隣家の家屋が「即物的に応答」していく提案。隣家では階段と玄関という機能がなくなるので、工場側と住宅側の2つの論理から必要なものとして、両者の間に即物的に階段室を立ち上げました。階段が付加されることによって既存の住宅のベランダ部分などが雨樋のようになってしまって、新築した階段を支えるために新しく入れた柱が竪樋になってしまうというように、意味が上書きされていくとい

Q&A [質疑応答]

平田:「客体から主体」とか言っているけれど、結局、「計画道路が通るための区画整理によって起こった断面線をどう処理するか」という、物の論理が持っているテクトニック(構法的)な様態を1回追求することで、そこから建ち上がってくるものを何らかの総体として、建築を再構築することを考えたい、ということですか? その場合は、今の説明だけではテーマへの答えになっていない。「そうやって生まれたものによって、結果として自分はこういうことをやりたかったんだ」と気づいたことでもいいから、最終的には、この作品は全体として何を意味しているのか、というところまで言わないと、自分の設定した質問に対して自分で答えていることにならないと思います。どうでしょうか。

鈴木(170):結果的には、大きな力によって切断されてしまった住宅たちの、部分的で小さな改修という操作が、最終的には都市スケール(規模)のものと近接してしまう、ということが発見でした。何らかの力を2つ衝突させることによって、そういう提案を企てる余白が生まれるのではないか、というのが結論と言うか、1個の試論の有為になっています。

平田:「都市スケールと近接する」とは、どういうことですか?

鈴木(170):物には、自立的な修復力というものが部分に含まれていると思っています。都市計画道路が通ってしまうことによって、計画地の建物にはいろいろな不整合が現れてくる。それぞれに対して個別に小さな応答をしていくのだけれど、最後にはそれが都市スケールにインタラクション(相互作用)を起こして近接してしまうんじゃないか、ということを考えました。

平田:大事な部分をするっと抜かして説明してしまっている。要するに、その切断線のようなものの中に、今までと少し態様が違うけれど、どこか似てるような建築がずらりと並ぶ、と。その並んでいる最終的な様態が都市的に何か意味のある風景になっている、と自分では思っている、というようなことですか?

鈴木(170):ええと……。

平田:はっきり言わないと、何となく煙に巻いているような言葉として聞こえてしまって、あまり得をしない。賭けでもいいから、もう少し明確に断言したほうがいいよ(笑)。

鈴木(170):(笑)正直に言うと、僕は、風景などには特に関心がないので、それについては言いません。僕は、構築の論理を進めたかったのです。はい。

武井:都市計画道路という、突然、押し寄せる大きな川のような、かなり巨大なスケールのものの隣で、君が好きだと説明した小さな風景が、どう隣り合うのか、という境界面に、僕は、すごく興味があった。けれど、結局、この作品は、「どうやるか」という「How-to(作業方法や手順)」で終わっているらしい。では、「最終的に生まれたこの風景は一体何なの?」というところについて、あなたは、あまり興味がない、ということなんですか?

鈴木(170):最終的に生まれた風景は、パースで描いた部分なんです。それで、この街の断片や全体像を見せることができていないとしたら、僕の力不足だと思います。

武井:実際に想像してください。幅12mの道路ができたら、そこを自動車がバンバン走るようになってしまうわけです。排気ガスもすごいだろうし、騒音もうるさいかもしれない。そういった場所に、提案のような儚い建築物というか空間が現れた時に、そこは本当に居心地がいいのか? そこに、君が良いと思うことが十分に再構築できるのか、ということに僕は興味があるんです。

鈴木(170):この建築を作る時に、生活などについてはあまり考えていませんでした。しかし、結果としてできたものを見ると、ある意味で、人が入る環境のようなものを僕は作ったのではないか、と思っています。

中川:たぶん、手を替え品を替え、みんな同じことを聞きたいのだと思います(笑)。「かさぶた」と呼んでいます

うか、その時々によって各部分の意味がどんどん書き換えられていくかのような設計をしました。
Case study F: 階段欠落マンション
既存マンションの核家族向けのLDKのユニットを解体する案です。ここで召喚しているテクトニクスは、言わば社会的なテクトニクスで、人口統計などによる機能の再分配のような操作をしました(図7-8)。

歪なテクトニクス
結果、僕がここで語りたかったのは、建築とは元来、何らかのネットワークに接続しながら建ち上がるものなのに、現代は過度にパッケージされ、均質化した無知性の建築がたくさん建ち上がっている。そういう現状に対して、自分で何かできないかと考えた、ということです。それで、構法というものがそもそも持つテクトニクスを近傍のネットワークと接続しながら、歪なテクトニクスを描くことにしました。しかし、それは「組み上がる側」(建物)からの操作です。それで、「街」という主体側から組み上げた客体(建物)が、僕たちの側に何か訴えかけてくるのではないか、客体の側から主体をさらに構築していくようなことができないか、ということを描きました(図9-10)。

編註
*1　肘木(ひじき)：柱の上方にあり、上からの重みを支える横木。桁(けた)と軒を支える。
*2　桔木(はねぎ)：長く突き出た軒先を支えるための水平部材。
*3　双堂(ならびどう)：前後に2棟の堂を接続して1つの空間を構成した古代建築の様式。短い梁で大空間を作ることができる。
*4　越屋根：大屋根の上に小さな屋根の付いた形状の屋根。
*5　ボイド管：コンクリートを打設する際に、設備などの配管を通すスペースをつくるために使用する型枠。
*6　既存不適格建築：合法的に建てられたが、その後の法令改正や都市計画の変更などにより、現行法に対して不適格な部分が生じた建築物。

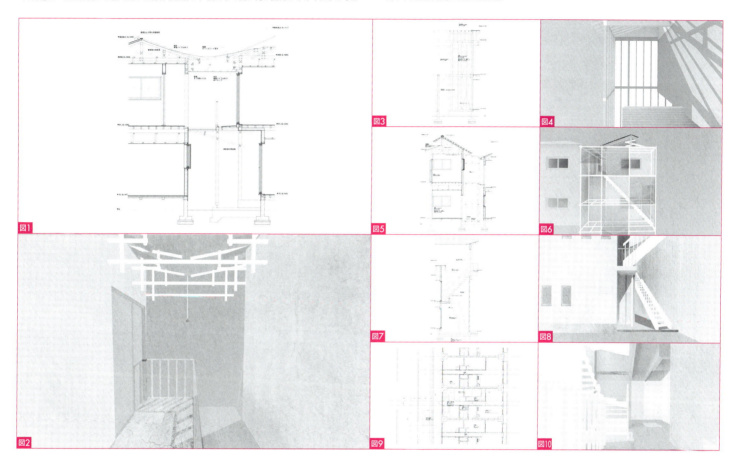

が、計画道路が通った部分にある種の傷ができたとして、この提案では、その傷ができる前と同じ状態に戻すわけではない。ですから、単なる構法遊びだけではなくて、やはり、でき上がった建築には何かしら新しい付加価値を付けているのではないか、と審査員は期待しています。その付加価値が何なのかを聞きたくて、根掘り葉掘り訊いているのです。
あなたは興味がないと言うけれど、ここまで設計しているわけですから、何かしらの付加価値を見つけたのではないか、と思って(笑)。もう1回訊いてしまうのですけれど、何か付加価値はないんですか？
鈴木(170)：たとえば、越屋根の案(Case study C：斜め切り落とし)で言えば、即物的な対応によって現れてしまった形態というものが、ハイサイドライトを生んだりしている、というようなことで。まあ、魅力的な空間を生んでるのではないか、と思いますけれど、手垢として残っているところをひもといていくのは、何だかあまり……。僕としては、それがやりたいことではなかったのではないか、と……(苦笑)。

西澤徹：この「かさぶた」というものは、仮設的な材料で作っているんですね？
鈴木(170)：仮設的な材料になっていますが、リサーチの結果によって、こうなってしまって……。むしろ、手に取りやすい材料を選んでいます。
敷地は東京都江戸川区ですが、周りに工場がたくさんあって、波板や単管パイプなどが容易に手に入るような周辺状況なのです。仮設的な材料とも見えてしまいますが、その中から自分が手に取って使いやすい材料ということを制約条件にして立ち上げた結果が、この建築になっています。

西澤徹：そうすると、その「かさぶた」は、「傷が癒えた」ということで、これは常設のものになっていくんですか？
鈴木(170)：ここで言う「かさぶた」とは、「歪なテクトニクス」と説明していますが、つまり、提案した建築群(構法)こそが、本来ここにあるべき建物の姿なんじゃないか、と思っているのです。最初は歪に見えても、ここにあるべき構法としてどんどん街に馴染んでいくのではないか、という意味合いが込められています。

家成：操作した建物の所有者は1軒1軒で違いますよね？それぞれの所有者に対して、「ここのスペースは、こうしたほうが良いです」と提案していくのですね？
鈴木(170)：ええと、住民視点は全く考えていません。建物にもともとあった機能は修復しようとしていますが、住人に対してのアプローチは考えていません。全く考えていないわけではありませんが、ここでは訴えかけていないです。

平田：半分感想のような言い方になります。この作品は、通常、人間が設計する主体の側にいて考えているような想像力ではなくて、物の側から見た、物の成り立ちのようなものが自己生成してしまうような仕組みによってできている、と言うか。「物の成り立ちのおもしろさ」を仮想的に突っ走らせたらこんなふうになった、という説明に聞こえるんです。
結局、建築とは、そういったさまざまな思考実験をした上で、その結果が、さらにまた「使われる」などの別のフィルタ(選別、加工、排除する濾過システム)にかけられて、複数の層が生まれて、それがまとまって1つの建築として残っていったり残っていかなかったり、あるいは建築の構成に使われたり使われなかったりするわけです。あなたの説明は、そういう過程があるということを、完全に無視しているように聞こえてしまうんです。

鈴木(170)：そうですね。ここでそういう部分について言うと、僕がやりたかったことが薄れるので言っていない、という状態です。この先に生まれる、ここでの見栄よりは、訴えたかったことがあるので、そこについてはプレゼンテーションしていません。潔くやってます。

Presentation[プレゼンテーション]

173 十文字 萌 Moe Jumonji
明治大学 理工学部 建築学科

渋谷受肉計画——商業廃棄物を用いた無用地の再資源化

提案趣旨
都市に存在する商業と生活の過不足ない関係はどこだろうか。
本設計を「都市における商業と生活の在り方を考察する」実験と位置づけ、設計した建築を媒介して実験結果を導いていきます。

実験対象敷地
東京都渋谷区。渋谷区は現在までに、情報発信や受信技術の発展、土地の高度利用などで、従来の土地の地形をキャンセル（破棄）するように開発が進んでいます。このように、渋谷の都市をお金を集める装置として変化させる力を「商業の圧力」と呼びます。
渋谷の特異な地形では、場所によって、かかる圧力にムラが生じています。地形の谷地には大きな「商業の圧力」がかかるため、商業的な変化が激しく、企業は流行という形で人々の消費を促しています。流行は通常一過性のものですが、長期にわたって存在した流行は生活の一部となって残り続けます。この関係性から、商業と生活の両者の関係を図るために流行を設計に用います。

実験方法
①無用地の採集
現在、商業利用されていない場所を採集していきます。採集した場は「商業の圧力」の弱い商業無用地です。
②商業廃棄物の採集
渋谷で起きた出来事と当時の日本の社会背景を示した年表から、渋谷発の流行や文化を取り出していきます。また、取り出した流行・文化の中で使われ、現在は当時の用途で使われなくなったものたちを「商業廃棄物」と呼び、それらを採集していきます。
③習合させる
採集した無用地、廃棄物と生活機能を組み合わせ、商業の街、渋谷に生活空間を立ち上げていきます。そして、この時に起こる出来事を観察し、目標達成をめざします。この方法による実験から、結果として16個のサンプルが得られました。このいくつかを抜粋して示していきます。

実験結果
サンプル01：お休みは看板の裏で
渋谷で最も広告放映費の高い屋外ビジョンを有するビル屋上に、廃棄された看板下地、コインロッカーを組み合わせ、人間2人が寝ることのできる場所を立ち上げました。
屋上の床仕上げでは、寝るには足元からの冷気など問題があるため、屋上の既存看板の基礎を一部共有するようにして床を張りました。
雨風を凌ぐための屋根として廃棄看板の下地を用い、これを既存看板の横材とコインロッカー上に取り付けた桁で支持しています。
シャワーユニットに必要な給水設備には屋上の貯水槽を利用し、排水には屋上排水の機構をそのまま用いています。最も人から見られる看板の裏側は、最も人から見られない場所です。サンプル01は、渋谷商業の中心地で、ゲリラ的に人の居場所をつくることが可能であることを示しています（図1-2）。

Q&A[質疑応答]

西澤徹：各サンプルの中に入るプログラムとして、寝る、トイレ、喫煙所、食事などがありましたが、あくまでも住宅ということではなくて、個々のアクティビティ（活動）と位置づけたものですか？

十文字(173)：そうです。住むところとして作ってはいますが、住居というよりは、どちらかと言うと「人の営み」ぐらいのレベルで、小さなものたちを入れています。

西澤徹：それを「生活」と言うのであれば、たとえば、寝る場所、トイレ、喫煙スペース、食事する場所、というのは、すでに渋谷にあります。それとは、どう違うんですか？

十文字(173)：すでにあるものは、商業ベースで建ち上げられていたり、他の均質化が進んでいるような都市にあるものと同等のものとして作られています。これは、それとは違って、人のために作ってはいますが、「商業廃棄物」と呼ぶものたちを使って作ることを目的としています。そこが違うところです。

櫻井(進行)：一斉に審査員の手が上がりました。では平田審査員長、お願いします。

平田：これを見て、茶室などを思い出しました。たとえば、森で切ってきた木など、中途半端な材料たちを、ある意味でブリコラージュ*2して1つの世界観をつくっていった。それが16個置かれている、という印象があって、すごくおもしろいと思って見ていました。
また、この作品は、単なる材料の使われ方としての価値をもっているだけではなくて、材料の裏に潜むいろいろな意味も一緒に引き寄せてきて1個の場所を作ることで、今、本当に均質なかたちで広がろうとしている渋谷の街に対して、非常に批評的なプロジェクトになっていると思う。
そういう枠組みで考えた場合に、なぜ設計したものが16個なのか、なぜこういう配置なのか、について、もう少しきちんと設定してほしいと思います。それについて説明があるんだったら、聞きたい。

十文字(173)：まず、どこに建てるか、何を用いるか、各場所の背景などは、決めていません。自分で集めてきた素材と作った年表をもとに、どんどん組み合わせてスタディを繰り返していくうちに、この卒業設計に取り組んでいる期間中にできたのが16個だったということです。全体的な都市の配置についても、作ったものを並べたらこの配置になりました。ものを先に作ったから、この配置は、自ずと決まっています。

武井：いろいろなものを街から抽出してきて、それを再構築して、また都市の中に戻していくというアイディアは他にもたくさんありました。その中で、この作品は非常に建築的でおもしろいと思いました。
確認ですが、サブタイトルに「商業廃棄物を用いた無用地の再資源化」とあるので、僕は、この作品は社会と緊密に接続していて、資本主義の中で建築を豊かに循環させる可能性があるのではないか、と思って説明を聞いていたのです。しかし実際は、誰かが出資して、この建築を渋谷の街に展開していく、というわけではなくて、やはり、あなたの思考実験というか、自分で作るだけの建築なんですね？

十文字(173)：もちろん実験的にやってみた、という面もあります。しかし同時に、誰にでも入手可能な、ある意味では、ゴミと言っても差し支えないような物たちを使っているので、こうした物を用いて組み合わせれば、誰にでもこれらの建築を建ち上げることは可能です。全く同じ形にはならないかもしれませんが、求めれば、渋谷を訪れるすべての人が、こういうものを作ることができると思っています。

栃澤：商業廃棄物を使うことが目的だ、という説明でし

サンプル02：秘密基地——電話ボックス・レストラン

私道の特性によって、渋谷のセンター街に位置しながらも昭和以降の市街地整備などの「商業の圧力」から逃れ続けてきた空地に、電話ボックスを組み合わせて、向かいの八百屋と提携するレストランを建ち上げています。

空地には大きな水平面積が取れないため、電話ボックスを垂直方向に3つ積み上げ、鉄骨柱で補強します。さらに、電話ボックスをコア（核）として階段用の構築物を付け加え、人の上下移動を担保します（図3）。

また、この透明な電話ボックスは、向かいの八百屋の野菜用パントリー（食料庫）としても機能します。飲食スペースの確保のため、コアに木材を掛け、電話ボックスにへばりつく懸造り*1のような構成にして、必要な床面積を確保しています（図4）。

サンプル02は、用いた廃棄物のいずれにも昭和の時代性が宿っています。レストランという生活の場として、現代に昭和の時代性を定着させることが可能であることを示しています。

サンプル03-16：データシート紹介（図5-8）

考察

サンプル01から16の結果を通して、渋谷という都市の中で商業から見放された商業廃棄物を建材として転用し、人々の居場所を構成できました。これは渋谷という都市のネガの部分（暗部）をあぶり出すと同時に、ネガの部分にも人の生活を入れられる可能性があるということを示しています。

また、設計の中で用いた廃棄物すべてが、対象敷地である渋谷の中で発見されたものであることを考慮すると、都市の中にはいくつもの側面が眠っていると言えます。発見したものたちをさまざまに組み合わせることで、都市は自己を更新し続けることが可能なのではないでしょうか。

編註
*1 懸造り：かけづくり。建物の一部分を斜面や水面などに張り出して建てる建築様式。

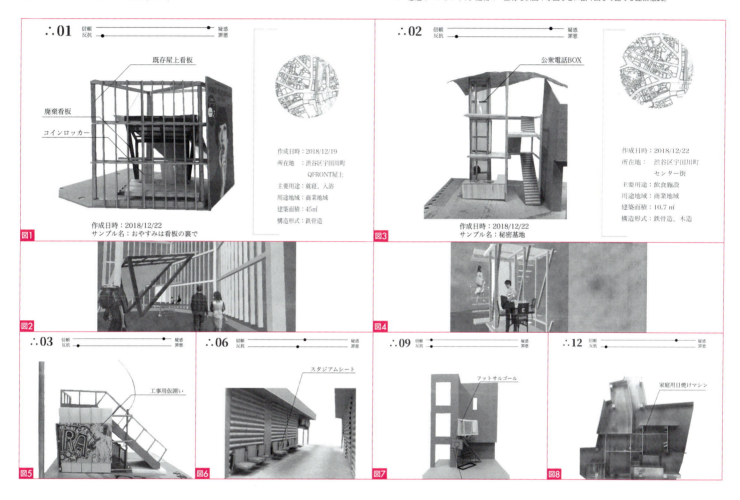

たが、むしろ、渋谷の街のすき間にでき上がった16個のものが、どんな効果を街にもたらすことをあなたは狙っているのか、が大事だという気がします。それは商業建築に対する批評性なのか？ それとも渋谷のゴチャゴチャした街並みの再発見で、さらにそういう街の魅力を増幅していくようなものなのか？ 何の効果を狙って、この計画に取り組んでいるのですか？

十文字（173）：それがプレゼンテーションの最後で説明した「考察」です。もともとは渋谷における生活と商業の関係性を見つけることを目的として始めたのですが、実験の結果を見ると、商業と生活というものが……。今は商業の街として存在している渋谷の中にも、人の居場所がたくさん入り込める。昔のように流行が生まれなくなっている渋谷に、どんどん人の居場所を作って……何だろ？

最初は、人のために、と思っていたのですが、結果的に発見したことは、この実験は、渋谷という都市自体が今後も存続していくために自分（渋谷）を更新して生き抜いていくための方法になっているんじゃないか、ということでした。だから、それが目的になっています。

中川：栃澤審査員の質問とやや重なるかもしれません。

今、渋谷駅前で、ものすごい再開発が進んでいる。そういう街に対して、このように、すごく小さいスケール（規模）で建築を作るのであれば、相当なメッセージ性を持って、もっと意識的にやらないといけないと思うんです。ですから、あなたは、渋谷という都市をどういうふうに変えていこうと思っているのか？ やはりビジョンが重要なんじゃないか？ これまでの説明では、1つずつの建築を場当たり的に設計しているだけのように見え過ぎてしまう。街に対してどういうビジョンを持っているかということを、もう少し積極的に言ってほしいと思います。補足があればお願いします。

十文字（173）：私が作った建築が街に建っていることで、街にどんなことが起きるか、ということですか？

中川：街をどうするために、この計画をやっているのか、ということです。

十文字（173）：街をもっと人のために。今いる人も、今から渋谷に来る人も、「金銭を支払わないとどこかにいられない」ということがなくなり、すべての人がいやすい居場所をつくるために。その場所で、人らしい暮らしの断片を営むために作っています。

櫻井（進行）：少し物足りない説明ですが、時間となりましたので、これで終了にさせていただきます。ありがとうございました。

今のやり取りがそのまま表している、という気がしますが、それぞれの場所を発見して、そこを使い倒そうという考え方自体は非常によくわかりますし、そのプレゼンテーションはとても魅力的です。しかし、審査員のみなさんが気にしていたように、疑問は、「これらの建築が街に広がったら、どうなるんだ？」というところです。これが、後半のファイナル・ディスカッションで少しでも明らかになってくるのかどうか、が焦点だと思います。

このように、使われていない場所にいろいろなアイディアを埋めていくという作品は、今回の出展作の中にいくつかありました。この作品は、その中でもかなり完成度が高いという評価でファイナリストに選ばれたという経緯があります。

編註
*2 ブリコラージュ：本書7ページ編註1参照。

Presentation [プレゼンテーション]

272 川永 翼 Tsubasa Kawanaga
日本大学 理工学部 建築学科

三匹のムネモシュネ──建築と記憶術

提案趣旨
とある人物の記憶が書かれた本、『三匹のムネモシュネ』をもとに建築の設計を進め、記憶を建築に具現化させる手がかりとして、記憶術を使用する。それは、とある人物の要望である「予言の劇場」ではなく、「記憶の劇場」を設計するためのものである（図1）。

01：はじめに
私はゴーストライターとして、ある人物の記憶をもとに『三匹のムネモシュネ』という本を作成した。この本はその人の代弁者となり、そこには現在まで未現像だった記憶の断片が記されている。
私たちが普段、日常生活で経験した場所の記憶は、断片として個人の中に閉ざされたままではないだろうか。ほとんどの記憶は街にはなく知ることはできない。そこで私は未現像の記憶を建築の「モノ」に表し、この場所に残しながら伝えていくことはできないだろうかと考えた（図1）。

02：記憶術の歴史
記憶を覚え、想起する方法として古代から続く記憶術がある。始まりは、2,500年前、古代ギリシャのシモニデスと言われる。シモニデスが宴会の席を立って宮殿から出たところ宮殿の屋根が崩落し、宴会にいた人の遺体は誰が誰だかわからないほど損傷していたが、シモニデスは誰がどこに座っていたかを覚えていたと言う。このように記憶は、建築の場所と密接に関わっていくことになる（図2）。

03：記憶術と建築
記憶術には、大きく2つ重要なものがある。それは「場所」と「イメージ」である。たとえば、家の中を想像する。そして覚えたい事柄が「平和」だとすると、家の玄関に「平和」のイメージの鳩を置いて覚える、という方法である。この方法を参考に、記憶を形にして想起するための建築的記憶術を設計手法とする（図3）。

04：記憶と建築
記憶を保持、または想起する時に、人は視覚から、つまり見たものから記憶を引き出すだけでなく、身体的な感覚を伴って記憶を引き出すこともあるだろう。たとえば、街の鐘の音や石畳の感覚から記憶を引き出すこともあるだろう。つまり、記憶にとっては建築における経験が重要なのである。そこで記憶から建築を設計するにあたり、記憶に形を与える時に、身体感覚を伴った建築を創造することが重要だと考えた。

05：「場所」と「イメージ」
本によると、都市の記憶と住宅の記憶が記されている。さらにページを進めると24のエピソードの記憶がある（図4）。この2つを記憶術における「場所」と「イメージ」に置き換えて設計を進めていく。

敷地選定
本にあった地図に記されていた長崎県長崎市の南山手の場所に行ってみると、今は造船所が建っているため、その場所には建築を設計できない。新たに敷地を選定するために、山と海を結んだ軸と、幼稚園と小学校を結んだ軸を設定し、軸が重なった場所を新しい敷地とした。

全体構成
本に載っている家を使い、5つのルールをもとに再配置していく。

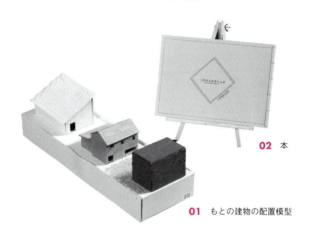

02 本
01 もとの建物の配置模型

Q&A [質疑応答]

平田：『三匹のムネモシュネ』という本は、あなたの本なんですか？
川永(272)：自分の本ではなく、モデルとなった人物がいて、その代弁者として自分が本を書いたという形です。

平田：モデルは具体的に想定しているんですか？
川永(272)：祖父がモデルになっています。

平田：それで、長崎が舞台になっているんですか？
川永(272)：そうです。

平田：その建築には、長崎の原爆の記憶なども入っている。しかし、そういう大きな事件の記憶だけではなくて、もっと小さい、日常の非常にささやかな記憶も含めて、その時代に生きていた人間としての個人が、全体としてどういう記憶を持った人物だったのかということを内包するような建築。ある意味で、1つの記憶の家と言うか、心の家のようなものを作る、というように僕は解釈したのですが、その解釈は間違っていませんか？
川永(272)：間違っていません。

平田：実は僕は、修士論文で「記憶術」について書いたんです（笑）。記憶術には「場」と「イメージ」というものがある。この作品の「イメージ」は、本に書いてある1つ1つの出来事が変換されたオブジェクト（物体）になっている。それに対してどういう「場」の構造を与えるか、というところが、この設計のミソだと思うんだけれど、そこについてはほとんど説明がない。単に住宅を建て、ゲストハウスを建て、という説明だけでしたが、むしろ、審査員は、なぜ、そういう形になっているのか、という「場」の構造についての説明が聞きたいはずなんです。そこについての説明はないですか？

川永(272)：「場」の構造とは、それぞれの家の形ですか？
平田：それぞれの家というより……。たとえば、どんな場所の建築空間の空間配列になっているかによって、そこに置かれているオブジェクトの関係性が変わる。それが、記憶術が意味する「思考」だと思うんです。だから、通常、思考を言語化する時は、思考を時間的配列に読み換えるんだけれど、思考は空間的配列にも翻訳可能である、というのが記憶術のミソだと思うんです。そこで、君のおじいさんの記憶が入る家の空間配列は、どういう特性を持っていて、それぞれのオブジェクトごとの関係性、要するに1つ1つの出来事がどのようにネットワークされた場をつくっているのか？ その具体的な場の設定が大事だと思うのですが、あまり考えていませんか？

川永(272)：具体的な場？ それぞれの家の関係は、もともと住んでいた場所を、プラン（平面計画）的にはそれほど変えずに……。

平田：これ（模型を指しながら）は、おじいさんが住んでいた家？（本書29ページ下写真参照）
川永(272)：そうです。祖父がもともと住んでいた家です。
平田：この辺（01の奥の建物を指して）はどうなの？（01参照）
川永(272)：そちらがもともと倉庫だった場所です。周辺地域に配るための燃料の倉庫でした。

平田：つまり、もともと、このような並び方をしていたわけではなくて、違う場所にあったものを、あえてこのように1個に結び付けているということですか？

川永(272)：そうです。この模型がもともとの配列（01参照）で、道路を挟んで奥に倉庫、手前に家、防空壕がありました。この配列をそのまま、回転するように新しく家と倉庫と防空壕を配置したという関係になります。

トム・ヘネガン(以下、TH)：I don't really understand the novel story, but what I think is a little bit frustrating is your response finishes at a scale of one to fifty or one to twenty, and your response to your grandfather, the memory of your grandfather, is at one to twenty or one to fifty. Why isn't it the scale of one to one? Why don't you examine the kind of door handle that reminds you of your grandfather or something full-sized that is not just another architectural project? You are making a design for a building which is a memory of your grandfather, and it is more important than the regular architecture school "Kadai". It is a serious piece of your life. But you stay in one to fifty or one to twenty, you stay quite a distance away from the reality of your grandfather's memory, because your models and drawings have nothing to do with reality. Reality has texture, color and smell, and all of these things should be part of the memory of your grandfather. But it's not! It's just another little architecture school model. I think the issue, the topic of your grandfather is too important to treat as just an architecture school model.

中田(通訳)：もしあなたがこのプロジェクトを、おじい

①思い起こす形
②高低差の変化
③記憶の軸
④眺めと採光
⑤過去と連続したプログラム

時間とプログラム
段階的に計画していくことで、時間を追体験していくような計画とする。第1期に家、第2期にゲストハウス、第3期に公園と書庫(図5)。

記憶術の「イメージ」部分の設計
①商人の記憶
たとえば、本に載っている「商人の記憶」。昔、商人が番傘のようなものを持ってカーンと鳴らしながら歩いていたらしい。これをもとに設計すると、構造体を傘のような形にし、金属音が鳴る床とすることで、ここを歩いた人は昔の商人のようになるだろう(図6)。
②戦艦の記憶
当時の長崎の戦艦武蔵は黒っぽいカーテンで隠れていたが、子供は覗くことができたそうだ。人が隠しているかのような構造体にし、それを覆うようにカーテンの布で囲った。ここでは、当時のように子供が内部を覗き見たり、内側に隠れたりするだろう。

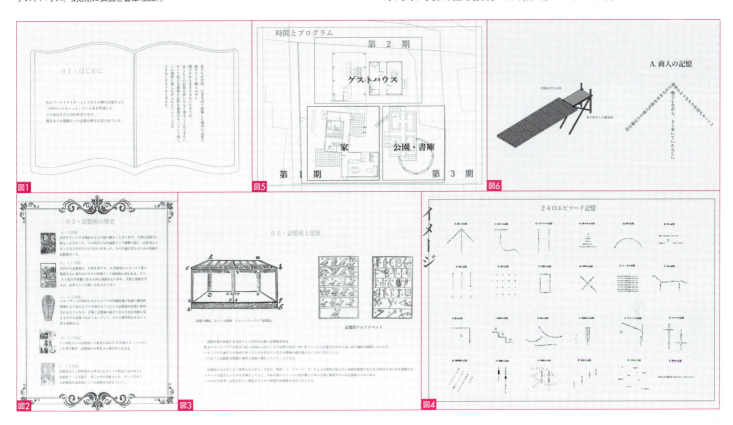

さまの物語をモチーフとした記憶の物語として考えているのであれば、設計は1:1のスケール(縮尺)で考えるべきではないか。1:20や1:50という、通常の建築のトレーニングである大学の設計課題に使うような縮尺に置き換えているという点で、あなたがこの問題と直接的につながってゐいるように感じられない。なぜ、いわゆる通常の建築と同様の距離をおいたアプローチでこの設計に勤しんでいるのか、というのが気になっている。そこに対して何か説明があればお願いします、という質問です。
川永(272)：そこは、あまりわからないです。質問の意図を、あまり理解できていませんが……。ここでやりたかったことは、記憶が街に残っていないので、記憶術を使って人の記憶を残せば、誰もがこの街の当時の記憶を身体的な感覚を伴って経験できるようになる。そういう意味で、この方法を使って設計したかったということです。

中川：では、今の質問に重ねて訊きます。たぶんTH審査員が聞きたいことも同じだと思いますが、「記憶」とは、具体的な物を拠り所にして得るものだと思うんです。だけど今ここにある物は、わりと視覚に頼っているし、オブジェクトを少し抽象的に、記号的にとらえすぎているような気がします。たとえば、視覚だけに頼らずに五感を含めて考える方法があったかもしれないし、具体的な物をもっと具体的なまま使う、ということもできたと思う。今までの説明だけでは、ここに作られたものが、やや記号的に、記号を合体させて作ったように見えてしまう。それに対して何か反論がありますか？
川永(272)：えっと、その、今回は、具体的な物を扱うというよりは、対話の中から得た言葉のようなものから、イメージを連想して設計しました。それで、抽象的なものに見えているのかもしれない。

武井：簡単な一言でいいんですけれども、この建築の提案によって、あなたは何を一番やりたかったんですか？
川永(272)：ええ……。記憶を純粋にその場所に残して、経験できるようにしてあげたい、という思いから作りました。

西澤徹：記憶術とは、たとえば、毎日、家の中で、窓を開けてキッチンに行ってこうやる、という順番や場所と物事とを結び付けて、頭の中で覚えたりすることだと思う。そうすると、シークエンス（連続性）が結構、重要だと思うんです。この建築の中では、どういうシークエンスがあるから、どうオブジェクトを組み立てているのか？ 先ほど平田審査員長が質問したような気がしますが、もう一度ちょっと。あるならある、なしならなしで、返答をお願いします。
川永(272)：場所の結び付き方という点では、たとえば、家の場合は、家の特定の場所に各エピソードがあるので、そのエピソードと結び付けて、その場所に提案している、という設計の仕方です。
西澤徹：文章にならないよ。
平田：エピソード同士の関係性についての質問だと思います。先ほどの僕の質問も同じ話なんだけれど、必ずしも1個のシークエンスで記憶を思い出すものではなくて、いろいろなシークエンスで思い出せるようにするのが記憶術の手法なのです。それで、その1個1個のイメージについて、かなり視覚過多な方法で構成している、というのが過去の記憶術のあり方です。現代の記憶術も、基本的には過去の手法に準拠して視覚情報を中心に構成しているんだけれど、この作品は「現代の記憶術では、もう少し触覚や別の感覚も動員して感じられるようなオブジェクトを使ってもいいんじゃないか」という指摘にも読める。僕は、記憶術の本を読んでいたから、あなたがやろうとしていることを何となくわかった。けれど、たとえば、「ゴシック建築は、スコラ学[*1]を記憶するための空間装置だった」という説があるぐらい、記憶術では「ある思想の空間配列だと読めるようなものが、記憶の『場』の関係性である」ということが一番おもしろいところなんです。それなのに、この作品では、そこを説明してない。おじいさんの本を1冊書くように、1つの空間をもっと豊かなものとして描く、ということがやりたかったのだと思うのですけれど。そういう補足をしたいと思って……。
櫻井(進行)：いいですか、シークエンスの説明は特にないですか？ オブジェクト同士のつながりはどうなるんですか？
川永(272)：オブジェクト同士のつながりについては、そこまで考え切れなかったかもしれないです。

櫻井(進行)：作品名の「三匹のムネモシュネ」は、「記憶の化身」だそうです。記憶や、思念のようなものを建築化していくプロジェクトは、出展作の中にいくつかありました。その中でも、この作品は、外側と内側が別物になっているという点で、すごく不思議なものになっている、と予選で少し議論になりました。

編註
[*1] スコラ学：11世紀以降、西方教会のキリスト教神学者や哲学者などを中心に確立された学問のスタイル、学問の総称。

Presentation [プレゼンテーション]

401 畠山 亜美　Ami Hatakeyama
新潟大学　工学部　建築学科

あわいの島——島のくらしに浮かぶmémento-mori

提案趣旨
日本海に浮かぶ新潟県の離島、粟島。私は、この卒業設計で、この島の「ヘソ」となる場所をつくりたいと考えています。
これは、旅行者である私が粟島で見た、聞いた事柄をつないだ「島のくらしの相関図」です（図1）。
今もなお自給自足で生活するこの島の生活には、生々しいくらい「いのち」の存在がむき出しで、人や自然がつながりながら独自のネットワークを構築しています。
しかし、この島のネットワークは人口減少とともに、誰にも気づかれないまま消えつつあります。すでに「見えない全体性」をもつ粟島。この島のネットワークを、「ヨソモノ」である私が拾い上げ、「島のヘソ」をつくることで島のネットワークが可視化され、島全体の営みに波及していくのではないかと考えました。

対象敷地
粟島は、新潟県の北部にある小さな島です。その中で、敷地として選んだのは釜谷集落。日本海に直面し、斜面地という厳しい生活環境の中で、この集落の人たちは特に強固なネットワークを構築してきました。この集落は、まず道が特徴的です。海と山を結ぶ強い軸と、そこから集落に広がる迷路のような道があります（図2）。

①**海と山を結ぶ強い軸**
海と山を結ぶ階段は、畑や港に向かう重要な生活動線です。その途中には、鳥居があり、特別神聖な道が用意されているわけではない、生活と地続きの信仰があります。

②**集落に広がる迷路のような道**
集落に広がる道は公道ですが、その上には庇や渡り廊下など、さまざまな構築物が架けられています。斜面地に建つ釜谷集落は広い敷地の確保が難しく、母屋と離れが道を挟んで建てられます。

③**生活の利便上つくられた半屋外空間**
日差しや雨を遮り、作業場や社交場として日常的に使われます。このような作業場は、母屋と離れの間にとどまらず、釜谷の人たちはスキあらば道上のどんな場所にも自分たちでつくってい

Q&A [質疑応答]

栃澤：リサーチが圧倒的におもしろいと思って、聞いていました。2つ質問があります。
石積みの石と火葬という、今あるものを使った部分は別としても、たとえば、プライベート（私的）な階段がパブリック（公共スペース）に供出されているとか、すき間を使い倒すとか、いろいろなリサーチがありました。そのリサーチ結果がこの空間のどこに活かされているのか、というのが1つめの質問。
2つめの質問です。地元の石や土葬というコンテクスト（敷地状況や背景）を使っているけれど、出てきた建築の形態は、地場のコンテクストとは全然違うものでできているように見える。この形態のつくり方について、どう考えたのですか？

畠山（401）：まず、リサーチがこの空間にどう生きているか、についてです。島の人がどんどんこの場所を使い倒すだろう、と考えているので、この壁の形自体は特徴的ですが、同じテクスチュア（質感）で均質に作り、開口部も単に四角形に開けたことによって、島の人が入り込む余地があるんじゃないか、と。壁の重なりの間に島の人が庇を掛けてどんどん作業場を作っていくような余地が、いろいろ残されているんじゃないか、と思っています。
2つめの形態については、理由が2つあります。1つめが、この集落は粟島のほんの一部の特徴だけを削り取ってできているので、集落のスケール（規模）に合わせるのではなくて、山から海に流れるような景色など、島の流動的なものに合わせて形を作っていきたいということ。次に2つめの理由。この島は道がおもしろいのですが、海と山を結ぶ強い軸線である道（主）と、そこから伸びるおもしろい迷路のような道（従）という主従関係があって、後者の道にはなかなか目がいかない。そこで、強い軸線を崩すことによって、観光客と島の人が出会うようなきっかけができるんじゃないかと思って、このグニャグニャの形にしました。

家成：この敷地は、島の中にある集落のどこに位置するのかを地図でもう1度見せてください。

畠山（401）：島の中の場所ですが、ここは全部同じ人が所有している土地で、ここが今空き家になっています（図2参照）。この集落の怖いところは、みんなが飛び飛びに土地を持っているので、1つが空き家になるとそれがブワッと集落中に広がって、せっかく道がおもしろいのに空き家が帯状にできることです。おもしろい道がどんどん使われなくなってしまうことに対して、この敷地を選びました。

家成：すると既存の建築と路地空間は、一旦潰すということですか？

畠山（401）：はい、一旦潰します。

家成：今の敷地で言うと、もともと「埋め墓」はどこにあったんですか？

畠山（401）：「埋め墓」は集落からかなり離れた場所にあります。右側の「埋め墓」はそんなに畑と近くないですが、左側の「埋め墓」は畑の近くに作られています（図3参照）。

平田：これまで、考え方はいいんだけれど、何だか建築としては弱い、という作品を結構、見てきた。だけど、この作品では、確かにこの島全体の成り立ちに関わりそうな不思議な形をしている、というところが、ツッコミシロ（間違いや滑稽さを指摘したくなる部分）であり、たぶん、この案の最も大きな可能性でもある。だから、それを説明するために、全体の島の地形とこの建築が持っている流れの関係などについて、もう少し説明したほうがいいと思うんです。そうでないと、この形態が腑に落ちない。やや稚拙な印象だが、何か新しい建築の感覚を予感させるところもあって、形自体は興味深いけれど、もう少し説明による補強が必要だ。
地形図（図2）で見ると、敷地は谷があって谷からほとんど川が流れ出してくるようなところにあるようにも見えるし、航空写真（図3）で見るとそうも見えないし。一体何を狙ってその場所を選んだのか。それは絶対に重要です。それについて何かありますか？

畠山（401）：このグニャグニャの形に対して……。

平田：そう。で、その敷地のシチュエーション、島の形、地形と建物の形との関係は？

きます。粟島の人たちは、このような「あるものを全力で使い倒す精神」をもっています。

④両墓制
この集落で特徴的なのが「両墓制」という風習です。島に火葬場がない粟島では、昔から土葬によって死者を埋葬してきましたが、この集落では埋葬用の「埋め墓」と日常的なお参り用の「詣り墓」の2つの墓をもちます(図3)。
◇詣り墓：骨が埋められておらず、手を合わせた先こそが墓である、という柔軟な解釈があります。
◇埋め墓：畑の近くにつくられ、死者の肉体を養分に育った野菜を食べる、という一連の連鎖の中に「弔い」があります(図4)。
しかし、近年、埋め墓は使われず、本土で火葬された骨が詣り墓に納骨されるようになり、この集落の死生観は揺らぎつつあります。

提案
釜谷集落の一角であるこの敷地に、「島のいのちを感じるヘソ」として、まあるい石で作ったくねくねの壁を張り巡らせます。この建築で用意する場は2つ、「弔いの場」と「語らいの場」です。

①弔いの場
消えつつある両墓制という風習に対し、そこで失われていく島の人たちの死生観を汲み取るものとして、花壇を作ります。「埋め墓」にあった「いのちの連鎖に弔いがある」ということ、「詣り墓」にあった「骨がなくとも手を合わせた先が墓である」ということから、死者が生前に育てた花に対して祈ることのできるような場所を、壁の一部に組み込みます。

②語らいの場
島の「いのち」をいただく場です。自分で魚をさばいたり、島のおばばと会話をする中で、島の「いのち」や自分の身体をつくる「いのち」に目を向ける場です(図5)。
「語らいの場」や港、畑で出た廃棄物はコンポスト(微生物の働きで有機物を分解させて堆肥にする処理装置)で肥料となり、「弔いの場」の花壇や畑で再び新しい「いのち」となります。

③まあるい石の壁
壁を作る、この「まあるい石」は、粟島の暮らしのさまざまな場面で見つけられます。石積みや護岸壁をはじめ、「わっぱ煮」という漁師飯は、アツアツに熱したこの石を魚いっぱいの汁に入れて作られます。
この石は粟島の海辺に転がる玄武岩で、島全体が国立公園に指定されている粟島では、島外に持ち出すことはできません。思わず触りたくなるこの「まあるい石」を、島の人や観光客が積みながら、壁は作られていきます。

この建築は、はじめ、ある種、象徴的な、粟島に潜むネットワークを人々に意識させるきっかけとして機能します。しかし、粟島の人たちの「あるものは使い倒す精神」によって、徐々に壁に庇がかけられたり、ワカメが干されたり、と島の人の営みが見え始め、すぐに島のネットワークの一部となるでしょう。

この場所によって、島の人が「消えつつあった島の営み」に気づくように、また、島の外の人が弔いに来たり、粟島の「いのち」や、自分の身の回りに潜んでいた「いのち」に目を向けられますように。

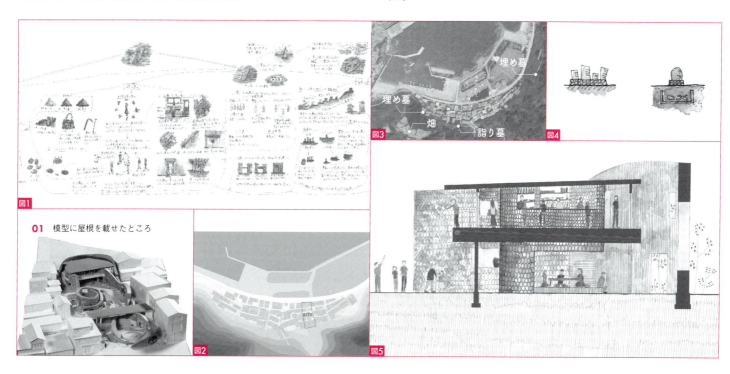

01 模型に屋根を載せたところ

畠山(401)：既存の強い軸があるのがこの場所で(スライドで指しながら)、もう1つ、おもしろい私有地の屋内を階段として開放している場所がここに3軒あって、それに対して山から海に流れるような縦の軸を作るために、もう1つここに建物を作りたかった……。
平田：等高線が谷になっている(図2参照)から、たぶん水が流れ出てくるところに、敷地は位置している。そういうことは、建物形態と何か関係していないの？
畠山(401)：そうですね……。
平田：関係していそうな気がするんだけど。
畠山(401)：(笑)関係してます！
平田：いやいや、だからどう関係しているか。
審査員一同：(苦笑)
畠山(401)：私としては、集落スケール(規模や形態)ではなくて、もっと自然のスケールに合わせてもいいんじゃないか、という理由でグニャグニャの形にした、という経緯だったんです。けれど、細かい要素については、自分の感覚と島の人の話から生まれました。ヒアリングをした人たちを思い浮かべながら、この人だったらこういうところに座りそうだなとか、こういうところでおしゃべりをするだろうな、というところから決めました。
中川：読み取れる限りでフォローすると、たぶん、このグニャグニャの壁は完成形ではないんですよね。
畠山(401)：あ、はい。

中川：これから、この島の人が使い倒していってほしい、という、使い倒す前の初期設定の壁ということですね。「ここに手を入れてね」という、言わばスケルトン(躯体、骨組み)状態の壁をグニャグニャと作っている。だから地形と合っているか、ということまでは考慮していないかもしれない。けれど、すごく詰まっていて親密な場所や、開かれた場所などをこのようにシーケンシャル(連続的)につなげたい、ということが、そのまま直喩的に形になっているのではないか、と私は理解しています。
畠山(401)：あ、そういうことです。

栃澤：屋内空間も作っているんですか？
畠山(401)：屋内空間として2つ作っています。それはグニャグニャではなくて、グニャグニャの壁にブッ刺すようなボリュームがある。感覚的に決めた面が大きいんですけど……。
栃澤：ちなみに、どんな屋根が架かって、最終的にはどんな風景ができ上がるんですか？
畠山(401)：(模型の一部に屋根を載せる)屋根はこう架かります(01参照)。

武井：石積みは大体、末広がりと言うか、地面のほうが広がっています。けれど、このグニャグニャの壁は、かなり垂直に立っています。おまけに、上に何か板状のものが載っていて、さらには開口部まで開いていて、構造的に見ると結構、挑戦的だなあと思う。それについては何か考えていますか？
畠山(401)：この粟島にはもともと石積みがあるのですが、石だけで完全に自立しているものは少なくて、よく見ると象嵌のように石を埋め込んでいたり、場所によっていろいろな積み方があるんです。だから、ここでも場所によって、コンクリートに石が埋まっているような場所や、きちんと石積みだけで自立しているような場所があってもいいのではないか、と思って形を考えました。

家成：このあたりの建物は斜面地に建っているので、基壇を作るために土留めとして石垣が使われています。その既存の石垣と今回新しく作った石垣の関係については、何か意識していますか？
畠山(401)：意識できている部分とできていない部分があります。それは、卒業設計を終えて最初に思った課題で、この壁が石垣をまたぐようにかかっていたり、建物のボリューム(塊)が石垣をまたいでいたりしたら、もっとおもしろくなったと思いました。石垣が単なる石垣として終わるんじゃなくて、集落の人などがなんとなく座りたくなるような場所を石垣にもちらほら作る、という部分はすでに考えていましたが、そこはまだ考えきれていない部分でもあります。

02_Final Discussion
ファイナル・ディスカッション

*文中の作品名は、初出を除きサブタイトルを省略
*(　)内の3桁数字は出展作品のID番号
*SDL=せんだいデザインリーグ　卒業設計日本一決定戦
*アドバイザリーボード＝本書5ページ編註1参照
*TH=トム・ヘネガン審査員
*西澤徹=西澤徹夫審査員

櫻井(進行)：これからファイナル・ディスカッションを始めます。ここから日本一、日本二、日本三、特別賞を決める審査段階になりますが、まず、対象となるファイナリストの作品を簡単に確認したいと思います。
テルマエ(古代ローマの公衆浴場)の福岡案『浴場民主主義の世界』(022)は国会議事堂の前に浴場を作るという計画、それから非常に目立つ模型の工藤案『State of the Village Report』(058)、地球です。また、高田馬場の長谷川案『都市的故郷──公と私の狭間に住まう』(071)、続いて富樫＋田淵＋秋山案『大地の萌芽更新──「土地あまり時代」におけるブラウンフィールドのRenovation計画』(118)、秋田県にあるブラウンフィールド[*1]の再生計画ということになります。そして海女の坂井案『海女島──荒布栽培から始まるこれからの海女文化』(155)。非常に大きい模型が中家案『輪中建築──輪中地帯の排水機場コンバージョンによる水との暮らしの提案』(158)になります。そして、鈴木案『たとえば基準線にかさぶたを』(170)は都市計画道路による切断面をどうしていくかという提案でした。そして、十文字案『渋谷受肉計画──商業廃棄物を用いた無用地の再資源化』(173)、細かいところにいろいろな仕掛けをしていく作品です。それから川永案『三匹のムネモシュネ──建築と記憶術』(272)、記憶の建築と言っていいでしょうか。そして、プレゼンテーションの最後でした、石積みと墓、生活の場の塀を提案した畠山案『あわいの島──島のくらしに浮かぶmémento-mori』(401)。以上の10作品です。
投票に入る前に、審査員には、先ほどのファイナル・プレゼンテーションを聞いて考えたこと、あるいは全体の傾向や気になった作品などについて講評をいただきたいと思います。まず、平田審査員長から、進行方法について説明があります。
平田：非常に熱意のあるプレゼンテーションを聞いた後で、十分に議論したいところですが、ファイナル・ディスカッションでの議論の時間は限られています。そして、この限られた時間の中で審査員全体として、ある程度一致した評価を示すと言うか、受賞作品を選出していかなければならない。その際、先に投票をしてしまうと、心理的に、後から自分の意見を変えることがなかなか難しくなってしまいます。それで、先に各審査員に、意見やファイナリストの10作品にどういう価値を見出しているのかを示してもらえば、他の審査員も「あ、そうだな」と気づけるし、審査員一同がファイナリスト10作品に対するある程度の共通理解をもった状態をつくってからのほうが、より深い議論ができるのではないかと思います。
投票した後では考えを変えにくいだろうから、一旦こういう方法で進めますが、投票後にも議論を経て考えを変えるという柔軟性は逆に尊敬されるということも事実です。作品への評価については、そちらも含めて進めていきたいと思います。
櫻井(進行)：それでは、中川審査員から順にお願いします。

中川：10作品の提案を聞いていろいろ迷っているところです。いつも卒業設計の講評会で思うのですが、私が卒業設計に期待するのは、やはり、どういう未来を期待して建築をつくっているか、どういう未来を予言したいか、というところ。たとえ未完成だったとしても、私たちがまだ知らなかったような価値観を見せてほしいと思います。
今回、全331の出展作品を限られた時間で審査していく中で、ここにいる審査員の多くがまだ知らなかった価値を見たいということもあって、良くできていても既視感のある提案や、他でも代替可能な作品は外していった傾向があります。その結果、残った10作品が少しシニカルな傾向の作品ばかりになったかな、という気はしています。
これから投票になるわけですが、今はメイン・カルチャー(主流の文化)があって、それに対抗したカウンター・カルチャーをつくる、という時代ではありません。たくさんの多様な価値観が混在している世界の中で、建築によって、どういう未来を描けばいいかというのは、すごくわかりにくいと思います。しかし、大切なものが見えにくい中でも、作家が誰のために、何を信じて建築をつくっているか、というのはすごく重要な問題です。ですから、私個人としては、そのことがストレートにシンプルに伝わり、共感できる作品を評価したい。わかりやすければわかりやすいほど、共感しやすいと考えています。
櫻井(進行)：どうもありがとうございました。続いて、西澤徹夫審査員お願いします。

西澤徹：卒業設計を見る機会はそれほどありませんが、一番考えたいのは、卒業設計は「今まで大学の学部で課題を一生懸命こなしてきたことの総決算」であることよりも、「そこで気づいた自分なりのリアリティや、信じているものが何なのか、をきちんと見せてくれているか」ということだと思うんです。
だから、完成度はもちろん重要ですが、どう言ってもフィクション(虚構)なので、どちらかというと、不器用なりにも、作者本人しか気づけない視点やものの見方がきちんとあるかどうか、に重きを置きたい。これまで「社会にとって」「建築界全体にとって」などと、指導教員などからの圧力としていろいろ言われてきたと思うんですが、僕は、全体や未来をスパッと見通すようなクレバー(利口)な器用さを、そこまでは求めていない。それよりも「何だかよくわからないんだけれど、やっぱり、これが気になるんだ」ということをスパッとみんなに見せてくれる作品を評価したい。そういうものがたくさん出てくることで生まれる「多様さ」のほうが、見ていて楽しいので、できればそういう作品を選びたいと思っています。
櫻井(進行)：ありがとうございます。続いて栃澤審査員お願いします。

栃澤：私の学生時代とは違って、SDLをはじめ、卒業設計に関するイベントがすごく増えて、情報過多の中で、テーマ設定や建築的アプローチを探していく学生たちの道程(みちのり)はずいぶん大変なんだろうな、と毎年思います。

そんな時勢の中、今年のSDLでは、いろいろなバリエーションの作品が勝ち残って、ファイナルの議論の舞台に上がってきた。ファイナリスト10作品の内訳がずいぶんおもしろいバランスになっていると言うか、多様性があって良かったと思っています。
建築が建つと、それが自覚的でも無自覚だったとしても、他に対して、ものすごく強い影響力を持ってしまう。それは人のアクティビティ(活動)だったり風景だったり、気候的なものだったり、環境的なものだったり、あるいは時間軸のようなものに影響を与える力かもしれません。だから、建築が持ってしまう影響力について、広い視点で考えている作品を評価したいと思っています。設計した建築は1つの点に過ぎませんが、その1点の持つ影響力について、どれぐらい広いフィールド(領域)や視野で考えることができているのか、というところを吟味したいと思います。
櫻井(進行)：ありがとうございます。続いて武井審査員、お願いします。

武井：ちょっとだけ、個人的な話をさせてください。今回、審査員に呼ばれて非常にありがたく思っていますが、実は、僕は卒業設計をどこにも発表していません(笑)。きちんと卒業設計に取り組んでいなかったんです。と言うのは、大学4年の時に実家の建替えをして、そっちのほうがおもしろくなってしまったからです。「それを卒業設計として出せばいいじゃないか」と言われたこともあったんですが、「卒業設計は卒業設計だから」ということで、別のテーマで取り組んだ結果、中途半端になってしまった。
だから今回は、どちらかというと、審査員席よりも学生側にいるような気持ちで来ました。昨日の予選からずっと作品を見てきて、力作は多かったんですが、まだ自分の中でモヤモヤしているものがあり、それは何だろうと考えていました。
僕は、卒業設計というのは通常の設計課題とは違って、自分の手に負えないぐらい大きな課題という「球」を思い切り遠くに投げる機会だと思う。そして、たとえ、問題解決という到達点に届かなくても、仮説という「球」を回収できなくてもいいぐらいに考えて、大胆なアイデアや思考を投げていいと思うんです。しかし、ファイナリスト10作品を見ても、そういう大きな思いが、まだ、審査員側にうまく伝わってきていない気がしていて、それがモヤモヤの原因だと思った。それは私自身がきちんと卒業設計をやってこなかったから、思うのかもしれないんですが。
そんな中で、公式パンフレットの審査員長の挨拶を今日はじめて読んだのですが、最後に「未だ孤独かもしれない本気の人々を見逃さないようにしたい」と書かれていました。僕はこれを見た時に「そうだ！」と思ったんです。「モヤモヤしていちゃいけない、この中から本気の人を見つけなきゃいけない」と思い直しました。
実は、どの作品を評価するかはまだ決まっていませんが、みなさんの話を楽しみにしています。
櫻井(進行)：ありがとうございます。ではトム・ヘネガン審査員にお願いします。

トム・ヘネガン(以下、TH)：Looking at the work that you've all been doing, I had an idea, I think, about what I want to do with my own work. It was just during the presentations by number 071(長谷川案『都市的故郷』), 170(鈴木案『たとえば基準線にかさぶたを』), 173(十文字案『渋谷受肉計画』) this afternoon that I began to think that designing architecture should be improvisation with found objects. I've tried to for many years to think what is a good definition of architecture, and today, I think I found the definition──to improvise with found objects. We can start by studying a landscape, and study the weather conditions, and study anything that exists in the environment, and try to use those things to make the experience of that place special. I think the important thing is to find the found object. If you don't look, if you don't find found objects, you can't improvise and make architecture that is related specifically to that place.
中田(通訳)：ファイナリストのプレゼンテーションを聞いて、自分自身の仕事に置き換えて言えば、みなさんが、自分の大切に思うことを探してきたり、それをもとに即興的に建築の目的や対象を探すようなことを期待していました。建築をどう定義するかという課題もありますが、その中で、その場所の特徴、その場所での経験をどうつかむか、そこで何を見つけるかが大切です。そして、洞察力をもって、場所に対するさまざまな関わり方について深く思考すること。審査する中で重要視した点はそこにあります。

TH：My old teacher, in England, had a phrase that he regularly used to explain how he thought we should design. His comment was difficult to translate, but in english he said that when we try to design a building we must "take our idea for a walk". That phrase is based on the idea of taking a dog for a walk. When you take a dog for a walk, you don't know where the dog wants to go, you follow the dog. It's the dog leading you. My teacher──Peter Cook──used to argue that when we try to make architecture, we should take our ideas for a walk. We should give our ideas space and potential to lead us to the designs. That is another story that I would like to leave you with, the idea of beginning your design without having any idea what to do, without really being certain what to do, but just to see it grow. You can never find the important idea immediately, it has to be something that you gradually move towards.

中田(通訳)：私のイギリスでの恩師の言葉で、なかなか日本語で表現するのは難しいですが「アイディアを連れて歩く、アイディアにしたがって、アイディアを追いかけて歩く」。つまり、散歩で犬を連れて歩くように、「アイディアを連れて歩く」というものがあります。はじめから確かな何かを携えて建築をつくるのではなくて、不意に湧いたアイディアに連れて行かれて、辿り着いたようなことを考えるのが建築だと教わったことがあります。それをみなさんに伝えたいと思いました。

TH：With my own students, again and again, I talk about the challenge of architecture. I ask them——what is the challenge in your project? What is the opportunity for you to develop your work, and why have you chosen that kadai? Why did you choose this location and not that location? You must choose a place and a program because its challenge is interesting. A lot of you chose your hometown or some piece of grass in some district that only you know. And I think sometimes you choose it without having any idea what the quality of the challenge is. Why choose this location? You must choose an interesting program and interesting location because it will give you a rich answer? Because it has a challenge. It has an interesting challenge. So please don't just kind of lazily identify "this is my hometown, therefore I choose right here, this is some piece of brick that I've seen and I'm choosing that". You must choose a project that will lead you to a fascinating answer.

中田(通訳)：チャレンジというのは、自分が馴染みのある場所、地元や知っているところを敷地にするというように、自分の身近なものを素材にして建築をつくるのではなくて、未踏の場所や知らないところに挑戦していくことです。それによって、さまざまなものを見極めるチャンスをもらえます。そういうチャレンジをすることが、建築家としてのみなさんに課されていることではないか、ということを強く伝えておきたいと思います。

櫻井(進行)：どうもありがとうございました。それでは家成審査員お願いします。

家成：10作品とも、それなりに熱意があって、すごく良かった。それを前提で言いますと、いずれも、しっかり調査しているところは良かったのですが、鈴木案『たとえば基準線にかさぶたを』(170)、十文字案『渋谷受肉計画』(173)、川永案『三匹のムネモシュネ』(272)の説明は、抽象的すぎて僕の脳ミソではついていけませんでした。いずれの作品も、それぞれの狭い世界にはまり込んでしまっていて、その中で遊んでいるようにしか僕には見えてこないので、なかなか判断しにくいです。
僕なりに見た、ベタでわかりやすくて、誰もが価値観を共有できるような作品や、そういう可能性を秘めた作品のほうが、僕にはピンときています。

櫻井(進行)：では最後に平田審査員長、お願いします。

平田：今、家成審査員が熱意と言いましたけれども、僕も本当にそれを感じました。異論はあるかもしれませんが、熱意というのは言ってしまえば「愛」のことだと思います。極論で言えば、僕は、建築とは愛の形を作ることだと思っています(笑)。ただし、ファイナリストそれぞれで、その愛がどういう形で結晶しているか、というのはかなり違っていたし、愛の種類も違っていたと思っています。
大きく分けると、個的愛、地域に対する愛、人類に対する愛の3つに分類できると思った。個的愛は単に自己に向かう愛かというと、そうではない。個に対する愛を極めることによって、誰もが共有できるものになる、ということがポイントだと思います。
個的愛の作品を見ると、工藤案『State of the Village Report』(058)は、自分の地球における経験を新たな星に定着している、ある意味で自己愛なんですが、それを誰もが共有できるようなものにすることをめざしている。鈴木案『たとえば基準線にかさぶたを』(170)も、自分の視点に対する愛がかなり強いけれど、本当は、テクトニクス(構法)によって、誰もが共有できる何かに至るというところを見せてほしかった。川永案『三匹のムネモシュネ』(272)も、自分ではないけれど祖父というスペシフィックな(特定の)存在に対する愛に基づいて設計している。けれど、その愛をある種の仕組みによって転換した方法で記述することによって、実は、別の形で誰もが共有できるものになる、というところをめざしていると思うのです。そういうおもしろさのある提案だと思います。
次に、地域に対する愛の作品ですが、かなり素直な提案が多い。坂井案『海女島』(155)は一番素直に地域愛が表れていたと思います。中家案『輪中建築』(158)は、やや、もともとあるものに対する愛が過剰と言うか。既存建築を全く作り変えてしまっているというのが本当の愛なのか、と僕の中では思ってしまった。畠山案『あわいの島』(401)は地域愛の分類だけれど、その場所に対して本当に愛情を持っているのか、地形などをきちんと読み解いているのか、という疑問が残りました。
それから人類に対する愛の作品群。たとえば、福岡案『浴場民主主義の世界』(022)は民主主義ということでしたが、やや納得のいかない設定だと感じました。長谷川案『都市的故郷』(071)や富樫+田淵+秋山案『大地の萌芽更新』(118)、十文字案『渋谷受肉計画』(173)も大きく分ければ人類愛ではないかと思いました。ただし、ある種のフィルタ(選別、加工、排除する濾過システム)を通して、人類を自然として見ていると言うか……。たとえば、サファリで動物たちを見るように、少し離れた視点に立って人類を見ている。そのことが何につながるか、については評価が分かれるところです。しかし、その方法は、人の営みを愛でるということももたらす何か別の価値を生んで

いく可能性がある、と思っています。その意味で富樫+田淵+秋山案『大地の萌芽更新』(118)は、ややシニカル(皮肉的)な印象があります。しかし、長谷川案『都市的故郷』(071)と十文字案『渋谷受肉計画』(173)に関しては、良い形でそれが建築の中に昇華される可能性を秘めているのではないか、と肯定的に見ています。

櫻井(進行)：ありがとうございました。審査員から、それぞれどういった視点で評価したいか、という指針を中心に話してもらったので、これから投票に入っていきたいと思います。
今回は投票用紙での投票とし、各審査員には推薦したい3作品のID番号を書いてもらいたいと思います。この投票方式は、平田審査員長の提案で、他の審査員の意見に流されないようにという配慮からです。3作品には軽重を付けて、「強く推す」作品(★印)、「普通に推す」作品(●印)を混ぜてもいいので、1人3作品を推薦してください。それでは投票をお願いします。

(審査員一同　投票)

・表1　1回めの投票：上位3作品への投票(1人3票)

ID	氏名	平田	TH	西澤徹	武井	栃澤	家成	中川	合計得票	合計得点	
022	福岡 優				●				1	1	
058	工藤 浩平			●					1	1	
071	長谷川 峻	★	●		●				3	4	議論対象候補へ
118	富樫 遼太+田淵 ひとみ+秋山 幸穂		●			●	★		3	4	議論対象候補へ
155	坂井 健太郎	●		●		●	●	●	5	5	議論対象候補へ
158	中家 優		★			★	●		4	6	議論対象候補へ
170	鈴木 達太								0	0	
173	十文字 萌	★							1	2	議論対象候補へ
272	川永 翼								0	0	
401	畠山 亜美			●			●	●	3	3	議論対象候補へ

凡例　＊★は強く推す1票、2点(以下、同)
　　　＊●は普通に推す1票、1点(以下、同)
　　　＊TH＝トム・ヘネガン審査員
　　　＊西澤徹＝西澤徹夫審査員
　　　＊2得点以上の作品　　　が、議論対象作品の候補となった

櫻井(進行)：今、10作品のうち8作品に票が入りました。複数票の入った作品が、軽重合わせて、坂井案『海女島』(155)に5票、中家案『輪中建築』(158)に4票、長谷川案『都市的故郷』(071)、富樫+田淵+秋山案『大地の萌芽更新』(118)、畠山案『あわいの島』(401)が3票、の5作品です(表1参照)。
平田審査員長と相談したいと思いますが、ここから先はどのような方法で決めていきましょうか。受賞する作品は「日本一」「日本二」「日本三」各1作品と「特別賞」2作品で、計5作品あります。受賞の対象となる5作品を先に選定して、その中で順位を決めるという考え方もありますし、「日本一」から決める、という方法もあります。いかがでしょうか？

平田：まず、一旦、議論の俎上に載せる作品を残す、という意味では、0票と「普通に推す」1票の作品は、受賞の望みは薄いのではないか、という印象があります。逆に、強く推す票の入った作品については、1得票でも、推薦者の意見を聞いたほうがいいと思っていました。が、それは私だけなので、少し話をさせてください。
十文字案『渋谷受肉計画』(173)は、「全体としてどういうビジョンを見せたいのか？」という質問に対して答えていないように見えたところが、この得票の少なさにつながっていると思います。少しフォロー(応援)をすると、「全体として何個の建築がなければならない」という枠組みとしてのストーリーはこの作品にとって重要ではない。こういう考え方で、どんどんどんどん今あるものを再解釈して新たな建築を作っていくことによって、現在できていっている都市とは別の堆積(積重ね)ができていくんだ、それが今の都市と並行して存在する新しい価値をつくっていくんだ、という前向きなメッセージをこの作品は確実に含んでいると思うんです。作者本人がそれを説明できなかったのは良くなかったけれど、それについては審査員側で読み取ってもいいぐらい、建築物としてはきちんと作られていると評価しました。たぶん、票が少ないだろうと思ったのですが、以上の理由から、あえてこの作品に強く推す1票を入れたという経緯があります。

櫻井(進行)：なるほど。

平田：もし、強く推す票(★印)を2点と数え、普通に推す票(●印)を1点と数えた場合に、2点以上のプロジェクトが6作品となりますね(表1参照)。

櫻井(進行)：そこで議論しましょうか？

平田：そこで議論するというのも、あると思います。

櫻井(進行)：審査員のみなさん、それでよろしいですか？

審査員一同：(了承)

櫻井(進行)：では、その方法で進めましょう。
その前に、今の平田審査員長のコメントについて、十文字さん(173)、何か意見など

ありますか?

十文字(173):ありがとうございます。そういうメッセージを伝えているつもりでした。廃材や、使われなくなった物や場所を、建材や建物の敷地として転用して新しく蘇らせ、それを履歴として都市に残していくことによって、これから都市の新しい側面がどんどん生まれてくるんじゃないか、ということを最終的に言いたかったのです。

家成:あなたが「廃材を転用する」と言う時の「廃材」は、僕にとっての材料だと思うんです。一般的な材料である「廃材」に「商業廃棄物」という呼び名がひっついてきたが故に、何だか、その材料を商業廃棄物のように使っていかなくてはならない、という縛りが生まれてしまってるような気がしました。「廃材」はもっと自由だと僕は思うんです。たとえば、電話ボックスを、そのまんま積み重ねて、これがコア(核)だと言われても……。転用する上で、もっとリアリティがほしいと思いました。

櫻井(進行):十文字さん(173)、意見があればどうぞ。

十文字(173):「商業廃棄物」の「商業」は、昔、商業的に利用されていたという意味であって、使い方としては、そんなに制約があるわけではありません。たとえば、「サンプル番号02:秘密基地──電話ボックス・レストラン」で、レストランという機能を選択したのは、隣に昭和から残る八百屋があったことから想起しています。そこの空き地が狭いから、上方に面積を取りたくて、同じく昭和から残っているものがいいな、という気持ちで「電話ボックス」を使っただけで、特に「商業」という言葉に何か縛られているわけではないです。自由に使っています。

家成:自由って何ですか?

櫻井(進行):ここでは、まず、これぐらいにしておきましょう。
それでは、改めて確認しますが、この先の議論では、普通に推す票で1票以下の作品を対象外にしたいということになりました。福岡案『浴場民主主義の世界』(022)、工藤案『State of the Village Report』(058)、鈴木案『たとえば基準線にかさぶたを』(170)、川永案『三匹のムネモシュネ』(272)の4作品を対象外にするということでよろしいでしょうか(表1参照)?

審査員一同:(了承)

櫻井(進行):何か言いたいことのある学生がいれば、受けます。「あなたたちは何もわかってない」とか……。どうでしょうか?

鈴木(170):(挙手)

櫻井(進行):では、墓穴を掘らないようにお願いします。

鈴木(170):どうせ失うものは何もないので、言うのですが(笑)。僕が『たとえば基準線にかさぶたを』でつくりたかったのは僕の建築論であって、この都市計画道路でぶったぎられた風景ではない、ということです。最終的に言いたかったのは、A1判サイズのパネルに書いてある文章なので、それだけはご理解いただければと思います。

櫻井(進行):どうもありがとうございます。いずれにしても、このファイナリスト10選に入っただけで、相当高い評価です。大変、価値のあることですので、これでしょげないでいただきたいところではあります。

平田:僕からもいいですか。僕は、川永案『三匹のムネモシュネ』(272)は、個的な愛が人々に共有されるものになる、という面では一番可能性があると思っていて、票を入れようか迷ったんです。しかし、たぶん他の審査員の協力を得られないだろう、ということで一旦、外しました。だから僕は、後で少し彼と話したいな(笑)と思っています。

櫻井(進行):個人的には大変気に入っている、ということですね。

平田:はい。
上位に残った作品の中で、すごく票を集めた5票の坂井案『海女島』(155)、4票の中家案『輪中建築』(158)、それから3票ですが、畠山案『あわいの島』(401)。この3作品は、先ほど僕が言った「地域愛」のようなものに基づいている。それはそれで非常にすばらしいことですし、地域愛に基づいた建築は絶対に必要なんですが、それだけが建築のもととすべき愛なのか、については問うていいと思っています。
その意味では、得点数の上位2作品は一旦、上位作品として保留しておいた上で、2~4得点で競り合っている残りの4作品の中から2作品ぐらい上げて、4作品ぐらいで議論したほうがいいのではないかと思います。6得点の中家案『輪中建築』(158)と5得点の坂井案『海女島』(155)は、おそらく最終的な議論の場に残ってくるので、残りの4作品で少し議論して、2作品ぐらい選出してはどうでしょうか? 地域や分類は関係なくて良いものは良いんだ、という視点もあるでしょう。逆に、こうした「地域愛」のようなものでできている作品を全部、上位作品として評価するべきなのか、ということも含めて、少し議論したいと思いました。

櫻井(進行):なるほど。今の提案は、多得点(多得票)の作品群の傾向が少し偏っているのではないか、ということです。その中でも、坂井案『海女島』(155)と中家案『輪中建築』(158)は完成度も高いので、上位に行くだろうということで一旦保留にし、それ以外の4作品で少し議論をしたいということです。

■表2　議論の対象作品決定(協議)

ID	氏名	平田	TH	西澤徹	武井	栃澤	家成	中川	合計得票	合計得点	
071	長谷川 峻	★	●	●					3	4	議論対象作品
118	富樫 遼太+田淵 ひとみ+秋山 幸穂		●		●	●	★		3	4	議論対象作品
155	坂井 健太郎	●	●	●	●			●	5	5	上位進出
158	中家 優		★		●	★	●		4	6	上位進出
173	十文字 萌	★							1	2	議論対象作品
401	畠山 亜美			●		●	●		3	3	議論対象作品

*協議の結果、1回めの投票で、上位2作品を上位作品として保留し、
2〜4得点の4作品を対象に議論となった

平田：強く推す票(★印)を2点とすれば、中家案『輪中建築』(158)は6点、坂井案『海女島』(155)は5点です。
残りの4作品は、長谷川案『都市的故郷』(071)が4点、富樫+田淵+秋山案『大地の萌芽更新』(118)が4点、十文字案『渋谷受肉計画』(173)が2点、畠山案『あわいの島』(401)が3点という状況なので、点数的にも、わりと拮抗しています(表2参照)。

武井：僕もその提案に大賛成です。実は、僕の入れた坂井案『海女島』(155)の票(●印)は、すごく消極的に推す票なんです。
先ほど、卒業設計で投げる問題設定の射程距離の話をしましたが、選定した敷地の持っている潜在力が高ければ高いほど、建築としては解きやすくなる。要するに、特徴のある敷地を選定したほうが、問題を解決した時の充実感や建築ができたことによる達成感が、作者本人をはじめ誰に対しても伝わりやすくなると思うんです。けれど、そのわかりやすさによって、建築の可能性を評価していいのか、という疑問があります。だから、そこについては、少し議論したいと思います。

櫻井(進行)：なるほど。その場所を選んだことが勝利につながる、という面は確かにあります。
それでは、平田審査員長の提案のように、上位2作品を上位作品として保留し、それ以外の2〜4得点の4作品を対象に議論を進めてよろしいでしょうか(表2参照)？

審査員一同：(了承)

櫻井(進行)：それでは、長谷川案『都市的故郷』(071)、富樫+田淵+秋山案『大地の萌芽更新』(118)、十文字案『渋谷受肉計画』(173)、畠山案『あわいの島』(401)の4作品について、それぞれ意見を、できれば応援演説をいただきたいと思います。どれを推したいか、という立場でお願いします。いかがでしょうか？　栃澤審査員、どうぞ。

栃澤：長谷川案『都市的故郷』(071)の作者本人に質問です。サブタイトルの「公と私の狭間に住まう」は、すごく引かれる言葉で興味があるのですが、空間的に見て、どこにその「狭間」があるのか？　模型を見ると結局、パブリック(公)とプライベート(私)の二項対立のようにも見えなくありません。その狭間がどこなのかを説明してもらえると、腑に落ちるのではないか、と思うので、教えてもらえませんか？

長谷川(071)：自分が作った形として、目に見える空間としては、商業施設がパブリックで、住宅がプライベートです。しかし、たとえば、住居の一部に設けているテラス部分や、住居群から公共施設につながるスロープは、比較的オープンなパブリックスペースに近い空間になっています。住人目線で考えると、ここに特筆できる「揺らぐスペース」があるわけではありません。たとえば、前述のテラスの上で生活するということは、人々がカフェで寛ぐ雰囲気やコーヒーの匂いなどを下方や周りから感じながら、自分のテラスで本を読んだり、自分の住居内でよりプライベートな生活ができる。そういう状況が、都市での住み方として、かなり重要なのではないかと思います。ここに住んだ時に、住人がこの建築を旅することで、揺らぎを感じられるようなつくりにしています。

栃澤：空間的な「揺らぎ」ではない、という解釈なんですね？

長谷川(071)：まあ、そうと言えばそうです。

武井：それに絡めて質問なんですが、これは駅ですか？　駅前、駅上？　なぜ、そこを選んだんですか？

長谷川(071)：駅上です。はじめは、この建築を駅の上に出すことは考えていなかったんです。しかし、設計を進めていく中で、地上だとゴミゴミしたような空間の中になってしまいますが、駅の上という、谷間になった部分の上に住居や商業施設を張り出すことで、下部の地上では感じられないようなものを感じられる空間が生まれるのではないかと思いました。そういうところが新しく都市を感じる空間と言うか、他の地上部分では感じられない魅力ではないか、と考え、駅の上に張り出しています。

中川：この4作品の中で、私が票を入れた畠山案『あわいの島』(401)はとりあえず置いておいて、長谷川案『都市的故郷』(071)、富樫+田淵+秋山案『大地の萌芽更新』(118)、十文字案『渋谷受肉計画』(173)の3作品に訊きたいことがあります。迷ったけれど票を入れなかったという面もあるので、むしろ積極的意見を聞きたくて質問します。
票を入れなかった理由としては、この建築を誰のために作るのかという点で、いずれも漠然と「誰かが使う」という印象で、やや実感に乏しく、人間のとらえ方が少し匿名的すぎるのではないか、という疑いをもったからです。卒業設計なので、あくまでフィクションではあるのですが、仮にこの建築ができた時に、どういう良いことが起こって、どういう未来を期待できるのか、について積極的に演説してほしいと思います。

櫻井(進行)：ではまず長谷川さん(071)から、お願いします。誰が住んで、それがどういうことになるのか。

長谷川(071)：誰が住むのかは、単身者です。これには、まあ半分個人的な思いもあります。自分が横浜で生まれて東京で生活して大学で京都に行って、という中で、自分にとっては故郷というものがない、ということをすごく感じました。でも、周りの友だちに訊くと、それは自分だけの価値観ではない、ということに気づきました。都市に住む人、特に東京に住む人には、自分を根無し草のような存在として感じている人が多いだろうと思っています。その人たちを救うような何かを設計したいと思いました
たとえば、地方で既存のコミュニティに対してどんどん入り込んでいくといった解決策がありますが、そういう解決策を都市において実現したいと思いました。この建築には組み合わさっているコミュニティはありませんが、個別にパラパラと存在しているけれど、何となく一緒に存在している、何かを共有している、と感じられるものができたのではないか。最初に故郷を定義した通り、何かに包まれているようでいて、少し落ち着くような居心地の良い空間になるのではないかと考えています。

櫻井(進行)：では続いて富樫さん(118)お願いします。

富樫(118)：この花岡という土地を長年持っている民間企業がその土地を公開して、住民というよりは近くに住む子供たちや家族などがこの場所を訪れて、この場所を知って、その場所性を知る。場所性は、この場所にあるものだけでなく、人を通して漂白していってもいいと思っているので、そういう人たちに向けて作りました。

櫻井(進行)：ありがとうございます。では続いて十文字さん(173)お願いします。

十文字(173)：「誰のためか」と聞かれたら、渋谷に来る人、渋谷にいる人のために作っていて、それが最終的に渋谷の街のためになるようにと思っています。
最終的なビジョンについてです。たとえば、今仙台に来ていて、仙台の駅を降りて周りを見渡しても、パルコとか東京にもあるようなものばっかりで、全然、仙台に来たという感じがしないんです。しかし、渋谷には、東京の中心にあるわりに「渋谷に来た」という感じが自分の中ではあって、そこからこの計画は始まっています。その「渋谷らしさ」が大開発などで、きれいに舗装されてなくなってしまう。それはたぶん、昔はもっと人の生活というものがたくさんあったところや、もっと多様なものがグチャグチャに混ざっていたところがきれいに舗装されてしまいそうになっているからだと思うんです。
そういうきれいに舗装されたところに人がどんどん巣食っていって、渋谷の外部から来たもので埋め尽くされて、他と同じような街になるんじゃなくて、その街自体から生まれてくるいろいろなもので、どんどんその街が更新されたらいい、というように思ってます。

櫻井(進行)：時間もだんだんなくなってきましたので、この4作品に対する意見があるようでしたら、もう少し聞きたいと思います。いかがでしょうか？　TH審査員、どうぞ。

TH：The 118(富樫+田淵+秋山案『大地の萌芽更新』) I was supporting, really felt, the very simple reason, it's very beautiful. And I can make architecture, but I really find it difficult to make beautiful architecture. Making beauty is incredibly difficult. And so just these young architects seem to have made every piece of this composition seems to be refined down to pure beauty. The shapes, I have no idea what the shapes of the cuts into the ground mean, or what they relate to, but they are beautiful. I just want to campaign for beautiful thing. There are no other functional qualities. It's just beautiful. And that's enough for me.

中田(通訳)：富樫+田淵+秋山案『大地の萌芽更新』(118)は、すべてのピース(模型)が大変美しい。その美しさにほだされて、推しています。それだけ、美しいものを作ることの難しさについて、私自身は積極的に主張したいし、それを踏まえて、建築作品のあり方について問題を提起したいと思っています。

櫻井(進行)：ありがとうございます。その他、いかがでしょうか？　家成審査員、どうぞ。

家成：僕も富樫+田淵+秋山案『大地の萌芽更新』(118)を強く推しています。それは、やはり遠い未来まで考えた時に、──ロクでもない未来が来る、とみんなはわかっているんだと思うんですが──必ずしも明るくない未来に立ち向かう手立てや方法論を考える時に、この作品は、今まで人間がやらかしてきた状況を建築によってあぶり出すと同時に、計画の対象とする時間のスパン(間隔)としてもすごく遠いところまで飛ばしている気がするからです。また、ランドスケープ(地形や景観)と一体化した美しさがある、と思って推しています。
それから、十文字案『渋谷受肉計画』(173)は、今の話を聞いていて、だんだん、おもろいんちゃうか、と思えてきました。先ほどは散々、糾弾してごめんなさい(笑)。この作品も、やはり、都市の開発に対して、小さいところで抗う方法として、──最初は、

いろいろなロジック(論理)がうるさ過ぎて見えなかったんですが——シンプルに場を発見して、それを使っていく。小さい手法というのは、いつまでも有効だと思うんです。という意味で、いいなと思ってます。
櫻井(進行)：はい。平田審査員長、どうぞ

平田：人類愛に属するフィルタを通して人類を観察しているようなプロジェクトとして、十文字案『渋谷受肉計画』(173)、富樫+田淵+秋山案『大地の萌芽更新』(118)、長谷川案『都市的故郷』(071)があるとすると、僕は十文字案『渋谷受肉計画』(173)と長谷川案『都市的故郷』(071)は、結構ポジティブ(肯定的)な価値を直接的に見せていると思うんです。
それに対して、富樫+田淵+秋山案『大地の萌芽更新』(118)を保留してしまうのは、「不気味なランドスケープ」の「不気味」という言葉が……。確かに、不気味という言葉にはひかれるし、気味の悪いものがかえって美しく感じるという感性もあるとは思います。しかし、負の遺産と言われているようなものですら、このように美しくしてしまうということは、人類の営為に対する、ある種の愛だと思うんです。愛なんだけれど、そうした愛を持って作ったものであることや、でき上がったものの美しさとは無関係な位相で、何か別の価値を生んでいるかどうか、という評価軸があると思うんです。
櫻井(進行)：なるほど。
平田：たとえば、十文字案『渋谷受肉計画』(173)であれば、「商業廃棄物」というものに対してのある種の愛が堆積すると、都市そのもののありようを変える、という、また別の価値を生む。長谷川案『都市的故郷』(071)であれば、その住戸群がへばり付くことによって、通常の方法だと、ものすごくしょうもない商業ビルしか建たないような場所のイメージが変わり、村落を思わせる変な心地良さを住民以外の人も感じられるような空間ができている。
要するに、そういう別の価値があるかどうか、ということです。対象そのものを愛する視点で何かを作った、ということが、結果的にもう1回りして別の価値をも生み、作品の中には二重の価値が存在する。そういう二重性を持っていないと、鈴木案『たとえば基準線にかさぶたを』(170)のように、自己愛だけに終始した作品に留まってしまうんじゃないかと思うのです。自分の考えで追究すること、それはそれでいいんだけれど、それが回り回って何か別の価値を生んでいる、という部分がないと、建築としてはダメじゃないかと僕は思うんです。

櫻井(進行)：もう時間が全くありません。あと5分ですべてを決めていきたいと思います。ここからはかなり強引ですが……。
平田：まあ、あとは投票ですよね。
櫻井(進行)：投票しましょうか？ どうしますか？ 受賞5作品にまず絞って、その後、特別賞から日本一まで各賞を決めますか？

平田：いや、もう6作品を対象に投票したらいいんじゃないですか？ それで、たぶん5作品が浮かび上がるんじゃないかと思います。
櫻井(進行)：わかりました。では、そのようにさせていただきます。
中川：1人何票をどのように投票しますか？
櫻井(進行)：6作品ですので、1人2作品に、1人2票を投票していただきたい。
中川：では、軽重なしで2作品に投票する、ということでいいですか？
櫻井(進行)：はい、そうしましょう。
審査員一同：(了承)

櫻井(進行)：よろしいでしょうか？ 投票の対象は、長谷川案『都市的故郷』(071)の高田馬場、富樫+田淵+秋山案『大地の萌芽更新』(118)のブラウンフィールド、坂井案『海女島』(155)、中家案『輪中建築』(158)、十文字案『渋谷受肉計画』(173)、畠山案『あわいの島』(401)の石積みです。この6作品の中で、推したい2作品に投票ください。

(審査員一同　投票)

■表3 受賞作品への投票(1人2票)

ID	氏名	平田	TH	西澤徹	武井	栃澤	家成	中川	合計得票
071	長谷川 峻	●	●		●				3
118	富樫 遼太+田淵 ひとみ+秋山 幸穂		●			●	●		3
155	坂井 健太郎			●				●	2
158	中家 優					●			1
173	十文字 萌	●			●		●		3
401	畠山 亜美			●				●	2

櫻井(進行)：票は分かれましたが、票の入り方には少し傾向が出てきました。もう時間もないので、少し乱暴ですがこの得票数をもとに各賞を決めていきたいと思います(表3参照)。
2票以上入っているのが、長谷川案『都市的故郷』(071)3票、富樫+田淵+秋山案『大地の萌芽更新』(118)3票、坂井案『海女島』(155)2票、十文字案『渋谷受肉計画』(173)3票、畠山案『あわいの島』(401)2票となっています。この5作品から日本一、日本二、日本三、特別賞2作品を決めていきたいと思います。

中川：中家案『輪中建築』(158)以外ということですか？

櫻井(進行)：そうです。『輪中建築』(158)は受賞対象外としたいと思います。よろしいですね？
平田：時間がないんですよね？
櫻井(進行)：はい。
平田：先ほど、2票ずつの投票にするのをすごく迷っていたんですが、票に軽重を付けた3票で3点票、2点票、1点票を投票したら、もっと点差が開くはずなんです。現状の投票結果では1得票と2得票の差は、よくわからないじゃないですか？　それなのに1票で対象から外されることには、みんな納得がいかないと思うんです。軽重を付けた3票で3点票、2点票、1点票を投票するか、優劣をつけられないんだったら2票で、2点票、1点票を投票でもいいから、そういう投票方式にしたほうがいいんじゃないでしょうか？　もっと点差が開くはずなので、もう1回、投票しませんか？　だって、今の投票結果では、どの作品もほとんど同じ評価です(笑)。
櫻井(進行)：同じですね(笑)。

中川：それから、作者が話していない坂井案『海女島』(155)、中家案『輪中建築』(158)、畠山案『あわいの島』(401)の票が減って、かわいそうだと思っています。
櫻井(進行)：確かに、そうですね。しかし、作者たちの話を聞く時間はないので、もう、投票で決めていきたいと思いますが、どうしましょうか？　先ほど投票した2票の内、強く推したい作品を強く推す票(★印)に変える、というのはどうですか？
中川：3票で、3点票、2点票、1点票でいいんじゃないですか？
櫻井(進行)：自分が票を入れた作品に……。
平田：いや、3点票、2点票、1点票にしたほうがいいと思います。それぞれ日本一、日本二、日本三と思う作品を、3点票、2点票、1点票で選べばいいんじゃないですか？
櫻井(進行)：わかりました。では、ええっと……。
中川：1人3作品を選んで、票に軽重を付ける、ということですね？
平田：それが一番民主的だという理論もあります(笑)。
櫻井(進行)：わかりました。1人3作品を選んで、票に軽重を付ける。先ほどと同じように……。
中川：では、投票用紙に書いて投票したほうがいいかも。
西澤：先ほどの紙はあります？
櫻井(進行)：では、もう1回、投票しますか？
平田：はい、もう1回、投票するのがいいと思います。
櫻井(進行)：では数分で準備できます。学生スタッフは準備をお願いします。1回目の投票と同じ投票をもう一度、対象作品を絞ってやりたいと思います。
学生スタッフ：(投票の準備)

平田：1人2票と言われた時に、少し引っかかったので、最初に言えばよかったのですが、すみません。

櫻井(進行)：いえ、大丈夫です。
では今度の投票の対象となるのは、長谷川案『都市的故郷』(071)、富樫+田淵+秋山案『大地の萌芽更新』(118)、坂井案『海女島』(155)、中家案『輪中建築』(158)、十文字案『渋谷受肉計画』(173)、畠山案『あわいの島』(401)、の6作品です。
審査員のみなさんは各3票お持ちです。作品3つを選んでいただき、各票に点数を付けてください。一番推したい作品に3点票、その次が2点票、その次が1点票です。よろしいでしょうか？　それでは投票ください。

(審査員一同　投票)

■表4　上位3作品への投票(1人3票)

ID	氏名	平田	TH	西澤徹	武井	栃澤	家成	中川	合計得票	合計得点	
071	長谷川 峻	2	1			3			3	6	日本三決選投票へ
118	富樫 遼太+田淵 ひとみ+秋山 幸穂	1	3		1	2	3	1	6	11	日本一
155	坂井 健太郎			2		1		3	3	6	特別賞
158	中家 優		2			3	1		3	6	日本三決選投票へ
173	十文字 萌	3		1	2		2		4	8	日本二
401	畠山 亜美			3				2	2	5	選外

＊1人3票の内訳は、強く推す作品から順に、3点票、2点票、1点票を各1票ずつ

櫻井(進行)：先ほど平田審査員長から説明があったように、かなり得点差が出てきたようです。(表4参照)。
これが最終投票になると思いますが、集計結果では、富樫+田淵+秋山案『大地の萌芽更新』(118)が11点で最多得点です。これはもう揺るがないでしょうか？　この作品を日本一に決定してよろしいでしょうか？

平田：いいと思います。
審査員一同：(了承)
櫻井(進行)：それでは、富樫+田淵+秋山案『大地の萌芽更新』(118)が日本一です。みなさん拍手をお願いいたします(表4参照)。
(会場　拍手)
次に得点の多い、8得点の十文字案『渋谷受肉計画』(173)を、日本二とさせていただきます。おめでとうございます(表4参照)。
(会場　拍手)

櫻井(進行)：続く、日本三、特別賞が少し悩ましいのですが、6得点が3作品、5得点が1作品あります(表4参照)。
この際、5得点の畠山案『あわいの島』(401)は受賞対象外にしたいと思います。6得点の長谷川案『都市的故郷』(071)と坂井案『海女島』(155)と中家案『輪中建築』(158)、この3作品のうちで、日本三にふさわしいと思う1作品に1票を投票していただこうと思います。　よろしいですか？
審査員一同：(了承)

(審査員一同　投票)

■表5　日本三の決選投票(1人1票)

ID	氏名	平田	TH	西澤徹	武井	栃澤	家成	中川	合計得票	受賞
071	長谷川 峻	●			●				3	特別賞
118	富樫 遼太+田淵 ひとみ+秋山 幸穂									日本一
155	坂井 健太郎			●				●	2	特別賞
158	中家 優		●			●	●		3	日本三
173	十文字 萌									日本二

＊上位3作品への投票(表4)で6得点の3作品を対象に投票

櫻井(進行)：投票の結果、僅差ではありますが、3票の中家案『輪中建築』(158)を日本三と決定したいと思います。おめでとうございます(表5参照)。
(会場　拍手)
そして、長谷川案『都市的故郷』(071)と坂井案『海女島』(155)を特別賞としたいと思います。おめでとうございます(表5参照)。
(会場　拍手)
以上のように、SDL2019の日本一、日本二、日本三、特別賞が決定しました。どうも、ありがとうございました。

編註
＊1　ブラウンフィールド：本書58ページ編註1参照。

JURY
審査員紹介

Portrait photos pp.107-112 by Toru Ito.
Photos except as noted by Toru Ito, Izuru Echigoya.

FINAL & SEMII-FINAL JURY | ファイナル&セミファイナル審査員 | それぞれの卒業設計

審査員長
平田 晃久
ファイナル & セミファイナル

はずかしい笑い

「今回どうもやる気が出ないんですが、どうしたらやる気が出ますかね?」。
恩師である竹山聖さんの証言によれば、設計演習の初回エスキス*1で「平田」はそんなマヌケなことを言ったらしい。憧れの「建築家」を前にして、なぜそんな血迷ったことを言ったのか。今、思えばひたすらはずかしい笑いが込み上げてくるのだが、何を言ったのかほとんど覚えていない。代わりに、そのあと飛んできた言葉ははっきり覚えている。「そんなやる気ないんやったら、建築やめてまえ!」。
滅多に関西アクセントを出すことのない、血気盛んな、若き日の竹山聖が発する、関西弁の怒声……。
彼の記憶の中では、その翌週、僕は見違えるようなエスキスを出してきたことになっている。が、本当の僕はそんなにイケてない。僕が少々まともな設計をできるようになったのは卒業設計の少し手前。ハッパをかけられただいぶ後だ。
だから僕は、学生たちにわりとやさしい(つもりだ)。あの頃の自分より、よっぽどましな奴らばかりだから。
あれからもうすぐ30年が経とうとしている。

編註
*1　エスキス:建築の計画過程で、コンセプトや簡単な概念図、検討用資料、図面などを作成する作業。その際の制作物。

ひらた・あきひさ／建築家、京都大学大学院教授

1971年　大阪府大阪市生まれ。
1994年　京都大学工学部建築学科卒業。
1997年　京都大学大学院工学研究科建築学専攻修士課程修了。
1997年　伊東豊雄建築設計事務所に勤務(-2005年)。
2005年-　平田晃久建築設計事務所を設立、主宰。
2015年　京都大学大学院工学研究科建築学専攻准教授(-2018年)。
2018年-　同教授。

主な建築作品に、『桝屋本店』(2006年)、『sarugaku』(2008年)、『Bloomberg Pavilion』(2011年)、『kotoriku』(2014年)、『太田市美術館・図書館』『Tree-ness House』(2017年)、『9h projects』(2018年)など。
その他の主な受賞に、第19回2008年JIA新人賞、第13回ヴェネツィア・ビエンナーレ国際建築展金獅子賞(2012年／伊東豊雄、畠山直哉、他2人との共同受賞)、LANXESSカラーコンクリートアワード(2015年)、村野藤吾賞(2018年)、BCS賞(2018年)など。
主な著書に、『JA108　Akihisa HIRATA 平田晃久2017→2003』(新建築社刊、2017年)、『Discovering New』(TOTO出版刊、2018年)など。
また、バウハウス(ドイツ)、ハーヴァード大学(アメリカ合衆国)、Architecture Foundation(イギリス)などで講演。その他、東京、ロンドン(イギリス)、台北(台湾)などで個展、MoMA(アメリカ合衆国)にて『Japanese Constellation』展(2016年)を合同で開催。
ミラノ・サローネ、アート・バーゼルなどに多数出展している。

太田市美術館・図書館／2017年／Photo: Daici Ano

トム・ヘネガン Tom Heneghan
ファイナル、セミファイナル & 予選

ハッピーな建築を

1975年にロンドンのAAスクールを卒業した私は、修士課程に相当するディプロマ・スクール(第2学士課程)の最後の2年間はアーキグラム(ピーター・クック、ロン・ヘロン、ウォレン・チョーク)のスタジオに在籍し、常勤「客員講師」セドリック・プライスにも師事した。皆、揃いも揃って魅力的な語り手で、剽軽者(ひょうきんもの)で、建築家にはより良い世界がつくれるはずだと信ずるほどに根っからの楽天家だった。

あれから40年経った今もピーター・クック節は健在で、相変わらず「建築の目的は、皆をハッピーにする建物をつくること」で、建築家本人が楽しくなければ「ハッピー」な建物はつくれない、と言う。「建築家は設計を楽しまなくては」。これが、恩師から得た最大の助言だ。建築設計には知性を働かせることも大切だが、ピーター・クックに言わせれば、それ以上に感性を働かせてユーザーを良い「気分」にさせないといけない。

当時のAAスクールには「卒業設計」というものがなく、代わりにめいめいが最終学年の1年間に手がけた作品をポートフォリオにして提出し、それを教授陣が評価するという仕組みだった。だから私自身の「卒業ポートフォリオ」は、プロジェクトの寄せ集めにすぎない。が、1つだけ、巨大プロジェクトがあった。ピーター・クックに誘われた我々学生5人が、クックとヘロンのコンペ(設計競技)・チームに加わって、アメリカ合衆国のマンハッタンの高層住宅を設計したのだった。あいにく結果は5等だった。けれども、私個人は「新建築住宅設計競技」で勝利を収めた。実質的には、これが学生時代最後の設計だった。平面・断面・立面図もなければ模型もないという、とてもこぢんまりとしたものだったが、この設計のなんと楽しかったことか!

(訳:土居 純)

トム・ヘネガン/建築家、東京藝術大学教授

1951年　ロンドン(イギリス)生まれ。
1975年　AAスクール(イギリス、ロンドン)卒業。
1976年　オーヴ・アラップ(イギリス、ロンドン)勤務。
1979年　AAスクール ユニット・マスター(-1990年)。
1990年-　来日、アーキテクチャー・ファクトリー設立、主宰。
1998年　工学院大学工学部建築学科特別専任教授(-2002年)。
2002年　シドニー大学(オーストラリア、シドニー)建築・デザイン・都市計画学部長(-2009年)。
2009年　東京藝術大学美術学部建築科教授(-2019年)。
2014年-　シドニー大学名誉教授。
2019年-　芝浦工業大学建築学部建築学科教授。

主な建築作品に、『熊本県草地畜産研究所』(1990年/1994年日本建築学会賞)、『フォレストパークあだたら』(1997年/1999年福島県建築文化賞、2002年日本公共建築賞)、『富山県大山町ささやき橋』(1996年/1996年イタリア、ミラノ・トリエンナーレ出展作)、など。
主な著書に、『10×10』(Phaidon Press刊、2000年)、『The Architecture of Glenn Murcutt グレン・マーカットの建築』(TOTO出版刊、2008年)など。主な寄稿に、「James Stirling――The Meaning of Form」(『a+u』誌537号〈2015年6月号〉)など。

フォレストパークあだたら/1997年/
Photo: Tom Heneghan

西澤 徹夫
ファイナル、セミファイナル & 予選

未来の自分に投げかけること

大学1年生の頃、今や世界的なアーティストの曽根裕[*1]の卒業設計の逸話を聞いたことがあった。彼は建築を至上のものと位置づけ、建築を始める前にやっておかなければならない16のプロジェクトを提出したのだった。それらは現在も1つ1つアートワークとして実現されつつあり、しかし、いつ終わるとも知れない長い過程の中で、いずれ建築へ至るという長大なヴィジョンを示す、人生を賭けたプロジェクトである。この態度には、とても影響を受けた。

僕は卒業設計も修了設計も学内では全く評価されなかったけれど、そこで考えていたことは今でも引きずっているし、未だにそこへ立ち返ることがある。自分でひねり出した見方や考え方に自分で影響を受けることがある。重要なのは、建築家としての定位に耐え得るものを未来の自分に投げかけること、その繰り返しでしかつくるということは成り立たないといっことを、卒業設計に際して知ることなのだ。

編註
*1　曽根裕:(そね・ゆたか、1965年-)日本の彫刻家、画家。

にしざわ・てつお/建築家

1974年　京都府綾部市生まれ。
1997年　東京藝術大学美術学部建築科卒業。
2000年　東京藝術大学美術学部美術研究科建築専攻修士課程修了。
　　　　青木淳建築計画事務所に勤務(-2005年)。
2007年-　西澤徹夫建築事務所設立、主宰。

主な建築作品に、『東京国立近代美術館所蔵作品リニューアル』(2012年)、『西宮の場合』(2015年)、『907号室の場合』(2016年)、『京都市美術館再整備工事』(2015年-工事中)、『八戸市新美術館新築工事』(2016年-実施設計中)など。
主な著書に、『映画空間400選』(共著、LIXILE出版刊、2011年)など。

西宮の場合/2015年/
Photo: Shin Hamada

武井 誠
ファイナル、セミファイナル & 予選

建築にできること
大学4年の時、実家の建替え話が持ち上がり、僕は迷わず卒業設計をそっちのけで、4人家族の小さな家の図面引きに没頭した。周囲の「住宅の設計をそのまま卒業設計にすれば良いのに」という声に耳も貸さず、ひたすら両親の家の設計に取り組んでいた。結果、大学の設計課題で唯一発表できなかったのが卒業設計という苦い思い出しかない。

というわけで、この場を借りて、自分の卒業設計について少しだけ書かせていただく。僕は岩手県、北山崎のリアス海岸に葬祭場を提案した。高さ数百mを超える断崖絶壁に、海に散骨するための場をつくった。ただそれだけである。東北1周旅行をしていた時に、高さ数百mを超える断崖絶壁の圧倒的な自然を目の前にして、自然に対峙する建築とは何かを自問自答するようになった。14年後に訪れる人間に牙を剥く自然の猛威（3.11東日本大震災）をその時、知る由もないが、あの時、僕は建築の力を、そして建築の可能性を完全に見失っていた。一方で実家の設計図面を自分で描き、大工と納まりについて相談し、家が建ち上がっていく姿を見て、素直に感動したのも事実である。

今、思えば、実家の設計を卒業設計のテーマにしたとしたら、そのリアリティは最大の魅力になったのかもしれないが、後悔はしていない。実家の建替えと卒業設計では、その射程距離が違うのは明らかだ。「建築にできること」は無限であり、その根源は自分にあることを忘れないでほしい。

たけい・まこと／建築家、京都工芸繊維大学特任教授

1974年　東京都生まれ。
1997年　東海大学工学部建築学科卒業。
1997年　東京工業大学工学部建築学科塚本由晴研究室研究生、アトリエ・ワンに在籍(-1999年)。
1999年　手塚建築研究所に勤務(-2004年)。
2004年-　鍋島千恵とTNAを共同設立、共同主宰。
2018年-　東京大学工学部建築学科非常勤講師。
2019年-　京都工芸繊維大学工芸科学部デザイン科学域デザイン・建築学課程特任教授。

主な建築作品に、『輪の家』(2006年／2006年Record House Award、他)、『カモ井加工紙第三撹拌工場史料館』(2012年／AR AWARD 2012、2014年JIA中国建築大賞特別賞、2017年2A asia award、他)、『上州富岡駅』(2014年／2014年度グッドデザイン賞、2014年ブルネル賞、2015年日本建築学会賞、他)、『旋の家』(2015年／Record Houses 2016)、『銀座夏野Rblg』(2017年)など。主な著書に、『現代住宅の「ディテール」』(共著、彰国社刊、2010年)、『JA105 MAKOTO TAEKI + CHIE NABESHIMA / TNA』(共著、新建築社刊、2017年)など。

上州富岡駅／2014年／
Photo: Daici Ano

栃澤 麻利
ファイナル、セミファイナル＆予選

誰かの心に響くものを
私が卒業設計に取り組んだのは、東京理科大学にCAtの故・小嶋一浩さんが着任して3年めの年。小嶋さんの影響もあって模型は年々大きくなり、学内の学生たちの放つ熱量は相当なものだった。

当時、それほど設計が得意でなかった私は、テーマも空間もよくわからないまま、東京、霞が関の官庁街で庁舎を再編し、中層階に自由通路となる空隙を設けて上下階や隣接する建築をつないでいく、という提案をした。何しろ設計はあまりできなかったので、A1判の用紙にスケッチパース(透視図)や水彩着彩の立断面図をとにかく大きく、たくさん描くことに注力したのだが、最後は提出が危ぶまれるほど時間が逼迫し、今でも思い返すと心拍数が上がるほどの苦い経験となった。講評会では厳しい意見が多数の中、議論の終盤、当時、非常勤講師だった建築家の青木淳さんから、「わけはわからないが、エネルギーはあふれている。卒業設計では、こんなものも評価して良いのではないか」という主旨のコメントをもらったことをよく覚えている。

卒業設計は長い建築人生の1つの通過点である。荒削りでもいいので全力でやりきって、どこか他人の心に引っかかる、共感されるものをめざしてもらえればと思う。

とちざわ・まり／建築家

1974年　埼玉県富士見市生まれ。
1997年　東京理科大学理工学部建築学科卒業。
1999年　東京理科大学大学院理工学研究科建築学専攻修士課程修了。
　　　　山本理顕設計工場に勤務(-2006年)。
2008年-　安原幹、日野雅司とSALHAUS共同設立、共同主宰。

主な建築作品に、『扇屋旅館』(2012年／2013年北陸建築文化賞受賞)、『麻布十番の集合住宅』(2012年／2015年日本建築学会作品選集新人賞)、『西麻布の集合住宅』(2013年／2014年東京建築士会・住宅建築賞)、『群馬県農業技術センター』(2013年／2015年日本建築学会作品選奨)、『tetto』(2015年／2016年東京建築賞・住宅建築賞奨励賞)、『陸前高田市立高田東中学校』(2016年／2017年グッドデザイン賞金賞)、『Timbered Terrace』(2017年)、『大船渡消防署住田分署』(2018年)など。

陸前高田市立高田東中学校／2016年／
Photo: Makoto Yoshida

家成 俊勝
ファイナル、セミファイナル

自分がいる場所を疑え

私は大学の法学部を卒業した後に建築の専門学校の夜間部に進学し、アルバイトをしながら建築を学んでいた。だが、毎日たった2コマの実務重視の授業を受ける中で物足りなさを感じたため、学外のおもしろそうな人に会いに行き、講演会に顔を出し、先輩建築家や同世代の建築を志している人から、建築が相手にしている世界の広がりを教えてもらった。そのあまりの広さに愕然とすると同時に心が躍ったのを覚えている。

当時の専門学校の卒業設計は、図書館、美術館、公民館の中から1つ選んで設計するというもので、自由度は極端に低く、箱物建築の提案を求められていた。そのような状況下で、私も利用者のことや地域特性も考えず、ただの箱を設計して卒業。数年後に部屋の片隅から出てきた卒業設計の書類を見つけ、その場で破いて捨てた。今、思うと、卒業設計の設定自体を自分でつくれば良かったのである。自分が今いる場所を疑えるのが卒業設計だと思う。

いえなり・としかつ／建築家、京都造形芸術大学准教授

1974年　兵庫県神戸市生まれ。
1998年　関西大学法学部法律学科卒業。
2000年　大阪工業技術専門学校建築学科夜間部卒業。
2004年-　赤代武志とdot architectを共同設立、共同主宰。
2013年-　京都造形芸術大学芸術学部空間演出デザイン学科准教授。

アート、オルタナティブメディア、建築、地域研究、NPOなど、分野にとらわれない人々や組織が集まる大阪のコーポ北加賀屋を拠点に活動。第15回ヴェネツィア・ビエンナーレ国際建築展(2016年)にて審査員特別表彰を受賞(日本館出展作家)。
主な建築作品に、『No.00』(2011年)、『馬木キャンプ』(2013年)、『千鳥文化』(2017年)など。

中川 エリカ
ファイナル、セミファイナル & 予選

未来を予言する

2005年に卒業設計をした私の世代は、都心で大きな建築をつくることが、「建築を通じて自分は世界をこう見ているんだ」と世界に問いかけをすることに通じていると考えている学生が多かったように思う。

私の卒業設計は、接道義務により手を付けにくいことから、街区の真ん中に変な形で取り残されている空き地に目を付け、その空き地を立体的な広場に改造し、周辺のビル群と手をつないで、街区全体を建築化する提案だった。つまり、当時としては珍しい、新築ではない提案である。都心だからこそ空地(外部空間)が貴重であり、むしろ人間に豊かさを与える場になり得るということ、敷地単体に留まらず周辺環境を巻き込んでいくような建築を考えることなど、当時はなかなか周囲の理解を得られず、かなり思い悩んでいた。

しかし、改めて振り返ってみると、大学院進学を経て社会に出た今も、ずっと考え続けているテーマであったことに気がつく。卒業設計では、上手にまとめることよりも、未来を予言するようなテーマを見つけることに才能を使い、肩が外れるほどの遠投を見せてほしい。

なかがわ・えりか／建築家

1983年　東京都生まれ。
2005年　横浜国立大学工学部建設学科建築学コース卒業。
2007年　東京藝術大学大学院美術研究科建築設計専攻修士課程修了。
2007年　オンデザインに勤務(-2014年)。
2012年　横浜国立大学非常勤講師(-2013年)。
2014年-　中川エリカ建築設計事務所設立、主宰。
　　　　横浜国立大学大学院Y-GSA設計助手(-2016年)。
　　　　現在、東京藝術大学、横浜国立大学、法政大学、芝浦工業大学、日本大学非常勤講師。

主な建築作品に、『ヨコハマアパートメント』(西田司〈オンデザイン〉と共同設計、2009年／2011年日事連建築賞小規模建築部門優秀賞)、『ライゾマティクス新オフィス移転計画』(2015年)、『桃山ハウス』(2016年／住宅建築賞2017金賞、2018年第34回吉岡賞)など。
その他の主な受賞に、2011年度JIA日本建築家協会新人賞(2012年)、第15回ヴェネツィア・ビエンナーレ国際建築展　国別部門特別表彰(2016年)など。

千鳥文化／2017年／
Photo: Yoshiro Masuda

桃山ハウス／2016年／
Photo: Koichi Torimura

PRELIMINARY JURY　|　予選審査員

小野田 泰明
アドバイザリーボード

おのだ・やすあき／建築計画者、東北大学大学院教授

1963年	石川県金沢市生まれ。
1986年	東北大学工学部建築学科卒業。
1993年	同学にて博士号（工学）取得。
1997年	同大学院工学研究科都市・建築学専攻助教授（-2007年）。
1998年	UCLA（アメリカ合衆国）客員研究員（-1999年）。
2007年-	東北大学大学院工学研究科都市・建築学専攻教授。
2010年-	重慶大学建築学院（中華人民共和国）客員教授。
2012年-	東北大学大学院工学研究科都市・建築学専攻長（-2014年）。
	同大学院災害科学国際研究所災害復興実践学教授。
2015年	香港大学客員教授（-2016年）。

建築計画者として参画した主な建築作品に、『せんだいメディアテーク』（2000年）、『横須賀美術館』（2006年）、『東北大学百周年記念会館 川内萩ホール』（2008年）など。
東日本大震災後は、岩手県釜石市にて復興ディレクター、宮城県石巻市復興推進会議副会長、宮城県七ヶ浜町復興アドバイザーなどを務めながら各地の復興計画に参画。アーキエイド発起人（2011年）。
主な受賞に、日本建築学会作品賞（2003年、阿部仁史と共同）、同著作賞（2016年）、公共建築賞（2017年、阿部仁史らと共同）など。
主な著書に、『プレ・デザインの思想』（TOTO出版刊、2013年）など。

*アドバイザリーボード＝本書5ページ編註1参照。

小杉 栄次郎
ファイナル　コメンテータ
（smt 7階シアター）
アドバイザリーボード

こすぎ・えいじろう／
建築家、秋田公立美術大学教授、team Timberize副理事長

1968年	東京都生まれ。
1992年	東京大学工学部建築学科卒業。
	磯崎新アトリエに勤務（-2001年）。
2002年	KUS一級建築士事務所を設立（-2015年）。
2011年-	NPO法人team Timberizeを設立、副理事長。
2013年	秋田公立美術大学美術学部美術学科景観デザイン専攻准教授（-2017年）。
2017年-	一級建築士事務所コードアーキテクツを設立、共同代表。
2018年-	秋田公立美術大学美術学部美術学科景観デザイン専攻教授。

建築・都市の設計理論と実践を専門とし、木質・木造建築の新たな可能性を追求している。
主な建築作品に、『下馬の集合住宅』（2013年／第41回東京建築賞「共同住宅部門」奨励賞（2015年）、他）、『JR秋田駅待合ラウンジ』（2017年／Wood-Design賞2017最優秀賞（農林水産大臣賞））など。
主な著書に、『都市木造のヴィジョンと技術』（共著、オーム社刊、2012年）など。

齋藤 和哉
ファイナル コメンテータ
(smt 7階シアター)
アドバイザリーボード

さいとう・かずや／建築家

1979年　宮城県仙台市生まれ。
2003年　東北工業大学大学院工学研究科建築学専攻修士課程修了。
　　　　阿部仁史アトリエに勤務(-2004年)。
2004年　ティーハウス建築設計事務所に勤務(-2009年)。
2010年-　齋藤和哉建築設計事務所を設立、主宰。

主な建築作品に、『八木山のハウス』(2012年)など。

友渕 貴之
ファイナル コメンテータ
(smt 7階シアター)
アドバイザリーボード

ともぶち・たかゆき／建築家、地域計画者、宮城大学助教

1988年　和歌山県海南市生まれ。
2011年　神戸大学工学部建築学科卒業。
2013年　神戸大学大学院工学研究科建築学専攻博士課程前期課程修了。
2016年-　一般社団法人ふるさとの記憶ラボ理事。
　　　　和歌山大学COC＋推進室特任助教(-2018年)。
2018年-　宮城大学事業構想学群価値創造デザイン学類助教。

主な活動に、宮城県気仙沼市大沢地区における復興計画、造成計画、住宅設計、コミュニティデザインなどの総合的な集落デザイン、オープンスペースにおけるアクティビティ促進に向けたデザイン活動、『直島建築──NAOSHIMA BLUEPRINT』(2016年)の制作といったアートワークなど。
主な受賞に、気仙沼市魚町・南町内湾地区復興まちづくりコンペ　アイデア賞(2012年、気仙沼みらい計画として)、気仙沼市復興祈念公園アイデアコンペ総合部門／モニュメント部門優秀賞(2018年、共同受賞)など。

福屋 粧子
ファイナル コメンテータ
(smt 7階シアター)
アドバイザリーボード

ふくや・しょうこ／建築家、東北工業大学准教授

1971年　東京都生まれ。
1994年　東京大学工学部反応化学科卒業。
1996年　同建築学科卒業。
1998年　東京大学大学院工学系研究科建築学専攻修士課程修了。
1999年　妹島和世＋西沢立衛／SANAAに勤務(-2004年)。
2005年　福屋粧子建築設計事務所を設立(-2013年)。
2006年　慶應義塾大学理工学部システムデザイン工学科助教(-2010年)。
2010年　東北工業大学工学部建築学科講師(-2015年)。
2013年-　AL建築設計事務所を小島善文、堀井義博と共同設立、共同主催。
2015年-　東北工業大学工学部建築学科准教授。

主な建築作品に、『梅田阪急ビルスカイロビー tomarigi』(2010年)、『八木山ゲートテラス』(2017年)など。
「東日本大震災における建築家による復興支援ネットワーク［アーキエイド］」から始まった宮城県石巻市牡鹿半島での復興まちづくりから、建築設計、家具デザインまで幅広いスケールでデザイン活動を行なっている。
主な受賞に、日本建築学会業績賞(共同受賞、2015年)、第3回吉阪隆正賞(2015年)など。

櫻井 一弥
ファイナル 司会
アドバイザリーボード

さくらい・かずや／建築家、東北学院大学教授

1972年　宮城県仙台市生まれ。
1996年　東北大学工学部建築学科卒業。
1998年　同学大学院工学研究科都市・建築学専攻修士課程修了。
　　　　伊藤邦明都市・建築研究所に勤務(-2000年)。
2000年　東北大学大学院工学研究科都市・建築学専攻助手(-2007年)。
2004年　博士(工学)取得。
2007年　SOY source建築設計事務所を共同設立。
　　　　東北大学大学院工学研究科都市・建築学専攻助教(-2010年)。
2010年　東北学院大学工学部環境建設工学科准教授(-2014年)。
2014年-　同教授。
2017年-　学校法人東北学院理事長特別補佐。

主な建築作品に、『日本バプテスト仙台基督教会』(2007年／グッドデザイン賞2008、他)、『S博士の家』(2008年／第5回キッズデザイン賞、他)、『田郷医院』(2012年／第1回北上市景観賞)、『富谷ファミリーメンタルクリニック』(2014年／日本建築学会第36回東北建築賞作品賞)など。
http://www.soy-source.com

中田 千彦
ファイナル コメンテータ
(smt 7階シアター)
アドバイザリーボード

なかた・せんひこ／建築家、宮城大学教授

1965年　東京都生まれ。
1990年　東京藝術大学美術学部建築科卒業。
1993年　コロンビア大学大学院建築・都市・歴史保存学科 Master of Architecture(建築修士課程)修了(アメリカ合衆国ニューヨーク州)。
1994年　東京藝術大学美術学部建築科常勤助手(-1997年)。
1997年　京都造形芸術大学通信教育部専任講師(-2000年)。
　　　　コロンビア大学大学院建築・都市・歴史保存学科研究員(-2000年)。
2000年　京都造形芸術大学芸術学部環境デザイン学科助教授(-2003年)。
2003年　新建築社に在籍。『新建築』誌、『a+u』誌副編集長(-2006年)。
2005年　東京藝術大学大学院美術研究科建築専攻博士課程満期退学。
2006年-　rengoDMS：連合設計社市谷建築事務所プロジェクトアーキテクト。
　　　　宮城大学事業構想学部デザイン情報学科准教授(-2016年)。
2016年　宮城大学事業構想学部デザイン情報学科教授(-2017年)。
2017年-　同事業構想学群価値創造デザイン学類教授。価値創造デザイン学類長。

主な活動に、企業のブランド・ビルディングと空間デザインに関連する記事の作成、国土交通省、慶應義塾大学、日本建築センターとの共同によるプロジェクト、建築・空間デジタルアーカイブス(DAAS)の設立など。

堀口 徹
アドバイザリーボード

ほりぐち・とおる／建築批評家、近畿大学准教授

1972年　アメリカ合衆国オハイオ州生まれ。
1995年　東北大学工学部建築学科卒業。
1999年　オハイオ州立大学大学院建築学科修士課程修了。
2003年　東北大学大学院工学研究科都市・建築学専攻博士後期課程修了。博士(工学)取得。
　　　　同阿部仁史研究室リサーチフェロー(-2006年)。
2006年　東北大学大学院工学研究科都市・建築学専攻助教(-2012年)。
2009年　UCLA建築都市デザイン学科客員研究員(-2010年、アメリカ合衆国カリフォルニア州)。
2012年　モンペリエ建築大学(ENSAM)スタジオマスター(-2012年、フランス)。
2012年　立命館大学理工学部建築都市デザイン学科准教授(-2016年)。
2016年　近畿大学建築学部建築学科講師(-2017年)。
2017年-　同准教授。

恒松 良純
アドバイザリーボード

つねまつ・よしずみ／建築計画研究者、東北学院大学准教授

1971年　東京都生まれ。
1995年　東京電機大学工学部建築学科卒業。
2001年　東京電機大学大学院工学研究科建築学専攻博士課程修了。博士(工学)取得。
2002年　秋田工業高等専門学校環境都市工学科助手(-2006年)。
2006年　同准教授(-2015年)。
2015年-　東北学院大学工学部環境建設工学科准教授。

主な著書に、『建築・都市計画のための　空間の文法』(共著、彰国社刊、2011年)、『建築・都市計画のための　調査・分析方法［改訂版］』(日本建築学会編、井上書院刊、2012年)、『建築設計テキスト　図書館』(共著、彰国社刊、2016年)、『建築・都市計画のための　空間学事典［増補改訂版］』(日本建築学会編、井上書院刊、2016年)など。

西澤 高男
アドバイザリーボード

にしざわ・たかお／
建築家、メディアアーティスト、東北芸術工科大学准教授

1971年　東京都生まれ。
1993年　横浜国立大学工学部建設学科建築学コース卒業。
1994年-　メディアアートユニット Responsive Environmentを共同設立、共同主宰。
1995年　横浜国立大学大学院工学研究科計画建設学専攻修士課程修了。
　　　　長谷川逸子・建築計画工房に勤務(-1998年)。
2002年-　ビルディングランドスケープ一級建築士事務所を山代悟と共同設立、共同主宰。
2007年　東北芸術工科大学デザイン工学部プロダクトデザイン学科准教授(-2012年)。
2012年-　同建築・環境デザイン学科准教授。

近年の主な建築作品に、LVL厚板による木造準耐火建築『みやむら動物病院』(2015年／第19回木材活用コンクール 林野庁長官賞、ウッドデザイン賞2015、他)、リサーチとワークショップの積み重ねで実現した『上島町ゆげ海の駅舎』(2017年／SDレビュー2016入選)など。

本江 正茂
セミファイナル 司会
アドバイザリーボード

もとえ・まさしげ／建築家、東北大学大学院准教授

1966年　富山県富山市生まれ。
1989年　東京大学工学部建築学科卒業。
1993年　同学大学院工学系研究科建築学専攻博士課程中退。同助手(-2001年)。
2001年　宮城大学事業構想学部デザイン情報学科講師(-2006年)。
2006年　東北大学大学院工学研究科都市・建築学専攻准教授。
2010年　せんだいスクール・オブ・デザイン校長(-2015年)。
2015年-　東北大学大学院工学研究科フィールドデザインセンター長。

システムデザイン作品に、『時空間ポエマー』、『MEGAHOUSE』など。
主な著訳書に、『シティ・オブ・ビット』(W.J. ミッチェル著、共訳、彰国社刊、1996年)、『Office Urbanism』(共著、新建築社刊、2003年)、『プロジェクト・ブック』(共著、彰国社刊、2005年)など。
http://www.motoelab.com/

Curator's View

公平で、明確で、美しい作品の見せ方

清水 有
せんだいメディアテーク 企画事業係長、学芸員

「せんだいデザインリーグ　卒業設計日本一決定戦(以下、SDL)」のファイナル(公開審査)を再びせんだいメディアテーク(以下、smt)で行なうようになり、早4年。当初は全国から押し寄せる来場者をsmtの1会場だけで収容できるのかという不安の声もあったが、今年の運営でも目立った混乱はなく、SDL2019は無事に終了した。

その理由の1つは、やはり「ファイナルの動画配信」が周知されてきたことである。5時間を超えるファイナルのすべてを、どこにいても映像で見ることができるようになったため、来場者数が抑制されているのは大きい。正にメディア技術の発展による恩恵とも言える。

もう1つは、出展作品すべてを短時間で審査するファイナル前日の「予選」に間に合わせるため、年々、展示会場の設営が円滑に進むようになっていることだろう。その陰には会期中、始終、出展者と出展作品に心を砕く学生会議*1の存在がある。出展者と出展作品をケアする「事務局」*2や、いかに整然とした展示会場を効率よく設営できるかに努める「会場局」*2を筆頭とした、多くの学生スタッフたちである。

さて、一言で展覧会といっても、展示方法や会場デザインは、展覧会の趣旨や展示物によって実にさまざまだ。それらを含めた展覧会自体がメディアであり、またメッセージそのものなのである。だから、SDLの展覧会*3とは、出展者、審査員、そして会場を訪れる多くの来場者に向けられるべきメッセージと言えるだろう。SDLでは、前述の学生スタッフたちが、今年であれば300点超の作品群を、まず展示物の大きさや形に応じて、天井高の違う5階と6階の展示室に手際よく振り分け、さらに「机置き」「床置き」「それ以外」といった、各作品を効果的に見せる展示方法を選び、設営していく。むろん、会場の防災上の規則に従うことは言うに及ばずだが、

すべての作品が「公平」に見えるように、同時に、出展者に向けて、彼らが命を削って作り出した作品がていねいに「美しく」展示されているというメッセージが伝わるように設えることを心がけている。
一方、はじめて建築展を訪れた来場者でも楽しめるように、作品の個性がわかりやすく見える展示を工夫しながら、各作品の「パネル」「ポートフォリオ」「模型」を配置している。たとえば、大きい「模型」が作品の特徴であれば、通路にはみ出さない範囲でできるだけ模型を前面に見せる。また、膨大なデータをまとめた「ポートフォリオ」が特徴であれば、可能な限り手に取ってもらえるように配置する。スケッチの美しい「パネル」が特徴であれば、そのスケッチが引き立つように配慮する。建築の設計競技の作品を展示するということでは、作者と観る側それぞれの立場から寄せられた脈動を展示空間に宿らせ、また両者の感情が交錯する世界に、観る者を没入させることが重要なのである。
むろん、すべての学生が一朝一夕にこんな展示の能力を身に付けられるわけではない。だから毎年、過去の学生スタッフたちが書き置いた「展示心得(マニュアル)」を見て、展示の勉強会を行なう。この積重ねによって展示の方法は、確実にブラッシュアップされて次の世代に引き継がれ、平均的に集団としての展示力は向上しているのだ。
こうして、建築を志す学生スタッフたちは、時間や効率や規則など多くの制約のはざまに立ち、次々と運びこまれる巨大な木枠と段ボールの箱を整理し、さまざまな形の模型や展示物をていねいに取り出し、展示会場でどう配置し、どう見せるかを想像する過程をとおして、文字どおり、今ここで「建築」を学んでいるのである。

註:
*1 学生会議:本書5ページ編註2参照。
*2 「事務局」「会場局」:学生会議が活動する際に、担当作業ごとに分かれるグループのこと。企業や公共団体などの組織構成に倣い「局」「部」という名称を使う。
*3 SDLの展覧会:各年の「日本一」を絞ることを主目的とするこの展覧会は、多様な価値を認めることを是とする現在、一段と困難な局面に立たされることが増えている。しかし、だからこそ「日本一」にも、それを決める知恵にも、大きな価値があるだろう。

しみず・たもつ
1971年、山口県下関市生まれ。1994年、多摩美術大学美術学部芸術学科卒業。1994-98年、山口県徳山市美術博物館(現・周南市)美術担当学芸員。1999年から、せんだいメディアテーク学芸員。主な共著書に『1985/写真がアートになったとき』(青弓社刊、2014年)など。

Photo by Izuru Echigoya.

作品名

[百] [SF] [F] [N1]

作品概要／コンセプト

 ID 氏名 しめい
学校名
学部名　学科名

シナガワトウダイ
品川の個性を照らす建築

国際都市に向けて更新の時を迎えようとしている東京、品川に、今一度、21世紀の燈台が建ち上がる。この「シナガワトウダイ」は品川にちりばめられた個性を照らす(紹介する)とともに、未来への道標となる。

 001 砂田 政和 すなだ まさかず
東海大学
工学部　建築学科

甲斐絹は、彩る。
山梨県・猿橋における絹生産ミュージアム

かつて絹織物生産で栄えた山梨県、甲州街道「猿橋宿」。当時の活気を失った街に絹織物生産を再興することで、新たな原体験と原風景を創出する、彩りの建築の提案。

 002 永本 聡 ながもと さとる
神戸大学
工学部　建築学科

パイロットハウス2.0

1970(昭和45)年に建設省(現・国土交通省)がパイロットハウス技術考案競技を実施した。その受賞作には、「ユニット」という特徴が見られる。大量生産や安定供給のためだったユニットを生かし、リノベーション(改修)を試みる。

 003 岩﨑 すみれ いわさき すみれ
京都大学
工学部　建築学科

オフィス街に住まう
都市の夜間人口を増やす

[百]

夕方、さらに土日になるとデッドタウンになっているオフィス街のために、集合住宅とホテルを提案する。「オフィス街のどこに建つ?」。オフィス街の道路の上に建ちます。

 005 濱川 はるか はまかわ はるか
京都美術工芸大学
工芸学部　建築デザインコース

常しへと刹那
オリンピック選手村から大学キャンパスへ

2020年の東京オリンピック・パラリンピックに向けて、分譲マンションへの転用を想定した選手村の建設が進んでいる。現行案に対するカウンター・プロポーザルとして、大学に転用することを想定した選手村を設計する。

 006 野間 有朝 のま ありさ
京都大学
工学部　建築学科

花街解体

[百]

京都にはびこる諸々——都市の表層的な消費、景観条例による建築と文化の乖離、そしてオーバーツーリズムと今後どのように付き合っていくのか、建築で答えた。

 008 川瀬 智久 かわせ ともひさ
京都大学
工学部　建築学科

Communion
船場センタービルの減築によるエリアリノベーション

通過装置である高速道路を載せた大阪の船場センタービルに対して、ビル内だけでは完結しないプログラムを提案し、ローカルな賑わいを創出する空間を再編する。

 009 中島 安奈 なかじま あんな
神戸大学
工学部　建築学科

ハート

環境特化型タイルの開発。まるで人間が夏に汗をかいて体温を下げ、冬は脂肪で寒さから断熱するように——夏は内部の藻が保水することで気化熱を発生させ、冬は乾燥収縮して空気層を形成する、地球と人間のための提案。

 010 寺沢 鳳成 てらさわ なかなり
日本大学
工学部　建築学科

箱入り娘の夜
わたしたちの想いを携えそびえる洞窟の家

[百]

私の家は私がいちばん安心できる場所。私の部屋は私をいちばん大切に受け止めてくれる場所。しかし、ある日の夜、家と部屋は私を閉じ込める檻になる。私が体験した3つの夜を軸に、家と部屋の奥に社会を持つ洞窟の家を提案する。

 011 長瀬 紅梨 ながせ あかり
日本大学
生産工学部　建築工学科

日本語空間を考える

[百]

日本語特有の語彙の多さや豊かな表現、曖昧さや余韻、ひらがなの持つ柔らかな形態をヒントに建築する。

 012 武井 里帆 たけい りほ
宮城大学
事業構想学部　デザイン情報学科

波うつ建築　演じる人物
ある演劇の写像としての構成

私たちはいくつもの物語への「没入－興醒め」の間を放浪しながら生きている。舞台作品『粛々と運針』の分析から、このような仮説を導いた。利用者の生きる物語を浮き彫りにし、他の物語を生きる可能性を開く公園を設計した。

 013 堂口 一織 どうぐち いおり
東北大学
工学部　建築・社会環境工学科

事物都市

この作品は、私が元来興味を持っていた建築の物体が持つ可能性を追求するためのケーススタディだ。切断と再構成による事物配置とその関係性に着目し、切断の概念が建築にもたらす、機能を超えた新たな「意味」を考える。

014 栗林 勝太 くりばやし しょうた
京都造形芸術大学
芸術学部　環境デザイン学科

子どもの声が聞こえる街
認可外保育園の可能性

戦後の沖縄では、子供は地域に交ざって生活していたが、現在、認可外保育園と呼ばれる、狭い空間で暮らしている。本計画は、保育園を周辺建築物との複合施設とすることで、子供を地域で育むことを目的とする。

021 森田 聖也 もりた せいや
琉球大学
工学部　環境建設工学科　建築コース

空隙の秋葉原
都市部における建築の更新のあり方

既存建物の解体・減築を行ない、構造体を残しながら新たな空間を挿入する。東京、秋葉原に特有の物のあふれ出しや、人の居場所・動きを上層部へと連続させ、多様な人々の活動を享受する場へと変える新しい建築の更新方法の提案である。

015 前田 沙希 まえだ さき
神奈川大学
工学部　建築学科

浴場民主主義の世界

百　SF　F

敷地は国会議事堂前庭。古代ローマを踏襲し、下層「議論場」、中層「運動場」、上層「浴場」とする。下層では市民と政治家は断絶されているが、上層へ進む過程で人々は裃(かみしも)を脱ぎ、両者を断絶していた壁は崩壊していく。

022 福岡 優 ふくおか まさる
京都工芸繊維大学
工芸科学部　造形科学域
デザイン・建築学課程

線路沿いの盛り場
あるいは　都市のスキマ空間における公共の在り方

百

大阪、天王寺駅前の南海電鉄の廃線跡である線路沿いの土地を利用して、線路沿いと川沿いの空間的類似性を参考にしながら、都市の中のパブリック・スペースを設計して、改めてそのあり方を考える。

016 福井 雅幸 ふくい まさゆき
京都工芸繊維大学
工芸科学部　造形科学域
デザイン・建築学課程

ケンチク体
フォントの建築化

卒業設計では自分の好きなものを建築に絡めたいと思い、フォントをテーマにすることにした。フォントの空間が持つ、特有の心地よさだったり緊張感だったりを設計に反映させたらどんな建築ができるか、という思考実験。

023 井上 泰佑 いのうえ たいすけ
東京大学
工学部　建築学科

国境の建築的調停
アメリカーメキシコ国境の設計

百　SF

国境において壁の強い象徴性を借りて、建築が二者の摩擦を緩和する新たな象徴を獲得することを試みる。

017 尾上 篤 おのえ あつし
京都工芸繊維大学
工芸科学部　造形科学域
デザイン・建築学課程

日常をつなぐ架け橋
東南海地震を想定する事前復興計画

百　SF

震災発生前から被災後の復興までを視野に入れた事前復興計画を行なう。本計画は震災時に避難、復興、防災の拠点として機能する。また、地域の人々が日常的に使いながら、時間と記憶を蓄積する器として次世代へつなぐ。

024 佐塚 将太 さつか しょうた
神奈川大学
工学部　建築学科

山手の空翠
愛宕の空を設計する

百

東京の都心3区の1つ「港区」には20もの山が隠れていた。高層化に埋もれた愛宕山を敷地とし、ランドスケープ、高層建築と一帯の上空が相互に影響し空間を生み出す、都市の山と空の設計「スカイスケープ」の可能性を示す提案。

019 川本 純平 かわもと じゅんぺい
慶應義塾大学
理工学部　システムデザイン工学科

奇人思想空間
50の粘菌実験から読み解く南方熊楠の思想空間

百　SF

私は「奇人」南方熊楠の子孫である。熊楠のあらゆる思想は、粘菌から構築されていた。私は、「建築家」として「奇人」熊楠を通して粘菌を研究し、南方熊楠の思想空間体験ミュージアムを設計する。

026 木村 晟洋 きむら あきひろ
東京都市大学
工学部　建築学科

生き継ぐ家

継承されてきた民家は、平凡で家系図のような固有性を持っていた。その土地に暮らす家族が住んだからこそ生まれた家。実家の変遷から、私の家族だからこそできる家系固有の家を提案する。土地と家族と家が一体になる、生き継ぐ家。

020 髙橋 向生 たかはし こうき
金沢工業大学
環境・建築学部　建築デザイン学科

遊とぴあ
小・中統合校と地域コミュニティ

日本の小・中学生は1日の約1/3を学校で過ごしている。机上の勉強だけでなく社会での経験や実践が子供を育む。街に開けた学校が街そのものとなり、そこに地域の人々が加わることで新たなコミュニティが形成される。

027 数宝 奈保 すうほう なほ
大阪芸術大学
芸術学部　建築学科

Do not go gentle into that good night
火星探査基地プロジェクト

[百]

宇宙建築を考える時に、建築は人間を外的環境から守るシェルターに戻る。収納しやすい折紙構造の建築物を火星で展開させる。展開図を断面形状、日射量、構造利用率という3つの面で分析し、折紙の探査基地を提案した。

028 曹 雨 そう う
明治大学
理工学部　建築学科

水路と舟と子どもの島
史跡・第三台場の再活用計画

[百]

史跡として保護されているが故に、手入れができず遺構の老朽化が進む東京の第三台場は、東京湾に浮かぶ人工の島である。この島の地形、地理、遺構、植生を手がかりに、現代の新しいインフラとして再活用することを考えた。

030 野田 早紀子 のだ さきこ
東京大学
工学部　建築学科

すさき

須崎市は高知県の太平洋に面した市で、南海トラフ巨大地震の津波による被害が想定される。そこに津波の力を受け流すような、楕円形をした平面計画の観光防災センターを設計した。

031 西 鞠乃 にし まりの
京都市立芸術大学
美術学部　デザイン科

ここから交野へ
市民大学の駅前キャンパス新設案

毎日の通勤時の風景に季節感が加わること、また、この道を通るすべての人にとって、市民大学が身近な存在になることで、大阪府交野市の活動人口と交流人口の増加につながるのではないかと考えた。

032 大谷 楓 おおたに かえで
京都工芸繊維大学
工芸科学部　造形科学域
デザイン・建築学課程

街を織る
岐阜大学移転計画・田神駅再開発計画

「街の要素を取り込む」新しい大学を提案する。敷地周辺の街区から伸びた道が渦を巻くような形状で展開させ、人々が溜まる場をつくった。断面計画は街を織るイメージで、縦のフロアと横のフロアを交互に積み重ねた。

033 小山 祐紀 こやま ゆき
昭和女子大学
生活科学部　環境デザイン学科

ùnico house

人の個性とは何か。それは不器用さ、不完全さを内包すること。この家たちは不器用さ、不完全さを建築的要素に置き換えて設計された。住むことによりマイナスとマイナスがプラスになるような新しい住宅のあり方。

034 浅居 佑香 あさい ゆか
大阪大学
工学部　地球総合工学科

動かない建築と止まらない自然

人間の手によって姿を変えた人工島の海岸に、自然の感じられる建築を考える。目の前にある今という瞬間を大切にする建築だ。潮汐による海面の変化で床が見え隠れし、自然が建築を飲み込む。

035 安井 ひかる やすい ひかる
大阪大学
工学部　地球総合工学科

雨跡を編む

2018(平成30)年西日本豪雨からの復興が続く岡山県倉敷市真備町。堤防を再生しながら、残された住宅の断片により、かつての暮らしの場を再構築する。真備の記憶が継承されながら、穏やかな暮らしの輪が広がる。

036 福島 広大 ふくしま こうだい
大阪大学
工学部　地球総合工学科

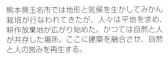

in the ground, on the air
みかん栽培放棄地に人の営みを再生する建築

熊本県玉名市では地形と気候を生かしてみかん栽培が行なわれてきたが、人々は平地を求め、耕作放棄地が広がり始めた。かつては自然と人が共存した場所。ここに建築を融合させ、自然と人の営みを再生する。

037 西村 佳穂 にしむら かほ
京都大学
工学部　建築学科

瀬戸内海　豊島産廃跡地利用計画
Zero Emission Village

ゼロ・エミッション(環境を汚染しないエネルギー源)の村を計画する。敷地は瀬戸内海に浮かぶ豊島の西端エリア。自然エネルギー(太陽光、風力、潮力)で、どれだけ村全体の使用電力を賄うことができるか、発電実験プラントとしての村を提案する。

038 芦田 弘一朗 あしだ こういちろう
京都美術工芸大学
工芸学部　伝統工芸学科　建築コース

都市ヴァナキュラー住居

[百]

住居地域に根付く生産緑地という土着的な「資本」に着目し、実現可能な事業計画の下、「住みながら耕す賃貸住宅」という生産緑地を持続可能にする賃貸スキームを提案。「耕す」という行為を媒介とした共同体を形成する。

040 松本 樹 まつもと いつき
愛知工業大学
工学部　建築学科

岩石為る者

[百] [SF]

岩石は生命である。その身を摩(す)るように彼らに近接する者には、生命ゆえの、その微細な変化が見えてくる。岩石という、人よりも膨大な時間の中に存在する者に生命を感じ取り、その世界を「記述」する。

042 好田 一貴 こうだ かずき
関西大学
環境都市工学部　建築学科

個立がつくる集合体
距離をとることから始まる都市建築

大阪の梅田という大都市に、個人で過ごすための空間をつくる。さまざまな場所から人が集まる都市空間ならではの距離感を、ヒューマン・スケールで作られたユニットの集合体を使って保つ建築を設計する。

043 大谷 理個 おおたに りこ
立命館大学
理工学部　建築都市デザイン学科

瀬戸内の窓辺

瀬戸内の雰囲気が息づく窓辺の提案。旅先のイタリア、ヴェネツィアでの窓辺の体験をもとに、瀬戸内海を建築内部に取り込む。家具により空間のスケールを身体スケールまで落とし、移り変わる瀬戸内海の風景を感じられる建築の設計。

044 清水 史子 しみず ふみこ
九州産業大学
工学部　住居・インテリア設計学科

神秘なる邪魔者
竹建築辞書を用いた里山再興

百

邪魔者とされる竹。しかし、その成長スピードは他の建築材料にないポテンシャル（潜在能力）である。竹の建築言語をまとめた竹建築辞書を作成し、それを用いて放置竹林問題に悩まされている里山の再興を計画する。

045 原 良輔 はら りょうすけ
九州大学
工学部　建築学科

死の主体化
死が基盤となり、コミュニティを生み出す関。

百

私の出身地、長崎には死に関するさまざまな遺構が残っており、それらはダークツーリズムという名目で観光地化されている。しかし、商業化に覆い隠された遺構は、本当の意味で死生観を学ぶ場になっているのだろうか。

046 川下 洋和 かわした ひろかず
九州大学
工学部　建築学科

都市の断片を切り取る十八の物語
構図の解体から構成する都市のアーカイブスペース

百

都市の風景に向けて「カメラ」を設置する。ファインダー越しの風景の「構図を解体」し、「カメラまでの道を構成する」ことで、時代の断片を定点観測的に記録し、大阪の梅田の変遷を辿ることができる「アーカイブスペース」。

047 高橋 海 たかはし かい
神戸芸術工科大学
芸術工学部　環境デザイン学科

生活の痕跡

人々の暮らしの場には、生きるための知恵と強さがあふれている。生き生きとした生活空間を箱に閉じ込めてしまうのではなく、人々に共通する秩序を用いて、人々が自由に力強く生きることのできる土壌としての建築を考える。

048 戸上 夏希 とがみ なつき
九州産業大学
工学部　建築学科

109*2.0
所有から利用へ　床と壁の必要ない21世紀の商業ビルモデルの提案

百

服を定額で利用できるビジネスモデルを有した立体ランウェイ（ファッションショーの舞台）型建築。利用者は共有する街のクローゼットから服を選び、着替え、街に繰り出す。ランウェイに巻き上げられたかのような人々の群像が東京、渋谷の新しい景観を生む。

050 河野 茉莉子 かわの まりこ
　　 永島 啓陽 ながしま けいあき
　　 伊藤 日向子 いとう ひなこ
早稲田大学
創造理工学部　建築学科

想起する雲霞
神楽土手のある風景

2018年7月、西日本豪雨によって岡山県も甚大な被害を受けた。「岡山は災害が少ない」という子供の頃から聞いていた言葉を信用していた私は、ボランティア活動で見た悲惨な光景に絶句した。災害を乗り越えていく真備町の未来を設計する。

051 遠藤 直輝 えんどう なおき
岡山理科大学
工学部　建築学科

雨宮音楽こども園

仙台市では、1年を通してさまざまな音楽活動が行なわれている。音楽には知能発達やリラックスの効果がある。一方、仙台市では、学力低下や待機児童が問題視されている。そこで音楽を身近に感じられるこども園を提案する。

052 岩沢 怜里 いわさわ さとり
東北工業大学
工学部　建築学科

都市の遺場所
墓地の代謝から読み解く都市の更新

百

都市に新たな墓地を開発することが困難な今、墓地の代謝と周辺環境との相関から、これからの墓地の更新、建物の更新を再考し、墓地を人々の「遺場所」（オープンスペース）へと転換する。

053 鈴木 徹 すずき とおる
近畿大学
建築学部　建築学科

多感の立体回廊
琵琶湖の自然を感じ、仏教の精神にふれる

現代の建築は周りとの関係に対して閉ざされている。それは技術の発展により、人々が快適さを手に入れた証拠だが、同時に自然を感じることを忘れてしまっているのではないか。忙しく生きる私たちこそ自然と関わることが必要であろう。

054 鎌塚 芳彦 かまつか よしひこ
滋賀県立大学
環境科学部　環境建築デザイン学科

本から育つ能動的な都市生活「知の氷柱」
神保町都市更新計画

東京、神保町の古書店街はただ古本を売買するだけの場ではなく、人々の知に対する好奇心を刺激し、活性化させ、人々が能動的に活動する場である。「知の氷柱」では知識を深めるように下へ下へと人々の活動が伝い、建築が氷柱のように成長していく。

056 射和 沙季 いざわ さき
東京都市大学
都市生活学部　都市生活学科

State of the Village Report

`百` `SF` `F`

ある村の現状報告書。

058 工藤 浩平 くどう こうへい
東京都市大学
工学部　建築学科

池守のやぐら文庫

日本の図書館建築の源流ともされる文庫と、元来の役割を失った溜め池への供養を意味するやぐらの要素を持った集合体を、兵庫県明石市の溜め池に設計する。水を溜めない溜め池は、新たに本と池守が溜まる建築となる。

059 藤原 亮 ふじわら りょう
大阪工業大学
工学部　建築学科

Liver of Metropolis
下水処理場×植物工場

下水処理場は都市に不可欠な装置である一方、広大な空間を占拠してきた。下水処理システムの合理的な変形により、運河沿いの空間が、処理と生産を同時に行なう公園へと生まれ変わる様相を提案する。

060 寺田 亮 てらだ りょう
東京大学
工学部　建築学科

おもひ　つがれる　まくらことば

「古の都市」を人々の想像に訴える方法で復元する。奈良県橿原市に残る「藤原京」の遺構や、古代からあり続ける「自然」と、観光的機能をもった施設とを共鳴させることを通じて、人々の意識の中に「古の都市」を浮かび上がらせる。

061 川合 俊樹 かわい としき
大阪工業大学
工学部　建築学科

路上の建築から学ぶ建築の可能性

`百` `SF`

路上生活者は建築家と全く違う手法で建築を作る。本設計では、路上生活者から建築手法を学び、社会が生み出したゴミを資材に、都市空間に自分の家を作る。これらのプロセスを通じて、建築と都市の可能性を探る。

062 松岡 大雅 まつおか たいが
慶應義塾大学
環境情報学部　環境情報学科

マーケットの余白
超広域商店街のループ建築による街区再編計画

大阪、ミナミの超広域商店街に、特有の空間性を維持し街の形を残しながらも、新しい商業空間を提案する。都市成長の過程では、古いものを拒否しないと同時に、また新しいものも拒否しないのである。

063 田中 優 たなか ゆう
近畿大学
建築学部　建築学科

舞台と桟敷

常に移ろう世界。建築は不変的であることを宿命づけられている。建築はこのような意味においてのみ成立し得るものか。私は「舞台」に着目し、建築や空間における「移ろい」のあり方を提案する。

066 青木 雅子 あおき まさこ
大阪工業大学
工学部　建築学科

おのずから
旅人と住民がつながる暮らし

この職住一体型集合住宅では、居住者、従業者、近隣住民、観光客が共存し、地域に根ざした生活が送られている。人との交流を「みずから」つくるのではなく「おのずから」生まれる暮らしを提案する。

067 山岡 亜実 やまおか あみ
武庫川女子大学
生活環境学部　生活環境学科

御影の情景

`百`

愛知県岡崎市に位置する岡崎墓園には、墓（御影石）が整然と並ぶ広大な土地がある。墓（死）を見つめることで、生を意識する。故人を思う時間が少なくなった現代人に、今までにない墓参りの時間を提案する。

069 鈴木 篤也 すずき あつや
名古屋工業大学　第一部　建築・デザイン工学科

日想楼
人とまちを繋ぐ観光拠点の提案

夕日に向かい、極楽浄土に想いを馳せる「日想観」の地として古くから信仰を集めた大阪市の四天王寺界隈では、近年、外国人観光客が増加し続けている。観光客を受け入れ、四天王寺界隈の歴史や文化を発信する観光拠点を提案する。

070 山下 奈津 やました なつ
武庫川女子大学
生活環境学部　建築学科

都市的故郷
公と私の狭間に住まう

故郷とは居心地のいい空間であるとする。都市における居心地のいい空間とは何か。それはパブリック（公）とプライベート（私）の境界が揺らぐ境界線上なのではないか。そこで、商業施設と集合住宅の掛け合わせを提案する。

`百` `SF` `F` `SP`

071 長谷川 峻 はせがわ しゅん
京都大学
工学部　建築学科

空地に死化粧を
死んだ土地を葬る提案

死んだ土地がある。それは都市開発によって生まれた場所。道路によってつくられた場所。人間によって殺された場所。そこに生きた建築は建てられるのか。本当に必要なのは、死んだ土地を葬ることではないか。

072 鷲岡 賢司 わしおか けんじ
大阪市立大学
工学部　建築学科

痕跡の行方
生を具現化した風景がつくる死と人との新しい距離感

無縁墓地の増加などといった問題の根底には、人々の「死への無関心」があると感じる。土地に残された、「かつて人が居た痕跡」を頼りに死の具現化を行なう。自らが死を考え、死との距離を選び取ることができる場の提案。

076 根本 一希 ねもと かずき
日本大学
理工学部　海洋建築工学科

意職住
意思のある人が住み職で復興する

3.11東日本大震災後の福島県では、入居者の気持ちを考えられていない、ハコモノの復興住宅が問題となっている。日々の生活の復興をめざすなら、建築群から設計するべきである。「帰る」という気持ちの種になる復興集落を提案する。

077 渡辺 真理恵 わたなべ まりえ
日本大学
理工学部　海洋建築工学科

surreal city

この建築では、現実に起こっていることが、加速して起こる。現実を超えたリアリズムをとらえることで、現実はその奇妙さを現す。

079 松原 大地 まつばら だいち
大阪工業大学
工学部　空間デザイン学科

ナナメな家
負の記憶の転換

2018年の北海道胆振東部地震で液状化被害を受けた住宅地。傾いた家に対して傾いたまま住めるように操作する。傾いた住宅を液状化が起こる前の状態に戻すのではなく、現在の液状化状態を日常の身体性、風景として生活に取り入れる。

080 板東 千尋 ばんどう ちひろ
北海学園大学
工学部　建築学科

追憶の表象

都市化された社会において、人の死は火葬場で処理され、慣習化した弔いの儀式は、家族形態の変化に伴い意味を変えつつある。本計画は弔いの儀式を再解釈し、都市にあるべき「火葬場墓地」を提案する。

081 原 巧 はら たくみ
神奈川大学
工学部　建築学科

呼吸する楼閣
京橋における新卸売市場の提案

日本人が卸売市場に持つイメージはあまり良くない。しかし、本来、生活に直結する市場は、もっと主張するべきではないだろうか。かつて淀川貨物線があった大阪の廃線跡地に新たな風景をつくり出し、卸売市場の可能性を考える。

082 阿部 海斗 あべ かいと
大阪工業大学
工学部　空間デザイン学科

まちの縫代
地図にない道を生む建築の構え

東京都練馬区、江古田市場通り商店街。この商店街の一角にはかつて市場があった。商店街に新たな人のための居場所ができた時、建築はかつてのマーケットのように、「地図にない道」を持つようになるのではないか。

083 阿部 夏実 あべ なつみ
法政大学
デザイン工学部　建築学科

Theorem of the Aether
空間の手びねり

建築を建てると何らかの空間的現象が起こる。たとえば、空に定めた1点の持つ質は、すぐ隣に壁が立つだけで全く別のものへと変化する。そのような現象を数多くのスタディにより読み解き、新たな設計手法へと昇華する。

084 小屋 峻祐 こや しゅんすけ
明治大学
理工学部　建築学科

竹ノ揺籃

古来より日本人と竹は密接な関係を築いてきた。一方で、竹林被害は現代の日本が抱える問題である。竹の構造体という大規模な竹の活用により、竹という素材の可能性を探り、竹林被害の解決に努めた。竹と人が関わり合う場である。

085 本間 亜門 ほんま あもん
宮城大学
事業構想学部　デザイン情報学科

再編集住居
House for Mikkabi

みかん農業で有名な静岡県浜松市三ヶ日町に住宅を提案する。みかん農家の特色を生かし、三ヶ日町に住んでいる、または町に訪れる多様な他者を迎え入れることで、縮小していく町を再編集することをめざした。

086 上野 純 うえの じゅん
名城大学
理工学部　建築学科

ゴミ山神社
工業社会におけるアニミズム的世界観

人間が生み出すテクノロジーによってつくられた「ゴミ山」を神格化し、人間とこの土地に新たな関係を構築する。

087 門田 健嗣 もんでん けんじ
東京理科大学
工学部第二部　建築学科

転用輪廻の誘発

既存建築で考慮され始めた持続性は、新築でも考慮して設計されているのか？　これからの新築での持続性の可能性を「転用」に見出して、「転用」を許容する建築を提案する。

088 植竹 淳史 うえたけ あつし
東洋大学
理工学部　建築学科

追想自然葬園
生と死を紡ぐ景観デザイン

「死は生の対極としてでなく、その一部として存在している」のでありながらも、単純に違うものが同居できない現実の中で、「自然」を媒介にして、生と死をどのように同居させ、紡ぎ合わせるか考える。

089 深井 麻理奈 ふかい まりな
立命館大学
理工学部　建築都市デザイン学科

織り成す日常
駅を都市の緑に

大阪市の繁華街、天王寺において、街の玄関口でありながら街とのつながりが希薄になっていた駅。駅に街の活動を引き込み、駅ビルやエキナカだけでない、人々が滞留する空間をつくり出す。

090 石田 美優 いしだ みゆ
大阪工業大学
工学部　空間デザイン学科

衣替えするまち
岐阜繊維問屋街の再生

繊維の街として服を作って売るという不変の部分。そして、それを取り巻く布の可分空間。繊維の街としての性格を残しながらも、日々の小さな変化や大きな変化に合わせて衣替えしていく街。

091 中山 真由美 なかやま まゆみ
名古屋工業大学
工学部　第一部　建築・デザイン工学科

建築大学

私は大学での4年間、オープンデスクや講演会、コンペ(設計競技)など、学外で行なわれた建築の活動に積極的に参加し、さまざまな環境で刺激を受けてきた。このような経験を振り返り、私の思い描く建築大学を提案する。

092 中村 勇太 なかむら ゆうた
愛知工業大学
工学部　建築学科

中野犬猫屋敷再興
犬猫のあり方

人間が犬猫を飼っているのではなく、犬猫が人間を飼い慣らしているのだ。そんな犬猫の世界の建築を構築する。動物愛護相談センターの移転とともに、ペットのあり方を考え直し、今後も人間がペットと関わっていくための建築を提案する。

093 馬場 聖子 ばば せいこ
東洋大学
理工学部　建築学科

時代のビジョンの更新と、それを担うメガストラクチャーの更新

再帰的近代化社会を迎え、自己の近代化が求められている現代において、多様な価値観をもった都市像を東京タワーに集約させ、テンセグリティ構造を用いて引き上げることで、都市のビジョンの更新を行なう。

094 高瀬 道乃 たかせ みちの
青山 ないる あおやま ないる
金子 柚那 かねこ ゆずな
早稲田大学
創造理工学部　建築学科

風と消える風景
本庄水管橋のさいご

1912(明治45)年、淀川の上に架けられた、水道管を載せた橋「本庄水管橋」。大阪市へ水を運ぶ重要な道筋となっていたが、今は役目を失い、ひっそりと撤去作業が行なわれている。水管橋が消える日までの、橋のための建築を考える。

095 野田 明日香 のだ あすか
大阪工業大学
工学部　空間デザイン学科

下町アマルガム
下町らしさの継承と再構築

百

東京の京成立石駅周辺には、今も下町らしさが残っている。しかし、ありふれた再開発で駅前が高層化されると、下町らしさが失われてしまう。立石地区のアイデンティティを継承し、再構築する提案。

097 鳥羽田 圭志 とりはた けいし
千葉大学
工学部　建築学科

SAPPORO STREAM
寒冷地における「かいわい」

都市の中には、ある特徴を持つまとまり、「かいわい」が必要であると考える。開拓前からある獣道が今も残る「ななめ通り」を中心に「かいわい」をつくる。

099 芳川 美優花 よしかわ みゆか
北海道大学
工学部　環境社会工学科

選択する斜め

設計者が意図せずとも、階段や多くの家具はマジョリティとマイノリティの線引きを招く。現在の人と工作物(建築)の関係ではなく、かつての人と地形の関係を再構築することで生まれる選択肢が、人間の間にある線引きをなくす。

100 田中 雄也 たなか ゆうや
日本大学
理工学部　建築学科

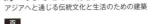

海へのまなざしの修復
アジアへと通じる伝統文化と生活のための建築

百

沖縄の生活と文化を支える建築。海と陸、生活と伝統文化がシームレスに(継ぎ目なく)つながるこのアーキタイプが「海上の道」を渡ることで、アジアの島嶼地域における1つの共同体を形成し、それぞれの海へのまなざしを修復する。

101 平林 航一 ひらばやし こういち
　　 伊藤 滉彩 いとう こうさい
　　 砂川 良太 すなかわ りょうた
早稲田大学
創造理工学部　建築学科

混
渋谷パルコから始めるジェンダー意識

性別二元論で構成されている空間をほんの少し変化させることで、ジェンダー(性差)をより意識するような商業施設を提案。見た目の性にとらわれずに、心の性を大切にして生きていくことができる世の中にしていくための建築。

103 渡邉 暁子 わたなべ あきこ
東洋大学
ライフデザイン学部　人間環境デザイン学科

キカイを創造する＋0.1
子どものキカイ格差に関するライフアプローチ

ひとり親家庭における相対的貧困が2人に1人となった現代日本において、環境によってキカイの格差に晒される子供がキカイと出合うための計画。

 104 松田 沙稀 まつだ さき
関西大学
環境都市工学部 建築学科

都市ニテ登ル
高尾山に学ぶ登山型高齢者施設の提案

百

高齢者施設が増えていくと考えられる都市部において、老若男女が登山を楽しむ東京の高尾山での体験を手掛かりに、高齢者へ新たなモビリティを与える建築を提案する。「登山道」を地域に開放し、多世代交流の核とする。

 105 西堀 槙一 にしぼり しんいち
慶應義塾大学
理工学部 システムデザイン工学科

眼差しの皇居
空虚な中心への近代的切断の思考

百 SF

皇居は天皇の住まいとして、象徴性や近代国家成立を背景とした歴史の中で強い意味を持った場所である。禁域であり、中心と周縁が切断されている。身体を中心とした経験によって、皇居の意味を解体し、再構築する。

 106 大方 利希也 おおかた ときや
明治大学
理工学部 建築学科

感覚的都市
人の心で描く、都市の行方

都市を感情で生み出すことはできないだろうか。人が生み出す都市も少なからず人と同じ感情を持っているのではないだろうか。人の感情から形成される新しい都市のあり方を考察する。

 108 加藤 昂馬 かとう こうま
関東学院大学
建築・環境学部 建築・環境学科

時の航海
閉ざされた防御線をもう一度現代で

私たちは本当の意味で海を理解しているのだろうか。フェリー・ターミナルでもなく、船着き場でもない。普段、我々が使用している鉄道の駅のような用途の建物の中で、海が理解できる、触れ合える。そんな海の駅の提案。

 109 甘利 優 あまり ゆう
関東学院大学
建築・環境学部 建築・環境学科

きょうよりかあしたは

児童虐待をなくしたい、でもなくすことはできるのか、いや少しの可能性でもいいからなくすために考えたい。そんな想いで生まれた建築。

 110 藤間 一希 とうま かずき
新潟工科大学
工学部 工学科 建築・都市環境学系

間を解く、間を編む

建築の更新の方法を考える。街を木造軸組の集まりととらえ、何気ない日常の営みや振る舞いなどの街の痕跡を残しながら空間を再構成し、新しい空間へと変化させるプロセスを建築的に提案する。

 111 富田 和花子 とみた わかこ
新潟工科大学
工学部 工学科 建築・都市環境学系

「食」の游学

「問題は食を起源とする」。この仮説を証明するために設計を始めた。設計地は京都、宇治川の畔。「茶」が持つ力により発展してきたこの土地に、証明の定理となり得る「食の緊張性」を游学（勉強）する複合文化ミュージアムを提案する。

 112 相方 健次 あいかた けんじ
秋田県立大学
システム科学技術学部 建築環境システム学科

流転する全体性
名もなき民家と許容されるキメラ

100年建ち続けたモノの背後に潜む魅力。時間性を感じられる建築こそ、建築の本来のあるべき姿なのではないか。現在を過去から未来への1つの切断面としてとらえることで、名もなき民家の次なるあり方を模索する。

 114 伊藤 公人 いとう きみひと
明治大学
理工学部 建築学科

rebirth/reverse

建設残土の投棄によって強制的に変形された「自然」を、新たな「自然」として再生することを通じて、建築と自然、そして人と自然との共生的関係の再構築を試みるものである。

 116 栢木 俊樹 かやのき としき
大阪工業大学
工学部 建築学科

Singapore Aquatecture
シンガポール市街地における貯水池の建築化

百

保水力に乏しく水の確保が難しいシンガポールにおいて、貯水池を建築化することで、都市と貯水池の共存を図る。貯水量に応じて変化する建築が、シンガポールの伝統的空間を拡張し、あらゆる境界を溶かしていく。

 117 服部 立 はっとり たつる
日本大学
理工学部 海洋建築工学科

大地の萌芽更新
「土地あまり時代」におけるブラウンフィールドのRenovation計画

百 SF F N1

「どこかでやらなければいけないこと」が行なわれる、秋田県大館市花岡町。鉱山開発、戦争、ゴミ処理によって形成されたランドスケープ（地形や景観）を手掛かりに、植物、建築、ランドスケープによって、場所性を大地に記述する。

 118 富樫 遼太 とがし りょうた
田淵 ひとみ たぶち ひとみ
秋山 幸穂 あきやま ゆきほ
早稲田大学
創造理工学部 建築学科

記憶の地
今に生きる体験

現代の都市には「体験」から学ぶことが減り、「教育」に偏ったと言える。住宅街の中心に「教育」と「体験」を両立させた。塔は「記憶のランドマーク」となり、この計画による体験が、やがて思想や自我の形成を促す。

119 中島 健太 なかじま けんた
関東学院大学
建築・環境学部 建築・環境学科

光に溶けて
都市に建つ葬斎場の提案

都市の葬斎場は、日常との距離が近く、気持ちの整理をできないままに儀式を済ませてしまうことが多い。そこで、土地に奥行きを生み出し、日常との距離を図りながら、故人との最後の時間を過ごせる場を提案する。

120 奥村 収一 おくむら しゅういち
大阪工業大学
工学部 空間デザイン学科

脈打つ沼
歴史を掘り起こし、今を見つめなおし、未来を考えるギャラリー

均質な建物が増えれば人は自然から離れ、人まで均質化されたように感じる。人は人それぞれなはずだ。現状だけでなく、過去を知り、自分なりの考えを持つことが大切である。未来を考える歴史のギャラリーを提案する。

122 上松 亜星 うえまつ あせい
関東学院大学
建築・環境学部 建築・環境学科

棚田に寄り添う

暴力的な開発によって作られた地形とその中にある街並みは、人の動きをコントロールし地域内を分断している。そういった現代の地域の問題点に着目し、棚田に対して地形に寄り添った新しい建物のあり方を提案する。

124 嶋田 優実 しまだ ゆみ
大阪市立大学
工学部 建築学科

築地再考
十人十色に住みこなされる建築

[百] [SF]

市場の解体に伴い縮小していく東京の築地。その廃材を用いて、取り残された場外市場にショートステイのための集合住宅とギャラリーを提案する。そこでは、訪れる人々がさまざまに空間を読み解き、十人十色の生活が営まれる。

125 重村 浩槻 しげむら ひろき
慶應義塾大学
理工学部 システムデザイン工学科

Space by folding paper
おりがみに学ぶ空間構成

[百]

紙という、この世の中にありふれた、ほぼ毎日、誰もが触れる素材。そして折るという誰にでもできる手法。これらの行為を発展させることで人間の入れる空間をめざす。

126 米盛 裕美 よねもり ゆみ
東京都市大学
工学部 建築学科

expand

1984年のベガ計画以来、金星の地表面探査が行なわれることはなかった。その理由として地表面環境の過酷さが挙げられる。そこで、金星上空に探査施設を設計することで、金星探査の効率化を図る。

129 井上 恵友 いのうえ けいすけ
慶應義塾大学
環境情報学部 環境情報学科

集落再編計画
寝屋慣行から見る共同体の再考

[百]

年々、人口が減少し、維持することが困難になりつつある日本の離島集落。集落を構成する既存制度を通した人々のつながりを再考しながら、さまざまな資源や風景を集約することで、離島ならではの建築の可能性を提案する。

130 駒田 浩基 こまだ こうき
愛知工業大学
工学部 建築学科

Between the woods

「ゴミの島だって森になる」。人々の期待と希望がいつの日か祈りとなり歴史となる未来を思い描いて、切り込んだ大地の中にささやかな人の居場所をつくる。自然物と人工物の狭間にあるものの魅力を考察する。

131 浦地 陽香 うらじ はるか
京都大学
工学部 建築学科

赤レンガを縫う2つの路
生活を纏う倉庫の提案

大阪市港区の築港赤レンガ倉庫を、貯蔵機能と人々の生活機能が共存する新たな施設として再生した。既存建築に挿入したボリューム(=トランク)に貯蔵機能を内包させ、トランクを中心とした人々の居場所が広がる。

132 倉持 翔太 くらもち しょうた
東京理科大学
工学部第一部 建築学科

Vital Base
能動的再生医療施設

[百]

再生医療による治療が、これまで難しかった社会復帰と生活自立を可能にし、患者や障害者の生活の質は大きく向上する。再生医療が可能にする療養環境の姿を現行の再生医療である造血幹細胞移植経験者の声から計画する。

133 影山 巽基 かげやま たつき
近畿大学
建築学部 建築学科

終の受容
新たな在り処となる終末期医療建築

共に病と闘い、不安を一緒に共有できる人や傾聴してくれる存在をもとに、他者との関係性を再編。そこで新たに生まれる共同体の中で終を迎えることができる終末期医療を核とした総合病院を提案する。

135 岩﨑 秋太郎 いわさき しゅうたろう
愛知工業大学
工学部 建築学科

ときの残し方
発掘が創る遺跡保存の未来

[百]

土地開発と遺跡発掘とが衝突し、争いが起きた過去を持つ場所。遺跡の持つ壮大な時間のスケール(長さ)を建築空間に落とし込む、遺跡の新しい発掘保存の提案。

136 竹内 宏輔 たけうち こうすけ
名古屋大学
工学部 環境土木・建築学科

多重露光

[百] [SF]

新しいリノベーション(改修)のあり方。建築に宿る、目に見えない記憶を美しく残すために。

138 伊藤 健 いとう けん
京都大学
工学部 建築学科

反転するパティオス
幕張を横断するこども径の提案

子供の居場所を創発(構成)したい。敷地は千葉県の幕張ベイタウン。幕張の風景であるパティオ(中庭)は、街を分断させている。このパティオを縫うように「こども径」を連続させ、その中心に保育園を計画し、子供の居場所を発現させる。

140 江利川 達也 えりかわ たつや
芝浦工業大学
工学部 建築学科

笑える建築
合理的モノロゴス社会における官公庁都市空間の再編

都市には笑いが少ない。官公庁都市は社会を統率することを求め、すきのない街を生み出し、人々は街への愛着を失った。現状の都市空間を単一のルールで構成されたモノロゴス社会と定義し、そのルールの変化=「笑いの創出」を行ない、親しみやすい街に再編する。

142 藤澤 睦 ふじさわ むつみ
芝浦工業大学
工学部 建築学科

大地と向き合う

日本の都市は、坂や崖といった複雑な地形の中に作られてきた。しかし、高層ビルの過密化により地形は隠されてしまった。日常に発見や知恵を与えてくれる、大地や地形を人々に意識させるきっかけをつくりたい。

143 夘木 佑佳 うのき ゆか
東洋大学
理工学部 建築学科

再結晶する空間的感情
情調を纏うエレメント

[百] [SF]

空間が異なると抱く感情も異なるのはなぜか。私たちが抱く感情は、モノから想起させられている。ある空間において、人々が抱く感情と物理的要素との関係に着目して、空間的に感情をつくり出す試み。

144 佐塚 有希 さづか ゆき
明治大学
理工学部 建築学科

リアリズムアーキテクチャ
身体と国境

韓国と北朝鮮の軍事境界線(DMZ)がある板門店という場所でツーリズムとしての建築の提案。個人の身体と国家のスケール(規模)や性質をメタファ(隠喩)として、身体と建築の部材との構図を設計し、観る人に特別な瞬間を生む。

145 藤井 健大 ふじい けんた
近畿大学
建築学部 建築学科

不時着する命の杜

過去に行なわれた海洋汚染は、未だ汚泥という形で海底に残っている。本提案は人によって汚染されてしまった海を、海底汚泥を再利用して浄化しつつ、時間をかけて海の上に自然と共に生きる都市を作り上げていく計画である。

146 篠原 健 しのはら けん
日本大学
理工学部 海洋建築工学科

Literal and Phenomenal

[百]

建築史家コーリン・ロウの論文「透明性——虚と実」になぞらえ、都市のすき間に見出される少数派=マイノリティの力強さを表現する。

147 宝角 成美 ほうずみ なるみ
大阪大学
工学部 地球総合工学科

Cyclude
PETボトルの行き着く場所

近年、ペットボトルのリサイクルに関する問題が日本を含む世界中で注目されている。この問題は今すぐ解決することは不可能である。そこで私は、この問題の進行を遅らせることで、時間的猶予を生む建築を提案する。

148 仲川 凜 なかがわ りん
琉球大学
工学部 環境建設工学科 建築コース

CONFLEX HOUSE

[百]

大阪の街中に建つ学生寮。住居である立方体を切断し切り開くことで住居が「住居のようなもの」に成り下がる。これをつなげていくことで動線と住居がグチャグチャに混ざり合った空間ができるのではないか。

149 松田 出帆 まつだ いずほ
大阪大学
工学部 地球総合工学科

カタチのアラワレ
動きのカタチの存在とそれに基づく設計

スマホの発達により、さまざまな動作が「画面をタッチする」という動作に置き換えられている。今回の提案は、置き換えられた動作を建築に置き換えるもの。日常的動作の持つカタチのアラワレにより、新たな日常のカタチがアラワレる。

151 町田 忠浩 まちだ ただひろ
千葉工業大学
工学部 建築都市環境学科

空間体験記述

建築空間を新たにノーテーション(記述)することは、空間的特性を明らかにするだけでなく、建築を創造する際にも利用できると考える。既存建築の改修において、理解と創造のツールとして用いることで、その有用性を示す。

152 安田 隆広 やすだ たかひろ
信州大学
工学部　建築学科

MAKERS MOUNTAIN

「メイカーズ」がつくる小さなイノベーション(発明)の群れをバランスよく連携させることで、身の回りの小さな製品だけでなく、建築や都市やコミュニティを創発し、新しい世界を実現するシステムと環境を提案する。

153 井坂 匠吾 いさか しょうご
大阪芸術大学
芸術学部　建築学科

透明なまち
鳥取しゃんしゃん防火建築噺

廃れていく防火建築帯の存在価値。これからの防火建築帯のあり方について提案する。

154 中田 嘉英 なかた かえい
島根大学
総合理工学部　建築・生産設計工学科

海女島
荒布栽培から始まるこれからの海女文化

百 SF F SP

三重県の海女と海の関係に海女島を介在させる。荒布(あらめ)栽培から始まる一連の動作は、海女と海中の相互関係を強め、これからの海女文化を形成していく。

155 坂井 健太郎 さかい けんたろう
島根大学
総合理工学部　建築・生産設計工学科

輪中建築
輪中地帯の排水機場コンバージョンによる水との暮らしの提案

百 SF F N3

輪中地帯という、水と生業が、水害や環境の面からネガティブな要素になっている地域がある。そこで、輪中に備わる要素を組み合わせ、ネガティブだったものをポジティブにとらえ直していける輪中地帯のあり方を設計する。

158 中家 優 なかいえ ゆう
愛知工業大学
工学部　建築学科

小さな沈黙、繙く支度

百

人知れず消えゆく奇妙な小国が其処(そこ)にはあった。周辺との間には目に見えない隔たりが存在し、その土地は隠された存在のままなのである。ここに土地の記憶と形態を継承し次の物語を始める起爆装置を作る。

160 西條 杏美 さいじょう あんみ
千葉大学
工学部　建築学科

終の景、湖上の別れ
奥浜名湖におけるホスピスと火葬場が紡ぐ環

百 SF

多様化する人々の「死」への意識と裏腹に、「終」と「別れ」の場は均質化が進んでいる。「死」に最も近い「生」のための建築の提案。

162 中倉 俊 なかくら しゅん
神戸大学
工学部　建築学科

幼×小×中
open school, mixed school.

学校施設、幼稚園、保育園でのさまざまな問題に対応し、これまでになかった新たなオープン・スクールを提案するとともに、今後の少子高齢化による学校統合へのモデルケースとしての提案もする。

164 山木 恭輔 やまもと きょうすけ
京都建築大学校
建築学科

無人島と棲む処
Uninhabited Island and why they live there?

日々の生活の中で当たり前のように存在する物がなくなった時、人々はどのように生活するのか。無人島の自然現象を顕著に表現した建物。環境問題、ゴミ問題を含めた無人島での生活を体験する新しい空間をつくる。

165 岩田 美紅 いわた みく
京都建築大学校
建築専攻科

今を重ねて

人と人が出会い、同じ空間を共有することで、朝起きてから夜眠るまでの一瞬、一瞬が過ぎていくことが惜しくなるような、小さな幸せが積み重なるような、毎日をつくりたい。

167 徳野 友香 とくの ゆか
千葉大学
工学部　建築学科

反影都市

百

現在、世界各地では超高層の建物が競うように建設されている。人々の生活はその中で完結し、都市ごとの特徴は失われてしまうだろう。そこで、伝統的な生活の残る下町にスポットを当て、新しい高層建築のあり方を示す。

168 山西 真季 やまにし まき
東京理科大学
理工学部　建築学科

たとえば基準線にかさぶたを

百 SF F

都市計画道路という強大な都市作用と、既存の小さな建物との取合い部分に発生する細やかな構法によって、建築の輪郭を揺るがす思考実験である。

170 鈴木 遼太 すずき りょうた
明治大学
理工学部　建築学科

水上ノ民、水辺ニ還リ、

百 SF

中国には水上で暮らす民がいた。しかし、時代経過から水上の民は陸に上がり、以前の文化は失われ始める。そこで、水の民が水辺に帰り、そこに陸の民が訪れ、両者の間に思いと交わり、営みがあふれる新しい拠点を提案する。

172 朱 純曄 (しゅ じゅんよう)
工学院大学
建築学部 建築デザイン学科

渋谷受肉計画
商業廃棄物を用いた無用地の再資源化

百 SF F N2

東京、渋谷に点在する無用地を、商業廃棄物を用いて人の居場所に転用する。ここから立ち上がる建築を媒介として、渋谷における商業と生活の過不足ない距離を実験的に探る。

173 十文字 萌 (じゅうもんじ もえ)
明治大学
理工学部 建築学科

0.0 公害万博

百

三重県四日市市。「公害の町、四日市」から「公害を乗り越えた町、四日市」へのイメージの転換。

174 浅見 拓馬 (あさみ たくま)
千葉大学
工学部 建築学科

溶けあう建築

標高1,000mにあるスケート・センターを活用した、地域高齢者のための福祉・交流施設の設計。自然光と湧水を取り込み、地域の良さを発信しながら、高齢者と子供たちが交流できる施設をめざした。

175 糸井 梓 (いとい あずさ)
信州大学
工学部 建築学科

妄想道路

道は生活の舞台である。建築のウチだけに留まらない生活行為は街を機能させ生活を豊かにする。建築と道の2つの関係性から街のあり方について考え、住人によりつくられていく街らしさと、その街に根付く建築と道の提案。

177 小澤 成美 (おざわ なるみ)
九州産業大学
工学部 建築学科

テランヴァーグの未知性
都市からはみ出す豊かさ

百

街には空虚で誰にも占有されていない不安定で曖昧な場所がある。そこには、都市から取り残された価値が生き残り、希望や自由、期待がある。サンプリングした街の要素をもとに、はみ出しとボイド(余白)を操作し、テラン・ヴァーグ(不安定な都市空間)を顕在化させる。

178 堀口 真貴乃 (ほりぐち まきの)
京都造形芸術大学
芸術学部 環境デザイン学科

Urban Catalyst Watering City
都市の触媒「水」

情報化が進んでも人は出会い、出来事を求めて街へ出る。固く閉ざしたコンクリートの都市に水を挿入する。余剰な太陽エネルギーが「水」に姿を変えて都市を彩る。人々は水の表情に誘われて躍動的な都市体験をする。

180 山口 航平 (やまぐち こうへい)
京都大学
工学部 建築学科

漫才建築
「コード」からの逸脱、衝突、そしてそこに生まれる「建築的笑い」とは

「ボケ」とは「規範=コード」からの逸脱を意味し、「ツッコミ」とはその対峙的応答と定義し得る。日本を均質化してきた普遍的コードの象徴であるショッピングモールにおいて「漫才」を用いてそのコードを解体する。

181 福本 純也 (ふくもと じゅんや)
大阪工業大学
工学部 建築学科

仮設移動式美術館ODMAG

各アート作品に対して、「スケール」「形態」「開口部」「素材」などをアジャスト(調整)した箱が、各地の構法や入手可能な素材に応じて形を変えながら移動していく、仮設移動式美術館の提案。

182 海藤 空 (かいとう そら)
慶應義塾大学
環境情報学部 環境情報学科

つなぐ図書館

人と本をつなぐ。情報と記憶をつなぐ。緑と生活をつなぐ。

183 生澤 亮 (いくざわ りょう)
中央工学校
建築科

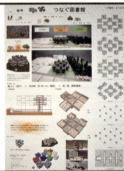

カンポンアクアリウム、365の暮らし

百

2016年に強制撤去されてしまったカンポン・アクアリウム。カンポンとはインドネシアの超密集市街地のことである。365家族の生活と海の景色を自分たちの手で取り戻すための提案。

184 大橋 茉利奈 (おおはし まりな)
京都大学
工学部 建築学科

ならまちの街区内ボイドを生かした建築生成コードとまち施設の提案

百

1辺が120mの街区群から成る「ならまち」は、その内側所にボイド(空白)空間を持つ。建築にルールを設けた時、街区ごとにできた異なるボリューム(塊)の並びはボイド空間との新たな関係を構築し、街の拠り所になっていく。

187 髙橋 真理 (たかはし まり)
近畿大学
建築学部 建築学科

加法混色
目黒川沿いの白い居場所

光の3原色を重ねると白に近づくように、「重なり合い」の場所に白としての余白の建築を創造する。街と街、localsとvisitors、都市と自然の3つの「重なり合い」の場に、自然環境に呼応する地形的な建築を提案する。

188 長谷川 和貴 はせがわ かずき
工学院大学
建築学部 建築デザイン学科

きしかん
2日間だけの祝祭の街

2日間だけ人口の3倍もの観光客が集まる街、大阪の岸和田。そこに実践的な教育を行なう大阪観光大学を誘致する。祭の2日間は建物全体がホテルとなり、学生がマネジメント（運営）をする。年間を通して、他ではできない学びが得られる。

189 大西 琴子 おおにし ことこ
神戸大学
工学部 建築学科

鉄道の跡を巡る

2012年、青森県の十和田観光電鉄線が98年の歴史に幕を閉じた。人口減少と高齢化により縮小する集落群。残された沿線跡地の将来の役割を考える。住民がそこで暮らし続けられることを前提とした痕跡のあり方を提案する。

191 力石 茜 りきいし あかね
宮城大学
事業構想学部 デザイン情報学科

都市の玩具箱
界隈の集積による上野駅の再構築

百

都市において、駅は街の玄関から、街の中へ移動するための「箱」となっている。界隈を操作することにより、その閉鎖性を解体する。東京の上野から要素を選択し、それらを複合することで、上野駅は周囲を引き込んだ多様な場を持ち、「都市の玩具箱」へと変換される。

192 林 侑也 はやし ゆうや
芝浦工業大学
工学部 建築学科

角の力
館山銀座商店街の再生

千葉県のJR館山駅から徒歩1分のところにある館山銀座商店街は、昭和時代に栄えたが、現在はシャッターが下りた店舗も多く廃れている。海から近いこのすばらしい土地を、「角」が持つ力を使って再び活気であふれる場所にした。

193 篠木 美桜 しのき みお
昭和女子大学
生活科学部 環境デザイン学科

知覚の奥行き
奥行きの分解、抽出、再構築から生まれる空間と知覚のオーバーラップ

奥行きの建築化。知覚的奥行きと物理的奥行きが相互に関わり、人々の感覚や行動が空間に染み込んでいく。日常風景を彩る新しい都市装置の提案。

195 泉 智佳子 いずみ ちかこ
宮城大学
事業構想学部 デザイン情報学科

いいおほせてなにかある

写真とは、撮影時における撮影者の感覚や意図が語られぬまま、結果のみが現れる媒体だ。写真に隠された、「撮ること」を誘発した瞬間の感動の根拠を探ることによる、写真の「語らなさ」からの設計手法と建築空間の提案である。

196 中野 照正 なかの てるまさ
近畿大学
建築学部 建築学科

言い伝園
言い伝えとこどもと町の未来

子供はあらゆるものに多様な感情を抱く。その子供が建築と自然を通じ、感情を抱くとともに言い伝えと出合う場を考える。場所は祖母の住む田舎。幼少期を過ごしたが、その言い伝えは年々忘れ去られているように感じる。

197 真崎 広大 まさき こうだい
九州大学
芸術工学部 環境設計学科

BOOK OF DAYS
建築×漫画

百

おもしろい建築をつくりたいけど、アイディアが……。アイディアは新しい組合せから生まれる。建築と関連性のある何か……、漫画だ。建築にも漫画にも起承転結がある。私は両者が共通して持つ物語性に着目し、漫画での設計を試みた。

198 加藤 佑 かとう ゆう
東京理科大学
理工学部 建築学科

駿府の城

百 SF

城はハリボテである。建築の表層と内部の分離により、空間は機能だけを求め、表層はボリューム（塊）を持つ。かつてあった城の再構築をしながらハリボテの可能性を探る。

199 落合 諒 おちあい あきら
東京理科大学
理工学部 建築学科

structure(surface, point)

コンピュータの使用によって建築の思考プロセスが変化していく。プロシージャル（手続き型）な記述によって建築の一般化を試みる。構造デザインの視点からアルゴリズムの構築を行なった。

200 大川 緋月 おおかわ ひづき
千葉大学
工学部 建築学科

真っ暗で明るい世界
盲学校をひらく

学びを「ひらく」盲学校を提案する。地形のように伸びる学び舎で、誰もが盲（めしい）の感覚を共有する。そこでは、助ける側と助けられる側という線引きされた福祉的な関係はなくなる。障害者と健常者の境は、交わり合える界に変わる。

203 神門 侑子 かんど ゆうこ
東京理科大学
工学部第一部 建築学科

46億年のメメント・モリ
犬吠埼 海洋散骨施設と弔い空間の提案

天体運行に関与する建築は人々を魅了する。そのどれもが二至二分のような公的な軸を得るが、個々に設定できる私的な軸を得る建築は、まだない。私的な軸が交錯する弔いの塔に日が差す時、故人が虹となり語りかける。

204 藤澤 茜里 ふじさわ あかり
昭和女子大学
生活科学部　環境デザイン学科

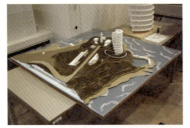

記憶形
点描変転設計手法論

百

記憶を使って新しい建築のあり方を問うことができるのではないか。人は異なった記憶を持ち、それでいて共有可能なのだから。建築とは、共同体の記憶を内包しながら後世へつないでいくものである。点描変転設計手法論はその可能性を導く。

205 中田 智徳 なかた とものり
工学院大学
建築学部　建築デザイン学科

追憶ノ家
失われた時を求めて

3年前に長年住み続けてきた家が老朽化により壊された。移り住んだ家では自分の家ではないような違和感を覚える。幼い頃の記憶を設計要素とし、新しく移り住んだ敷地を舞台とし、記憶の情景が重なり合う家を設計する。

207 古家 翔吾 こや しょうご
名城大学
理工学部　建築学科

それいけ！ ひとりたち！

「ひとり」で行動することが増えた現代社会において、「ひとり」たちはどのような場所で暮らすのがいいのだろうか。情報に囲まれた都市に集合することで、「ひとり」の自由さや行動力を発揮する。「ひとり」の存在を後押しする建築。

208 佐藤 菜美 さとう なみ
名城大学
理工学部　建築学科

圸塲の表情
移民社会におけるスポーツを通した交流施設のあり方

移民が多く住む街に、地元住民と移民のための交流施設を建てる。交流に言語がいらないスポーツを中心とした施設とする。スポーツは箱の中だけでなく外にも開いたもので、何かに気づいたり、何かと出合うきっかけを誘発する。

209 塚本 沙理 つかもと さり
東京理科大学
理工学部　建築学科

くらしのモノサシ
地域内林業とモノづくりが紡ぐ風景

地域内循環型林業の拠点。巨大な産業構造からスケールを落とした（小規模にした）、コンパクトな資源循環とモノづくりの理念の下に集う人々のコミュニティが地域内の消費を生み、やがて風景を紡ぎ出す。消費社会における豊かさの本質を問う。

210 津田 健太 つだ けんた
名古屋工業大学
工学部・第一部　建築・デザイン工学科

家具と住宅の間
単身者のための身体的集合住宅

百

家族や単身者10世帯のための集合住宅を設計する。それぞれ10の行為に寄り添う家具や設備に必要な寸法の「ぶつかり合い」によって1つの集合住宅を形づくる。

211 細坂 桃 ほそさか もも
筑波大学
芸術専門学群　デザイン専攻
建築デザイン領域

Link
健幸へ導く都市型クアオルト

高齢化が進み、「健幸」への意識が高まる中、利便性や効率性を追求した都市は、どこか窮屈で「健幸」を感じさせない。本計画では、健康増進を促す施設と駅を複合することで、日常的に「健幸」へと導く複合施設を提案する。

213 安原 大貴 やすはら たいき
立命館大学
理工学部　建築都市デザイン学科

或る町　或る家　私の家
建築部材のアフォーダンス

百

自邸設計の際、私がまずしたことは、建築の部材に「一見では解読することが難しい、とても複雑な関係性」を与えることである。それらを恣意的に1つ1つ読み解き、自邸のモチーフを得ることができた。それをもとに設計する。

214 七五三掛 義和 しめかけ よしかず
東京理科大学
理工学部　建築学科

団地と遊び場と居場所と

団地の近隣住区論に基づいたコモン・スペース（住民共用の庭）の周辺に、遊具を置くなどのランドスケープ（地形）計画を施し、子供の遊び場、居場所を点在させる。その中心が計画敷地の児童館へとつながり、公園だけでなく街全体に子供の居場所をつくる。

216 小幡 智実 おばた ともみ
東京理科大学
理工学部　建築学科

都市の仮面劇場

百 SF

東京、渋谷のスクランブル交差点を敷地に「空間」「時間」「消費」と「生成」をつなぐアイコンとしての建築を配置する。地形的に生まれた渋谷の劇場性「見る」「見られる」の関係を提案に取り込むことで、渋谷に訪れた人々の感情を躍らせる建築をめざした。

217 廣川 大樹 ひろかわ だいき
工学院大学
建築学部　建築デザイン学科

仮想ストラクチャー放浪記
環境を可視化させる仮想ユニット体

環境をまとう人工物と自然。敷地に存在するボイド（空白）をとらえ、ボイドをまとった対象から新たな機能が現れる。ストラクチャー・ユニットは敷地に新たな空間を生み、機能が循環し、建築の一生を形成していく。

218 野々村 慧 ののむら けい
名古屋造形大学
造形学部　造形学科

まちを彩る
駐車場の活用とまちの更新

車社会化によって減少した緑（自然）と増加した不揃いな車庫。車庫を通して、緑と住民の活動で彩られた街の姿を設計する。

220 土井 海志 どい かいし
大阪大学
工学部　地球総合工学科

積木の杜
中山間地域における林業の再編

[百]

日本の国土の約70%を占める中山間地域。中山間地域だからこそ可能な独自の生産方式、サービスを創造して、市場を開拓できる人材の育成と、林業の高付加価値経営を積極的に推進するための拠点を提案する。

221 久保 大樹 くぼ ひろき
日本大学
生産工学部　建築工学科

想故総繋
お墓の新しい在り方と心の拠り所としての提案

日常とは遠く離れている墓に対して、53人それぞれの墓を設計し、街の中に置く。人々が日々の生活の一部として墓を使い、墓に寄り添い、新たな人の心の拠り所となる建築を提案する。

222 大村 駿 おおむら しゅん
新潟工科大学
工学部　工学科　建築・都市環境学系

エゴイスティックな空間獲得の手引き

都市において、制度によって生まれた空白地を、誰のものでもない自由な空間として得るためのマニュアルである。今回は交通による速度を求めた結果、建物が建てられなくなった場所で個人が空間を獲得するためにつくった。

223 八木 佑平 やぎ ゆうへい
明治大学
理工学部　建築学科

灰ステーション
道の駅「かいがた」

日々絶えない噴火、鉄道の廃止、漁港に潜在する風景を背景に、鹿児島県垂水市海潟港に駅（複合施設）を設計。

227 折尾 章太 おりお しょうた
東京理科大学
理工学部　建築学科

Purity of overpass
日常の潜む身体的世界

高架下空間は純真無垢な空間である。一様な空間体験では飽きてしまう。ヒューマンスケールとシークエンス（空間の連続性）の操作により、高架下を断面的に体験する公共空間。大阪市の中津高架下に潜み、理不尽に消された日常文化を再編する。

229 渡辺 拓海 わたなべ たくみ
近畿大学
建築学部　建築学科

舟運の水端

人々がイメージするヨコハマ、それは「観光地」という横浜の「ある一面」でしかない。舟運は、商業空間が集積し、ウラ空間が広がる横浜駅西口で商業と観光をつなぎ、インナーハーバー全体をつなぐ。その水端を提案する。

231 丸山 峰寛 まるやま みねひろ
東京理科大学
工学部第一部　建築学科

岡本太郎と万博跡地にある2つの創造的世界

時間とともに移り変わる人々の意思を反映する場所を構築する。1970年、芸術家の岡本太郎は、大阪万博に「反博」の主張をぶつけた。その跡地では、2つの対極主義的な実験世界が生成され、北大阪の創造的なコアとして活気が持続する。

232 服部 充紘 はっとり あつひろ
筑波大学
芸術専門学群　デザイン専攻
建築デザイン領域

レンガ巡るまち
日本煉瓦製造跡地活用計画

[百]

かつて東京駅などに使われる建築用レンガを製造していた日本煉瓦製造株式会社の跡地には、現在、4つの遺構が残るのみ。この場所にレンガの製造を生業とする街をつくる。レンガは街を巡り人々の生活に寄り添う。

236 秋山 由季 あきやま ゆき
信州大学
工学部　建築学科

SteamSCAPE
地熱の街に宿る発電の場

[百]

「この街の電気は、この街でつくろう」というような分散型の社会がやってくる時、もちろん、その生産の場は街に近づいてくることになる。隔離されたハコだった発電所は、どんなカタチに変化するのだろうか？

237 宅野 蒼生 たくの あおき
神戸大学
工学部　建築学科

ベリーピッキング
情報検索の在り方への問題提起

[百]

情報検索モデルである「ベリーピッキングモデル」をテーマに、メディア・アーキテクチャーを提案する。モノや空間の実在する意味が問われる現在、建築が果たす意味と、これからのメディアの可能性を求めて提案する。

238 森 友里歌 もり ゆりか
北九州市立大学
国際環境工学部　建築デザイン学科

CROSSING POINT

戦後から続く闇市の面影を残す三角地帯。今なお、多くの店が軒を連ね、人々で賑わっている。そこに再開発の波が押し寄せている。既存のコミュニティを引き継ぎながらも、新たな賑わいを生む空間を超高層建築で実現する。

240 萩原 万裕 はぎわら まゆ
昭和女子大学
生活科学部　環境デザイン学科

「あたりまえ」の風景
生活に寄生する地域活動の場

東京都大田区の地で、私は12年間にわたり地域活動を行なってきた。街を支える底力、しかし、どれだけの人がこの名脇役たちを知っているのだろう？ 2つの商業空間に寄生し、生活の隣に当たり前にある地域活動支援施設を設計する。

242 小山 佳織 こやま かおり
日本大学
生産工学部 建築工学科

丘にある祖母の家

百

横浜市の新横浜駅の近くにある新興住宅街に祖母が1人で住んでいる。亡くなった人の遺品と、今後住むことのできない家と向き合いながら考える住宅。

244 土器屋 葉子 どきや ようこ
滋賀県立大学
環境科学部 環境建築デザイン学科

三千ノ径
結び逢う参道空間

自然災害が多発している今日、構造形式を頑丈にしても自然の力にはかなわない。人と人とのつながりが「災害に強い街」を形成する。かつて地域コミュニティの核として機能していた神社。現代に神社本来の役割を取り戻す。

245 澤嶋 伶 さわしま れい
日本大学
生産工学部 建築工学科

回遊する小豆島
多島美を巡る島の未来

慣れ親しんだ島の風景は、人口減少の到来とともに知られる機会が少なくなってきた。古くからある巡礼の習俗のように島を回遊する形で、多島美が眺められる風景スポットを結び、香川県の新しい観光地、小豆島を提案する。

246 中上 貴也 なかうえ たかや
島根大学
総合理工学部 建築・生産設計工学科

スクラッピングモール
余剰消費空間を利用した循環システムの提案

本計画では、大型ショッピングモールが将来、人口減少により商業施設としての機能を縮小することを前提とし、他のプログラムを余剰空間に組み込むことで、人々に新しい消費体験を提案することを目的とする。

247 柚木 壮太 ゆるぎ そうた
近畿大学
建築学部 建築学科

わたしの心に街ができて
都市スケールから人間スケールへ

「ここにいてもいいんだ」と、思える場所が、あなたにはありますか。あなただけが知っている心から求める場所。建築を通して居場所を想う。

249 上山 美奈 うえやま みな
大阪工業大学
工学部 空間デザイン学科

在るべき形
日常に溶け込む演劇と音楽の場

演劇は限られた空間で行なわれる。しかし、これでは演劇の魅力を知ることができるのは、劇場に足を踏み入れた人のみとなる。いつのまにか演劇に触れ興味を持てるよう、東京の渋谷での新しい演劇のあり方を提案する。

250 丑久保 瑛美 うしくぼ えみ
昭和女子大学
生活科学部 環境デザイン学科

類推的建築
宮城に建つ3つの住宅

百 SF

宮城県に2拠点居住、職住一致のための住宅を3つ計画した。それぞれは山、街、海という異なる敷地に建つ。住宅の建つ環境から類推された古今東西さまざまな建築、生活様式が建築を作る際の手がかりとなる。

252 杉崎 広空 すぎさき ひろたか
筑波大学
芸術専門学群 デザイン専攻
建築デザイン領域

職と暮らしが滲み出るまち
領域を横断する立体的な外部空間

都市を構成する間、街をつなぐ外部空間のあり方を考える。公私の領域を横断する立体的な外部空間を中心とした複合住宅を提案する。それにより、職住接近の暮らしをする人々の振る舞いや交流が街並みとして表出する。

253 杉本 萌 すぎもと もえ
昭和女子大学
生活科学部 環境デザイン学科

表裏の営み
そして、境界は消える

ホームレス状態にある人たちのための建築である。この建築は彼らにとっては生活の場であり、一般市民にとっては娯楽の場である。これは同時に、ホームレス問題の根底にある両者間の境界の消滅を狙う提案でもある。

254 三枝 亮太 みえだ りょうた
千葉大学
工学部 建築学科

波止場の終史線
Final double bar line at the wharf

百 SF

敷地は、各々個性を持ちながら開発されている東京の築地、竹芝、晴海、そして浜離宮に囲まれた各地区の中心にある防波堤。設計のきっかけとして、敷地の持つ「時間」と、敷地に残る建築ではないものを用い、葬儀場と火葬場を設計する。

255 島津 利奈 しまづ りな
東京藝術大学
美術学部 建築科

冬の行き場
雪が変える人の暮らし

百

雪国における、雪と人の間に立つ建築を考える。私の提案は、冬に、街の雪が集まる「雪の行き場」、人が集まる「人の行き場」である。雪が降ることで起こる空間の変化、人の暮らしの変化の楽しさを提案する。

257 田中 大我 たなか たいが
東京理科大学
工学部第一部 建築学科

DIAMONDS
高校球児のためのホテル

高校球児が一番いいコンディションで試合に臨めるように、高校球児のことを最優先に考えたホテル。形は球場のダイヤモンド（内野）型のロの字をずらして積み重ねたもので、大空間を練習用のグラウンドとして利用できる。

259 角井 孝行 すみい たかゆき
立命館大学
理工学部　建築都市デザイン学科

滲む境界
百 | SF

本提案は、大阪府堺市が外国人労働者を受け入れて彼らに「暮らしながら働く場」を提供することで、彼らが人的パイプ役になり、用途地域によって分断された（働く／暮らす）プログラムを融解させ、混在的な都市を創出するもの。

260 川島 裕弘 かわしま やすひろ
大阪工業大学
工学部　建築学科

水を彩る

環境問題に悩まされる今日、建築自体が生態系を考えるべきではないか。今ある生態系を残しながら、東京の神田川に彩りを与える。彩りは神田川全体へ、街全体へ広がっていく。

261 比佐 彩美 ひさ あやみ
東京理科大学
工学部第一部　建築学科

記憶の蓄積がつくる建築
土地の履歴を残したもう1つの神戸旧居留地

建築物の履歴をすべて残し、すべてを街の記憶としてオーバーラップ（重ね合わせ）させる。さまざまな時代の建築物が多層に重なり、すべてが同時に存在する。重なりが街の規模に広がると、あり得たかもしれない、もう1つの土地の風景が見えてくる。

262 岡部 兼也 おかべ けんや
近畿大学
建築学部　建築学科

A Museum of Creative City Roppongi
街一体が美術館のようなクリエイティブシティ・六本木

地形にガラスの箱を被せる手法で、美術館を設計する。館内の平面的な回遊は街へと広がり、東京の六本木は街一体が美術館のようなクリエイティブシティ（創造都市）となって、ジェネリック・シティ（特徴のない街）との差異化を図る。

263 岡田 潤 おかだ じゅん
東京大学
工学部　都市工学科

スーパー・スーパーフラット
新たなアクティビティの創出を目指した
せんだいメディアテークの増改築設計提案

人々の滞留行為を混在化させることで新たなアクティビティ（活動）を創出する。新たなアクティビティは建築や周辺デザインに大きな変容をもたらす。

264 増本 慶 ますもと けい
日本大学
理工学部　建築学科

Instagenerative Architecture
インスタ映え至上主義における設計手法の提案

インスタグラムのユーザーは、「いいね！」をどれだけ獲得できるかを判断基準として、自らの行き先を決定する場合がある。逆算して考えると、彼らの欲求を満たせるような空間を設計することは、建築設計の対象になり得る。

265 杉浦 雄一郎 すぎうら ゆういちろう
近畿大学
建築学部　建築学科

アーケード下、160mの学び舎
百

廃校の危機に迫られた小学校を「統合」ではなく「分解」し、街に再配置する。これは、今滅びようとしている小学校と商店街が、それぞれの価値を持ち寄って街に開いた、新しい教育の場の姿である。

266 渡邉 莉奈 わたなべ りな
愛知淑徳大学
メディアプロデュース学部
メディアプロデュース学科

刑の形

増加する再犯率と、再犯者を生む現在の多数隔離一斉管理システム。これからの刑務所と受刑者と、それを受け入れる地域の提案。地場産業を介し、解体される刑務所と地域とが支え合う関係。

267 北條 太一 ほうじょう たいり
神戸大学
工学部　建築学科

偶然の建築
オブジェクトデータベースを用いた設計手法及びその実践
百 | SF

「それ」はどこかにある。「それ」は偶然、現実の中に落ちてくる。「それ」は、その場に全く無関係だが、新しい可能性がある。「それ」に想像力を使って身体や地域性を描いてみる。「それら」に秩序を与えるのが建築家の仕事だとすると、もっとおもしろくなるに違いない。

269 山地 大樹 やまじ だいき
日本大学
理工学部　建築学科

三匹のムネモシュネ
建築と記憶術
百 | SF | F

とある人物の記憶が著された本『三匹のムネモシュネ』をもとに、建築の設計を進め、記憶を建築に具現化する手がかりとして記憶術を使用する。それは、とある人物の要望である「予言の劇場」ではなく「記憶の劇場」を設計するためのものである。

272 川永 翼 かわなが つばさ
日本大学
理工学部　建築学科

ニンビー的用途変更ノススメ
ゴミ処理場編

ゴミ処理場のコンバージョン（用途転換）を行なった。

274 大橋 敦 おおはし あつし
日本大学
理工学部　建築学科

律動
中間領域の調律を担う

[百]

東京の谷戸地形を題材に土地と建築の関係性を考える。1960年代頃には、「人工土地」が建築界の共通言語として扱われていた。60年代に都市の昇降装置として機能していた「人工土地」を、土地の循環装置として変容させる。

275 砂古口 真帆 さこぐち まほ
日本大学
理工学部　建築学科

保存から始まるこれからの文化財
市有形文化財の動態保存のモデル

重要文化財の保護と活用をテーマに、文化財を本来の用途に合わせることで、「使いながら保存する＝動態保存」をコンセプトとして、そのモデルケースを設ける。

277 石川 晃 いしかわ あきら
日本大学
理工学部　海洋建築工学科

世相factory
過去と現在を基に未来を共に模索する文化施設

新聞を用いた世相の調査から始め、さまざまにうごめく世相と生活を結ぶ文化施設の提案を行なう。我々の生活の基盤となっている世相と、敷地の特徴から読み取った建築要素を融合することによって、文化施設を設計した。

278 北嶋 晃大 きたじま こうだい
日本大学
理工学部　建築学科

良いものを観て、良いもの撮る
練習型写真美術館

近年、プロ仕様のカメラが一般人や学生にまで普及している。しかし、機材はあるが、技術、知識が追い付かず、カメラのある豊かな生活に至らない人が多い。なので、いい写真を観ながら写真撮影の練習ができる美術館を提案する。

279 中山 源太 なかやま げんた
東京理科大学
工学部第一部　建築学科

森に浸る
自然をテーマとした生涯学習を支援する施設群

札幌市郊外にある白旗山の豊かな自然を活かし、施設を利用する人々が自然と人間の関わりを学び、自然からの恩恵を受けて創造し、自然の中で有意義な時間を過ごすための空間をここに提案する。

282 中川原 佳奈 なかがわら かな
北海学園大学
工学部　建築学科

空間のエレメント

建築は一旦建つと、固定的な空間を生み出してしまう。物理的ではなく、人の認識能力により空間が変化する建築を作れれば、流動的な空間をつくるのではないか。空間がタイムリーに変化していく建築を、ここに提案する。

286 宇野 勇翔 うの はやと
京都建築大学校
建築学科

平和を創る工場
まちに残された建物と地域の更新手法

旧・広島陸軍被覆支廠（ひふくししょう）。広島市に残る貴重な被爆建物であり、市内最大の遺構である。この廃墟で、当時の歴史性を維持しながら、伝統と創造を融合し、歴史的建物に生命の息吹を取り戻す。

287 吉本 大樹 よしもと だいき
近畿大学
工学部　建築学科

二方路をつなぐコモンパスによる蒲生の街並みの再編

[百]

大阪市城東区蒲生南部の二方路に挟まれた地帯のファサード（建物正面の立面）に着目。表裏混在の景観と高低差を活かした「コモン・パス（共通路）」によって二方路をつなぎ、生活の営みに新しい展開のリズムを生み出す街並みの再編を試みる。

290 斉 陽介 いつき ようすけ
近畿大学
建築学部　建築学科

鳴りやまぬ建築

音楽とは、空間と時間をつくることである。そこで、日常的に使われている空間で音楽活動を行なうことで、そこが非日常空間になり、新しい音楽との出会い方を経験できるような音楽施設の設計。

292 栗原 就 くりはら しゅう
東京理科大学
理工学部　建築学科

感性の翻訳
発達障害者のペースメーカーとなる住居

[百] [SF]

近年、増加傾向にある発達障害者は、常人とは異なる心理と認知の特性を持つゆえに、建築環境との間に摩擦が生じ、慢性的なストレスを抱えている。この摩擦の正体を明らかにし、彼らが真に快適と言える居住空間を提案する。

295 岩花 建吾 いわはな けんご
日本大学
工学部　建築学科

都市緑洲
川を引き込む新たな水上マーケット

現代における川の多くは堤防を設けられ、人との関わりが断絶されてしまっている。そのような川に橋を架け、さまざまな人の行動を派生させていく。

296 山田 倫太郎 やまだ りんたろう
東京都市大学
工学部　建築学科

森の入り口

[百] [SF]

まむし谷に広がる森は、生活の傍にありながら、人々との関わりをもたない。足を止めてていねいに観察し、その場所の魅力を引き出す建築を作ることによって、森への気づきのきっかけとなる。

297 伊藤 京子 いとう きょうこ
慶應義塾大学
理工学部　システムデザイン工学科

地質時代
過去の継承と未来への警鐘

人類は地球に多大なる影響を与え続けてきた。その影響を考え直し、未来へつなげる出発点を提案する。

298 増永 凌 ますながりょう
近畿大学
工学部 建築学科

小っちゃな友達が教えてくれたこと
バイオミミクリー：自然から学ぶ地下都市空間

私はアリたちの生み出す実用的な美しさを建築にすることで、私たちの暮らしにかつてない大きな影響を与えるとともに、今後の建築界における新しい「カタチ」の提案を行なう。

301 荒金 菜緒 あらかね なお
工学院大学
建築学部 建築デザイン学科

谷戸の礎

谷戸と呼ばれる特殊な地形において、村を結ぶ動線は階段のみとなっている。そこに車の動線を計画することで、上下を結ぶ動線と住宅街には無数のすき間が現れる。道は村の生活の礎となり、すき間は住民同士を結ぶ礎となる。

303 藤塚 雅大 ふじつか まさひろ
東京都市大学
工学部 建築学科

都市の記憶の継承
ペンシルビル連結による再開発

日本に多く見られるペンシルビルは、日本の都市の象徴である。しかし、再開発によりワンボリューム（大きな1棟建て）の建築が立ち並び、近い将来、街の個性を失ってしまう。ペンシルビル群を保存し、日本の都市の記憶を未来に継承する。

307 荒川内 大心 あらかわうち たいしん
日本大学
生産工学部 建築工学科

兼六三十六景
人をつくる町の「らしさ」

[百]

故郷の街の「らしさ」を人間形成のための空間として、「らしさ」に「気づき」のきっかけを与える。感性の形成期である子供を対象として、生活の中でその「気づき」を繰り返すことで、街の「らしさ」が子供たちの記憶や感性に蓄積される。

308 清水 瑠美香 しみず るみか
金沢工業大学
環境・建築学部 建築デザイン学科

雫の紡ぎ手

[百] [SF]

地球温暖化による水不足は、世界各地で発生し多くの人を苦しめている。そこで、本提案では気温上昇によって増加した大気中の水分を集め、人々に水を供給する。本提案は、大気中の水分と共存する生活手法の提案である。

309 高橋 遼太朗 たかはし りょうたろう
日本大学
理工学部 海洋建築工学科

読書行為が織りなす情景

現代において、公共図書館は市民のリビング（居間）として機能している。しかし、現代の図書館は読書する空間としてふさわしいのか。読書行為の持つ身体性に基づく図書空間を提案する。

312 二田水 宏次 にたみず こうじ
九州大学
工学部 建築学科

音景
楽都仙台における大規模音楽ホールのあり方

暮らしの中に音楽が息づいている街、楽都仙台。大規模な音楽ホールが生まれることで新たな音楽の拠点が生まれる。ここから新たな音楽の風景が街に広がっていく。

313 菅原 美穂 すがわら みほ
宮城大学
事業構想学部 デザイン情報学科

NAME*

制作者のための施設を5つ、人工湖に配置。自然と人工が融合したダム湖を舞台に、所有者が心ゆくまで制作に没頭できる空間を提供する。

316 白石 皷野呼 しらいし とのこ
工学院大学
建築学部 建築デザイン学科

都市の楽譜
線からはずれた建築

東京の「新宿」という都市の表面は、さまざまな「線」の集積と消去からできている。その都市に内在する「線」からなる断片を関係づけ、都市に上書きされる「線」としての建築の提案。

319 辻川 樹 つじかわ たつき
東京理科大学
理工学部 建築学科

escape tower

社会で生きていくには、人との関わり合いが必要である。表情は相手のためにつくられ、理性は他人がわかるために保たれる。現在の建築は、人とのつながりを求め過ぎている。そこに本当の豊かさはあるだろうか。

322 野々村 竜馬 ののむら りょうま
琉球大学
工学部 環境建設工学科 建築コース

記憶の宿
暮らしと想い出の遺し方

[百]

空き家となった祖父の家に、かつてそこで過ごした人の暮らしや想い出を空間としてつくり出し、宿泊施設へと改修する。訪れた人がかつての暮らしや想い出を想起、体感し、新たな経験を得ることができる設計を行なった。

323 永山 晃平 ながやま こうへい
大阪大学
工学部 地球総合工学科

座・道頓堀
芝居のまち・道頓堀における劇場を中心とした文化拠点の提案

大阪、道頓堀五座の廃座により、急速に空洞化する道頓堀。かつての賑わいは姿を変えてしまい、劇場とともに道頓堀の文化までもが消えかけている。道頓堀にもう1度、芸術を。人の活動が賑わいを呼ぶ芸術拠点を提案する。

324 横田 慎一朗 よこた しんいちろう
神戸大学
工学部 建築学科

絢い交じる徒路

街の歩行空間において、人々はさまざまな体験により、視覚、嗅覚、触覚、聴覚、味覚の五感が満たされる。人々にとって居心地が良く、居場所において人と人のつながりが生まれる、新たなコミュニティの形成を図る。

325 井垣 暁太 いがき あきひろ
日本福祉大学
健康科学部 福祉工学科

Terminal
Runway of the Lake City

滋賀県のどこを探しても常設観客席が5,000席を超えるアリーナは存在しない。そのため県内外からの観光客の誘致を行なうことができていない。アリーナを計画することで、滋賀県に新しい風を吹かせる。

326 岡島 光希 おかじま みつき
立命館大学
理工学部 建築都市デザイン学科

遺構の甦生

未完のまま死んでいく土木遺構に存在する「時間」がつくり出した空間要素を可視化し、そこに人々の居場所をつくることで、街のシンボルとして愛されるよう建築化する。

328 大石 理奈 おおいし りな
名古屋工業大学
工学部 第一部 建築・デザイン工学科

逃避行

「逃げちゃダメ」。辛いことや、苦しいことがあっても立ち向かうことが美徳とされている日本。この風潮にどれだけの人が苦しめられたのだろうか。その人々の精神的な逃げを、私の建築では肯定してあげたいと思った。

329 渡部 理子 わたなべ りこ
東北芸術工科大学
デザイン工学部 建築・環境デザイン学科

帰路
建築都市で学ぶ

現代社会は共働きにより親子のコミュニケーションが希薄になりつつある。帰り道の体験をもとにした、子供たちが自発的に学び、家事手伝いに興味を持ち、親子の時間の確保につながる新しい公共施設の提案。

331 葉原 光希 はばら こうき
京都建築大学校
建築学科

死と呼応し山に還る

「死」に近い場所と言われる、青森県の霊山、恐山。この霊場における現在の来訪者の行動パターンに付随して、ここで別ルートにより時間を過ごす体験型モニュメントを計画する。

332 岡本 優花 おかもと ゆうか
東北工業大学
工学部 建築学科

圃場の舎
symbiotic agriculture

近年、農業を取り巻く環境はTPPの影響、後継者不足などにより厳しいものとなっている。北海道幕別町で畑作を営む母の実家には後継者がいない。この場所で、自然と共生し農業が続いていくための農業建築を提案する。

334 高見堂 風花 たかみどう ふうか
北海学園大学
工学部 建築学科

妖怪摩天楼

私は現代から妖怪が消滅してしまわないように、妖怪を建築化することにした。建築と妖怪を掛け合わせることで、この現代社会にもっと妖怪が浸透していくのではないかと考える。

335 五ノ井 大輔 ごのい だいすけ
東北工業大学
工学部 建築学科

屋木苻の梯子

浸水をただ待つ街、東京都江東区。海水面よりも低い地盤に下町文化が根付いた街が形成されている。住民が避難できる公園を積層した建築の提案。本計画では、土木的ではなく建築的な手法を用いて、生物的に問題を解決していく。

337 勝部 秋高 かつべ あきたか
日本大学
理工学部 海洋建築工学科

都山
地産地消型超高層集合住宅

現代の集合住宅は高層化し、住民は大地と離れて暮らしている。建設残土により住戸を高層化し、内部に生活を支える機能が潜在する「地山地消」の集合住宅を提案する。年月をかけて立体化する植物の緑は、都市に新たな風景をつくる。

338 渡邉 健太郎 わたなべ けんたろう
日本大学
生産工学部 建築工学科

LINK
「長崎と天草地方の潜伏キリシタン関連遺産」に関する複合施設の提案

2018年「長崎と天草地方の潜伏キリシタン関連遺産」として12の遺構がUNESCO世界文化遺産に登録された。各遺構は離島や県外に散在し成立時期も異なるため、遺産の全体像を伝える複合施設を計画した。

340 長田 宜郎 ながた よしろう
青山製図専門学校
建築学部 建築設計デザイン科

M7の孤独
漂流社会の宿り場

現代日本では家を離れて街を漂流する人が増加し、定住人口を根拠とした都市の計画に限界を感じる。そこで、本計画では常に介在する漂流人口を「新人口」ととらえる空間的な枠組み「漂流拠点」のある社会を構想する。

341 森下 葵 もりした あおい
立命館大学
理工学部 建築都市デザイン学科

天空の霊廟
終の象徴となる巨大共同墓地

多死社会にある日本。都市部では墓を巡る問題が起きている。墓問題の収束をめざす巨大共同墓地を提案する。東京タワーという役目を終えた時代のシンボルは、遺族にとって故人を想う終のシンボルとなる。

343 遠藤 涼平 えんどう りょうへい
日本大学
生産工学部 建築工学科

堆積都市

これは、東京都千代田区丸の内における建築の救済行為である。

345 荒井 聖己 あらい まさき
日本大学
理工学部 建築学科

こどものための森
実用的建築の解き方による子供たちのための思い出の居場所

森のような建築。柱が幹を、梁が枝を彷彿とさせ、そこから棚が広がる。多面体からの採光で、多様な影を落とす。これらを建築の構造にすることで、秩序の中に生まれる、偶発的な、一瞬一瞬の出会いを提案する。

346 湊 春菜 みなと はるな
日本大学
理工学部 建築学科

わたしと。
あなたとわたしの秘密基地

[百]

わたしの23年間。たくさんの経験、交わり、時間。わたしと出来事。わたしと人。わたしとわたし。全部がわたし。みんながわたし。全部でわたし。みんなでわたし。わたしと一緒に生きてくれてありがとう。

349 小林 史佳 こばやし ふみか
大阪大学
工学部 地球総合工学科

庭園水族館

森を散策していると、彼らの「すみか」へ迷い込んだ。水族館を「ヒトといきものの出会いを演出する舞台」ととらえ、博物館的展示を脱する、インスタレーション的な空間展示を採用した「水の彫刻」を作り上げた。

350 近藤 裕太 こんどう ゆうた
青山製図専門学校
建築学部 建築設計デザイン科

都市と会話する建築

人工知能が個人の生活や活動に反応し、その人に合った空間を同時多発的につくり出すことで、都市を知覚できる建築を提案する。変化する空間や形態は都市にコミュニケートする。つまり、建築は都市と会話する。

351 権 純碩 ごん すんそく
東京理科大学
工学部第一部 建築学科

美術館に泊まり、語る。
体験の共有から気づく「見えて」いて「見て」いなかったもの

大人になるにつれて凝り固まってしまう頭、価値観、人間関係。赤レンガ倉庫が持つ巨大な暗闇空間を美術館にコンバージョン(用途転換)し、宿泊施設を併せ持つ「体験」と「会話」による新たな視点を持つための空間を提案する。

352 中島 萌音 なかしま もね
奈良女子大学
生活環境学部 住環境学科

機械都市の深層

社会の変化を予測しながら時空の変化を可視化し、工場の深層部を軸に再構築し、30年後の都市の深層を提案する。

353 木下 喬介 きのした きょうすけ
東京理科大学
工学部第一部 建築学科

長者原尺
歴史を語り継ぐ埋蔵文化センター展示室の提案

発掘調査をもとに竪穴住居の柱間隔から得られた、この地特有の尺度や寸法(長者原尺)と、宅地造成により消滅した遺跡の要素から、歴史を疑似体験できる埋蔵文化センター展示室を提案し、後世に語り継ぐ。

354 住田 昇太 すみだ しょうた
京都建築大学校
建築学科

遭達の塔
オフィスビルにおける交流の場の創出

各プログラム同士が関係し合った集合体の魅力を追求した。多様なボリューム(塊)の集合体は、多様な空間をつくり出していく。

358 藤田 正輝 ふじた まさき
東京理科大学
理工学部 建築学科

熊野神道

紀伊半島の熊野の神聖さは、交通の便や時間の面でのアプローチの困難さによって維持されてきたが、テクノロジーの発達と社会基盤の整備によって障壁は取り払われつつある。そこで、新しい熊野の神聖なあり方を維持する方法を提案する。

359 田村 真子 たむら まこ
東京理科大学
理工学部 建築学科

循環するコンテナ
埋立地と採土場をつなぐ集合住宅

海上輸送のコンテナ化に対応するために山を切り崩して作られた埋立地。しかし、自然を破壊する行為が生み出すものは、決して自然に反するものではなかった。ここでは、壊された自然は新しい自然へと変わっていく。

360 松井 俊風 まつい としかぜ
大阪大学
工学部 地球総合工学科

漣ノ再興
岩手県大船渡市三陸町「崎浜」における復興とその先を考える

限界漁村集落である岩手県の「崎浜」における、復興とその先の未来を考える。

362 掛川 真乃子 かけがわ まのこ
神奈川大学
工学部 建築学科

首途境界
二枚の壁が示す社会復帰への距離感

日本の再犯率が49.4%と高いのは、反省を促す場所である矯正施設が社会との関係性を持たず、受刑者が矯正施設から出所した後の生活に馴染めないことによる。社会復帰する際のバッファー（緩衝地帯）となる社会復帰促進施設を計画する。

363 新地 瞭太 しんち りょうた
立命館大学
理工学部 建築都市デザイン学科

ぼさん

墓参とは、残された人のものである。ダム湖建設により水没予定の墓地に、沈んでからも参戦できる建築を。ダム湖の水位や季節の変化により、人々はさまざまな空間体験ができる。この建築は半永久的に集落を記憶する。

364 坂本 達哉 さかもと たつや
東京理科大学
理工学部 建築学科

学生集落における一人暮らしの類型化
学生の有意義な一人暮らしとは

「学生が日常、街に主体性に関わる」。現在の学生が持つ生活スタイルを部屋によって類型化し、学生同士が集まって住む。学生が在学中のみ暮らす街を、どれだけ自分の街として認識できるかが、その街に住む意義に関わると考える。

367 久湊 美弥 ひさみなと みや
東北芸術工科大学
デザイン工学部 建築・環境デザイン学科

陸の環海
回遊魚の陸上養殖

日本の海では2048年に魚が絶滅する。そのため魚を自分たちで育てていかなければならない。だが魚を育てることはコストがかかる。そこで陸での養殖ならではの「稼ぎ」を提案し、これからの陸上養殖のカタチとする。

369 飯野 淳也 いいの じゅんや
日本大学
生産工学部 建築工学科

極夜の篝火
北極海の冬を越えるアイス・キャンプ

北極海の氷が融けていくことで、冬期の居場所を失いつつある人々がいる。彼らが厳しい冬を越すための持続可能な居場所をつくることをめざし、冬期のみ立ち上がる氷の集落を計画する。

370 山本 壮一郎 やまもと そういちろう
日本大学
理工学部 海洋建築工学科

流れゆく茫漠を追いかけて
素材の触感で識る風景

百 SF

奄美大島における風景体験の建築化。風景とは見るばかりのものではなく、身体感覚を通してもとらえられる。素材に着目することで、身体感覚＝触覚、見た光景＝視覚の双方を結び付ける存在としての建築を設計した。

372 中村 文彦 なかむら ふみひこ
京都大学
工学部 建築学科

混在するエキナカ・エキソト建築

技術の進歩により駅の改札の撤廃が進んだ近い将来、エキナカとエキソトの境界は徐々に曖昧になる。そこで、エキナカとエキソトの曖昧な境界を内包した新しい駅の形を提案する。

373 佐伯 雅子 さえき まさこ
東京理科大学
理工学部 建築学科

群像への建築

百

これまでのカンフル剤的なソフト面一辺倒の解決策では、今後立ち行かなくなると思われる商店街に、これからのあり方を提案する。ここに息づく人々にとって、等身大の賑わいが続いていくような場所をめざした。

374 岸野 佑哉 きしの ゆうや
東京理科大学
理工学部 建築学科

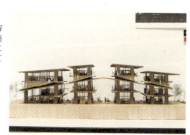

Habitation for Animals

動物園は、動物や自然などに対するヒトの優位性を無意識に植え付ける場となっている。本設計では、技術と文明の進歩によって人間が忘れ去ってしまった自然への畏怖を問いただす。

375 黒木 勇人 くろき ゆうと
首都大学東京
都市環境学部 都市環境学科

キュポラの記憶

埼玉県川口市の産業を象徴する鋳物工場が衰退しつつある。工場がタワーマンションに変わっていくことに寂しさを感じた。特徴的なのこぎり型の屋根をそのままに、工場をコンバージョン（用途転換）し、人々の記憶に原風景を残す。

377 松本 大輝 まつもと だいき
千葉大学
工学部 建築学科

災は境界を溶かし、人を紡ぐ

災害によりなくなる場所、生まれるモノ、離れる人、生まれる出会い。災をモノ、コト、ヒト、バショ、公私の境界転換点として、水害後の住宅の再建について考える。

379 佐々木 夏穂 ささき なつほ
新潟大学
工学部 建設学科

大工と築く京島三丁目

自動車によって失われたかつての道空間を、木密（木造住宅密集）地域の街区内に再編する。減築により道を作り、増築により多様な空間を生み出す。それを大工学校の学生が作り続けることで、街の時間軸に合わせて、街が更新されていく。

381 淺井 健矢 あさい けんや
東京理科大学
理工学部 建築学科

海祭礼讃
漁業と祭りを中心とするまちの建築

これは海と神、街を結ぶ漁港であり、祭の舞台である。日常を祭にし、祭を日常にした漁業と祭を中心とする街の提案。失われつつある漁師町の漁港風景と人の温かみ、威勢のいい祭唄を街の未来に残す。

382 高梨 淳 たかなし あつし
東京理科大学
理工学部 建築学科

垂迹と歌枕
数奇な日常風景を謳う

ラブホの装飾を模倣という観点から調査し、ラブホや神社建築のように、装飾の力で、空間を異化させる。

384 菅原 倫子 すがわら みちこ
日本大学
理工学部 建築学科

染なす街の学び舎

地域に対して閉じた傾向にある小学校に、大阪府堺市の伝統産業である注染和晒（ちゅうせんわざらし）を組み合わせる。古くから堺の街を彩ってきた和晒を小学校に組み合わせることで、子供たちの活動や活気が街を彩り、小学校が街に溶け込む。

386 大谷 拓輝 おおたに ひろき
大阪工業大学
工学部 空間デザイン学科

最後の城の幻影
現代都市における近世城郭の再編

日本の近世城下町と形態的な特徴の類似が見られ、最後の城下町とも言われる札幌に、過去の都市形態から逆算した架空の城郭を設計する。これを現代の街区に重ね合わせ、投影することで生まれる「特異点」に、近世城郭を再編した建築を提案。

387 岩田 周也 いわた しゅうや
東北大学
工学部 建築・社会環境工学科

東京高速道路再生計画
新銀座環状線京橋サービスパーク

ヒトやモノを運ぶ都市高速道路は、景観という不確定要素によって消滅しようとしている。消える都市基盤に対し、建築的な操作を加えることにより、使い続ける方法での更新を提案する。

392 小林 颯 こばやし そう
芝浦工業大学
工学部 建築工学科

みちのすきま
散歩道からひろがる共遊空間

愛知県大府市で偶発的な交わりを生む児童センターを提案する。暮らしの中で子供の遊びが発芽する拠点となり、散歩道を介して地域住民と子供の交流を誘発することで、子供の多様な価値観を育める空間を構築する。

393 今瀬 直季 いませ なおき
日本福祉大学
健康科学部 福祉工学科

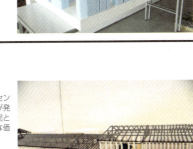

無秩序が生む秩序
新たな風景が現れる京島再生計画

東京都墨田区京島の一画を対象とする。下町の風景が残る場所だが、再開発の波がどんどん街並みを壊している。そこで京島から得た特徴的な空間性や個人の欲望を継承し、再開発に抗うべく新たな京島の風景と暮らし方を提案する。

394 田島 佑一朗 たじま ゆういちろう
東京理科大学
工学部第一部 建築学科

跡と共に生きる

百 SF

遺跡は掘り起こされた後、調査が終われば破壊され、二度と復活することはない。姿を失ってしまう遺跡をキャスティング（型取り）することで可視化して保存し、現代の街で生きた歴史と共存するための提案である。

396 猪花 茉衣 いのはな まい
京都造形芸術大学
芸術学部 環境デザイン学科

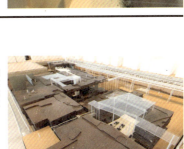

汐を見る台集落
斜面地に対する新しい建築のふるまい方と暮らし方

横浜市の汐見台団地をマンション化する計画に対するアンチテーゼ（反論）として、団地による造成を応用した集落的な建築を提案する。

397 小山 朝子 こやま あさこ
東京理科大学
理工学部 建築学科

ニブンノイチ改築
繋がる家のまちづくり

百 SF

防災のために、燃えやすい木密（木造住宅密集）地域をビルに建て替えるのではなく、住宅を「ニブンノイチ」に改築し、それらをつなげながら防災性を高め、かつコミュニティを維持するまちづくりを進める。木密に魅力を感じた私の提案。

398 金沢 萌 かなざわ めぐむ
日本大学
生産工学部 建築工学科

島物語

山口県東南部の瀬戸内海に位置する、山と海に囲まれた自然豊かな島で1人暮らしをする祖父と島民にとっての第2の生活拠点を提案する。島の衰退を受け入れ、島と共に歩んでいく建築となる。

399 西村 優花 にしむら ゆうか
名古屋工業大学
工学部 第一部 建築・デザイン工学科

八橋ノ音景編集

百

設楽ダム建設のため水没する愛知県の八橋集落。移転を終えた集落の跡地で耳を澄ませてみる。私の身体は自然が発するこの地の音を繊細に感じた。これから八橋は姿を変える。集落は音景によって紡がれる。

400 浅井 唯那 あさい ゆな
名城大学
理工学部 建築学科

あわいの島
島のくらしに浮かぶmémento-mori

百 SF F

いのちが、みえない。死ぬこともみえない。現代の私たちの生活。日本海に浮かぶ新潟県の離島、粟島。自給自足で暮らすこの島の人々は、自然や人との強固なつながりの中で生きている。島のくらしにみつける死を想う場。

401 畠山 亜美 はたけやま あみ
新潟大学
工学部 建設学科

海都之交
ウミトノマジワリ
都市は水没を受け入れるか？

古来より文明の発展に伴い、人々は海を侵食し、陸を拡大してきた。だが、近年では地球温暖化による南極氷床融解によって海面水位が上昇している。「海洋が陸へ進出する時代」が現実味を帯びてきた今、建築はどう答えるのか。

404 住吉 文登 すみよし ふみと
日本大学
理工学部 海洋建築工学科

晴好雪奇
セイコウセツキ

街で除雪された大量の雪は廃棄物としてひたすら積み上げられ、何も生み出さない雪山を形成して、夏には融けて消えていく。このサイクルに介入し、故郷のアイデンティティである雪の魅力を再発見する場へと転換する。

405 山本 隆徳 やまもと たかのり
国士舘大学
理工学部 建築学系

街にある日々　日々にある居場所
街の特徴を活かす住機能特化型賃貸アパート群の提案

百 SF

多くの人が故郷を離れ、新しい街に移り住むが、孤独に生活している。そこで賃貸アパートを街に分散した住機能特化型賃貸アパート群として再提案する。街全体を人の居場所化することで、街が故郷を離れた人々の新たな故郷となる。

406 味村 悠平 みむら ゆうへい
芝浦工業大学
工学部 建築学科

情報社会でも人と人のふれあいを忘れないまち
少子高齢化、経済悪化、環境問題への対策を通して

日本建築学会の作品選集の設計趣旨と、流行語や世論調査とを見比べて、設計者は社会潮流を踏まえた建築を設計してきたことがわかった。本提案では今後の社会に寄り添い、人々が本当に必要とする建築を作り、街の魅力につなげていく。

409 細川 みのり ほそかわ みのり
日本女子大学
家政学部 住居学科

花式場

花農家に花の成長、儚さ、美しさを感じる結婚式場を作る。人生の節目である結婚式が、新郎新婦にとって自らの成長を感じ、これからの人生を考える区切りになるように、また、生活に花が寄り添うきっかけになることをめざす。

410 佐藤 寛人 さとう ひろと
新潟大学
工学部 建設学科

貯水ビルディング
15,000m³の雨水を堪える建築

百

高度に都市化した地域では、自然が排除され、都市型の災害が問題になっている。そこで、自然の中に見られる緩衝性を建築に取り入れ、問題の改善をめざす。

411 小林 亮太 こばやし りょうた
九州大学
芸術工学部 環境設計学科

「すまい」「くらし」「ものがたり」
富山における集合住宅の提案

富山県は持ち家率が全国1位である。戸建て住宅はプライバシーが守られる一方で、閉鎖的になってしまう。そこで、家族もしくは個人で完結していた生活から脱し、住人同士の交流を促す新しい暮らしを提案する。

414 見角 彩楓 みかど あやか
奈良女子大学
生活環境学部 住環境学科

地を歩く

不登校や引きこもりの人々は何を思い悩み、そうなってしまったのか。悩みを解決する術を提案するとともに、この建築が人々にとって、少しでも「悩んでいる人の気持ち」を考えるきっかけになってほしいと願う。

416 貝沼 玲奈 かいぬま れな
新潟工科大学
工学部 工学科
建築・都市環境学系 建築コース

里山的建築と土木の在り方
街山における間伐材を用いた建築と土木

街と山との境界には、巨大な擁壁や柵が張り巡らされている。里山における動物や自然と人間とを調停する仕組みを取り入れることで、街と山との境界領域を形成する。間伐材を用いた土木構築物や建築から「街山」が形成される。

420 矢野 直子 やの なおこ
神戸芸術工科大学
芸術工学部 環境デザイン学科

Elements of architecture
多様さを許容する建築

建築を構成するエレメント(要素)を他者として建築空間に介入させることで、多様な要素がフラット(平等)な状態となり、結果として都市やモノや人に対して、柔軟性があり、多くを許容する建築となるのではないか。

421 廣田 雄磨 ひろた ゆうま
東京理科大学
工学部第一部 建築学科

大らかなる水櫓
豪雨による浸水災害を大洲の新たな日常風景に

河川の増水によって、数年に一度の単位で浸水被害が起きている、愛媛県大洲市の新市街地エリア。ここに、水に浮かぶ「やぐら」のような、日常風景の延長に非日常風景が続くような、自然と共存していく建築を提案する。

422 白馬 千聡 はくば ちさと
東海大学
工学部 建築学科

100軒村の17の暮らし
歌川広重が誇張した日常の再編計画

百

敷地は横浜市の金沢八景、歌川広重が描いた浮世絵の地でかつての百軒村。広重が美しいと誇張表現した、自然と共に暮らす人々や生業により強く結び付いたコミュニティの姿は薄れ、廃れた住宅地となった。そこで、この地を現代の新たな百軒村に再編する。

423 西山 春凪 にしやま はるな
法政大学
デザイン工学部 建築学科

慈景

人のための強い土木に囲まれた繊細な植生。ここに建築が介入し、人と動植物が共生する新たな街をめざす。移り変わる植生、水位、風景、それらの些細な変化に気づき、広大な北海道の自然の豊かさを人々は再認識する。

424 田中 優雅 たなか ゆうが
北海道大学
工学部 環境社会工学科

新京都駅計画
通が創る京の門

現在の京都駅は巨大なボリューム(塊)で形成され、街の南北を隔てる壁となっている。本提案では、鉄道と駅によって分断された南北軸を取り戻し、千年の歴史を持つ古都に新たな大景観を創出する。

425 中井 彬人 なかい あきと
東北大学
工学部 建築・社会環境工学科

ウラヤマ路地ック
斜面住宅地の減築と再編

百 SF

都市部の近代化に伴う人口増加のために、人々は山間部へ移住し、斜面住宅地での巧みな増築によって生活空間を拡張してきた。しかし、人口減少時代の今、再考を迫られている。これからの住まいのために減築と再編の手法を示す。

428 伊藤 一生 いとう かずき
信州大学
工学部 建築学科

郭に添う
城址公園再編と共に見出す土地活用

変わりつつある城の姿。城跡を訪れた人は街の文化を知り、街を訪れた人は城の価値を認識する。それぞれがその土地の新しい魅力に気づく拠点となる空間を提案し、城跡とそれに寄り添う街のあり方を再考する。

429 安武 覚 やすたけ さとる
首都大学東京
都市環境学部 都市環境学科

自然に生まれるコミュニティ

スラムでは、人々は自ら暮らしを形成し、住民同士が助け合い、親密なコミュニティが生まれている。しかし、災害面や衛生面など、問題は多い。さらなる街の発展につなげるため、スラムと自然との共生の実現をめざす。

431 黒柳 雄一 くろやなぎ ゆういち
日本福祉大学
健康科学部 福祉工学科

匿名のヘテロトピア

バーチャル(仮想現実)化が加速するロードサイドにおいて、リアルな建築をめざした。さまざまな都市空間に用途を与え、それらをコラージュしていくことで、場所性をもたないロードサイドのショッピング・センターを提案する。

434 荒木 俊輔 あらき しゅんすけ
九州大学
工学部 建築学科

ふと呟いたのは、独り言じゃなくて、誰かへ宛てた言葉

携帯電話が普及し、他人から見えない場所で人と話すことができるようになった。SNS(Social Networking Service)が生まれ、コミュニティ・センターの意義が問われるようになる。SNSの構造と建築を組み合わせることで、人々の新たな交流を模索する。

435 宍戸 且典 ししど かつのり
東北工業大学
工学部 建築学科

となりの空き地は使えない
use a vacated room.

空き地や空き家という形で、街から私たちの場所が削除されていく。現代家族を見直し、社会システムを改めることで、空き家問題を解消する新たな集合住宅モデルを提案する。空いた場所を住民に開放し、住民が活用する。

436 春田 隆道 はるた たかみち
北九州市立大学
国際環境工学部 建築デザイン学科

つながっているけどつながっていない
to connect is to divide

人と人とが確実に別の存在でありながらも引かれ合うように、物理的には非連続な空間が、ある関係性を持ちながら連続的に立ち上がり、無限に広がっていく。人と人との間で伸縮する意識にも似た新しい建築を設計する。

437 佐藤 淳 さとう じゅん
東京理科大学
工学部第一部 建築学科

The possibility of useless landscape
常滑地区の用途不明土地がつなぐ観光と地域の場の提案

[百]

街を歩き観察して見つけた「用途不明の土地」という存在。その中でも、使い途のない土地に新たな価値を与えることにより、地域全体にこれまでにない関係性を生み出すことを提案する。

438 森 史行 もり ふみゆき
近畿大学
建築学部　建築学科

動態作法
卒業論文『利用者の主体的な行為を誘発する建築設計手法』の実践

建築は今や工業製品となり下がってしまった。機能によって固定化された建築と人間との静的な関係性を再考。建築が機能を定めるのではなく、人間が建築から機能を見出し、それに応じて振る舞う、本来あるべき動的な関係性を取り戻す。

439 山口 裕太 やまぐち ゆうた
名古屋工業大学
工学部　第一部　建築・デザイン工学科

まちとふくしの多彩風景

近年、「超高齢社会」が深刻化している。中でも地方が受ける影響は顕著で、重要な課題の1つである。本設計では、「まち」と「ふくし」の距離を建築化することで、地方におけるこれからの「ふくし」のあり方を提案する。

442 塚田 佑弥 つかだ ゆうや
日本福祉大学
健康科学部　福祉工学科

サプライ

建築による「サプライ」の提案。新しい建築を作る時に水を供給する、電気を供給する、足場を供給する建築。子供に栄養を与える母体の如くやさしい建築。

444 小島 佑樹 こじま ゆうき
日本工学院専門学校
建築設計科

Agri-Tecture
アーバンフリンジの景観変化に対する農住一致型建築

都市近郊農業は少量多種の作物栽培に加え、自然教育の場としての需要がある。アーバン・フリンジ（都市周辺部）特有の都市と田園の連なりが新たな農業形態の可能性を生む。農村に対して、新規就業者の参入による農住一致型建築を提案する。

445 松井 俊裕 まつい としひろ
神戸芸術工科大学
芸術工学部　環境デザイン学科

New Owner's Method
難民・移民向け簡易住居

[百]

ベニアと断熱材を用いたパネル、ジョイントをつなげるだけで、簡易的にコンパクトな住居を作ることができるオリジナルの構法を提案。建材をパーツ化することで、どこでも製造、誰でも施工可能な1日で作れる住居を提案。

446 野中 俊彦 のなか としひこ
日本大学
生産工学部　建築工学科

牢乎林
硬石山の価値の変遷

「時間のランドスケープ（地形や景観）と本質の現れ」。現在、採石が行なわれている北海道の硬石山に、採石終了後、現代美術館を建設する提案を行なった。

447 御家瀬 光 みかせ ひかり
札幌市立大学
デザイン学部　デザイン学科
人間空間デザインコース

Pleasant School
子どもたちの今と未来が明るくあるように

すべての子供が、自己肯定感や自信を身につけるために重要な小学校時代をより快適に過ごし、そして自分自身を認めて、自分の居場所と思えるような場を提案する。

448 久保 ふくの くぼ ふくの
北海学園大学
工学部　建築学科

はだしで歩けない

[百]

「社会のレール」から脱線してしまった人たちの、社会復帰の難しさが問題となっている。地域に対する人々の意識が低い現代で、流木という資源を用いた1カ月の活用期間により、海と街、人と社会をつなぐ建築を提案をする。

450 鈴木 輝 すずき ひかる
日本大学
生産工学部　建築工学科

さよならわたし、こんにちはわたし

自然とわたし。ものとわたし。ヒトとわたし。本当のわたしはどこにいるのか。ヒトは他者に対して寛容なのか。他者にあふれた今。自由に生きていけないわたし。日常の中に、他者に対して寛容になれる今を提案する。

457 瀬田 直樹 せた なおき
日本大学
生産工学部　建築工学科

自由の境界線
刑務所と都市のコンプレックス

[百]

私たちが生きる自由な都市に対し、刑務所は自由のない対極的な存在であるが、建築を構成する要素は都市と刑務所の間に大差はない。自由と不自由を規定する要素をとらえ直し、都市と刑務所の関係性を再考する。

458 井口 直士 いぐち なおと
東京理科大学
理工学部　建築学科

物流の解体。

商業都市のコンテクスト（状況）を考えた時、都市はもはや完璧に管理された商品である、という壮大な世界観に基づけば、商業都市と物流倉庫が同じだと考えられる。物流空間における倉庫を都市によってどのように開放できるかを模索する。

459 岩阪 大 いわさか まさる
京都建築大学校
建築学科

見えない感覚で
視覚障害者の空間把握の視点から

百

見えない人はどのように空間を把握しているのか、見えない人の世界から建築をとらえ直す。

460 坂田 晴香 (さかた はるか)
東京理科大学
理工学部 建築学科

すなぎんを学ぶ

百 SF

惣菜店の多い商店街に、厨房を複数の店舗と共有した分散型の調理師専門学校を設計。商店街全体を1つの食空間と見立て、そこでしか体験できない食体験を通して、学校と街の新たな共生のかたちを提案する。

461 池田 葵 (いけだ あおい)
東京理科大学
理工学部 建築学科

つぎはぎの記憶

百

群馬県、伊香保温泉の石段街。時代の流れによってできた地区の中央にある石段街と、大型旅館との間の街路空間は弱体化が進んでいる。中央の石段街だけが観光地として栄えている今、周囲の街路空間を復興し、街に面的な広がりを与える。

463 佐藤 裕士郎 (さとう ゆうじろう)
日本大学
生産工学部 建築工学科

つむぎ、つなげる

都市インフラである高架によって分断された街とコミュニティ。さまざまな人が利用できる飲食店やゲストハウス、路地を作ることで、少子高齢化やコミュニティ障害などの社会問題の解決につながる計画を提案したい。

465 廣瀬 郁子 (ひろせ いくこ)
日本大学
生産工学部 建築工学科

郊外境界自治
変化する様相を受け入れる緩衝帯

人々が画一的な暮らしのルールの中で競っているように感じられてしまう郊外の核家族。そこには多様化した「カタマリ」を内包することができない。家族の境界を再定義し、変化する様相を受け入れる緩衝空間を設計する。

467 佐藤 素春 (さとう もとはる)
法政大学
デザイン工学部 建築学科

Whose City Is It?

東京の秋葉原では、さまざまな欲望が渦巻き、各々が利己的に暴走し、統合することのない都市空間が生み出され、または都市空間が殺されている。これはそれらの欲望を衝突させた、エクストリーム(極限)化する都市の行く末についての試論である。

468 間崎 紀稀 (まさき かずき)
東京大学
工学部 建築学科

記憶の結晶：感覚∞自然∞精神
アルゴリズムによる相互共生コミュニティの提案

「宮沢賢治の『想い』を五感で感じ、相互共生を体験するコミュニティ」を提案する。この地は桃源郷のようで、人々が「ゲスト」として訪れ、「ホストである村人」と共に、貨幣を前提としない共同生活を営む。

469 園田 哲郎 (そのだ てつろう)
武蔵野大学
工学部 建築デザイン学科

まちを結ぶ

仙台市内の住宅団地、虹の丘団地と隣接する私立大学を対象として、従来は教室の中にあった学びの場を団地内に差し込むことで、学生と住民、そして住民同士をつないでいく仕組みを提案する。

470 佐々木 結 (さきき ゆう)
東北大学
工学部 建築・社会環境工学科

余地はスキマが作る

「食べるところ」「働くところ」に分けられている機能的な空間を窮屈に感じることがある。他の機能も許容できる余地のあるモノに、豊かな空間のヒントが隠されていると感じた。

472 南 あさぎ (みなみ あさぎ)
東京理科大学
理工学部 建築学科

楽しく子育てできるかな？
被災地が取り残した現実と、その先。

百

4年間の移住と1年間の調査の末に見えてきた現実とは。コミュニティ・スペースの時代はもう終わり。卒業設計史上、最大の2千万円をかけて2019年4月から施工される、最初のプロジェクト。すべては子供たちの明るい未来のために。

473 田中 惇敏 (たなか あつとし)
九州大学
工学部 建築学科

sazanami

現在、閑静な住宅地である横須賀市の浦賀は、江戸末期には開国の要所であった。ペリー率いるアメリカ合衆国の艦隊は人々に衝撃を与え、人々の好奇心をかき立てた。本設計では「黒船来航」を彷彿させる建築を考える。

474 張 致遠 (ちょう ちえん)
九州大学
工学部 建築学科

石橋の恣意性　或いは地球

百

提案するものは都市の中にある空間。たとえば、建物と建物のすき間のように、人間の恣意が及び届かぬところを建築的に拡張することを試みる。現代の都市を、より自然に、超都市的に形成することを試みる。

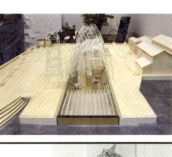
476 石橋 佑季 (いしばし ゆき)
九州大学
工学部 建築学科

ミヒャエル・エンデ『はてしない物語』に基づく没入建築

誰しも、何かに明け暮れ没頭し、夢中になった経験があるのではないだろうか。私にとって、それは「読書」だった。物語にのめり込むという体験「没入」を3次元空間に変換し、空間化する試み。

479 星 さくら はし さくら
東北大学
工学部 建築・社会環境工学科

無為は建築にとって有為か
ビルディングタイプとしてのデータセンターを例に考察する

無為による建築観を提示する。現代の建築設計は主に直接的な有為（アクティビティなど）の視点が中心である。一方で建築家は無為の視点からも建築を考察する必要がある。私はデータ・センターを例に無為から考察する。

480 矢口 芳正 やぐち よしまさ
東京理科大学
工学部 建築学科

都市に舞台を

百 | SF

都市のすき間に仮設の演劇空間を挿入することで、建替えや改修なしに土地そのものに価値を与える、新たな都市のコンバージョン（用途転換）の形を提案する。時間の流れとともに変化する仮設の空間はそこにいる人々の記憶となる。

482 髙橋 里菜 たかはし りな
東京都市大学
工学部 建築学科

駅ナカ一体建築都市
上野駅建替・東上野再開発計画に対するカウンタープラン

駅によって分断された街は、それぞれ違った性格を持つ地区による不連続な都市を形成し、境界線（線路）の両側で異なる文化が表／裏の関係で共存している。人々がその街の「文化を横断的に体験する」ために、境界線を場としてとらえ、提案する。

484 大野 向輝 おおの こうき
東京理科大学
理工学部 建築学科

アイデンティティーの境界

技術、情報網、郵送制度の発達などにより、どこでも同じような街並み、情報、物が見られる現代では、本来あるはずの地域の歴史や意味が薄れていく。新しい「意味」を探すことで現代のアイデンティティを設計する。

487 渡辺 美季子 わたなべ みきこ
北海道大学
工学部 環境社会工学科

残塊
自己完結型原子力エネルギー拠点による都市空間における核施設の再考

私の故郷、青森県六ヶ所村に核廃棄物が運ばれる。電力大消費地ですべて賄えるように、自己完結型原子力エネルギー拠点を東京の八重洲に提案する。核施設の周囲に核廃棄物を積層、表面の農地で排熱を利用する。そこは電気と食料を生む「残塊」となる。

489 瀬川 隼平 せがわ じゅんぺい
芝浦工業大学
工学部 建築学科

文架創庫の搭乗口
都市におけるオフィスと大学施設の国際的交流の提案

百

港の環境未来都市、横浜市のMM21地区。30年の歴史の中で急速に都市開発が進んだ一方、地域住民たちの交流の場は少ない。これから歴史を刻むMM21地区に、人々の心の記憶を未来へ継承していくべきである。

490 宮本 彩加 みやもと あやか
神奈川大学
工学部 建築学科

庭に住う

回遊式庭園を通して、より魅力的な場所にすることが可能ではないか。東京の旧・築地市場の遺構を残し、フード・パークを持つ庭園を提案する。東京に残る、歴史的遺構を庭園とし、築地の新たな景色となることをめざす。

491 栗田 幸乃助 くりた こうのすけ
東京理科大学
工学部 建築学科

EXHIBITOR 2019
331

INDEX

出展者名・学校名索引

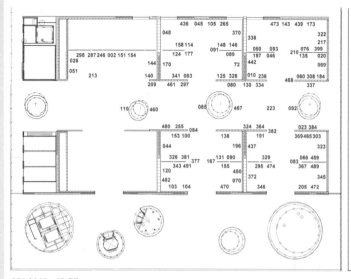

SDL2019_ID 5F

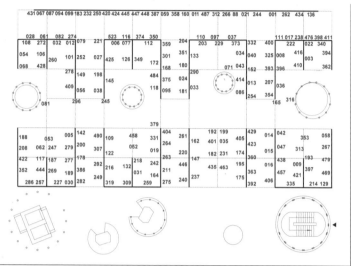

SDL2019_ID 6F

INDEX_name
出展者名索引

	よみがな	氏名	ID		よみがな	氏名	ID		よみがな	氏名	ID
あ	あいかた けんじ	相方 健次	112		いませ なおき	今瀬 直季	393		おりお しょうた	折尾 章太	227
	あおき まさこ	青木 雅子	066		いわさか まさる	岩阪 大	459	か	かいとう そら	海藤 空	182
	あおやま ないる	青山 ないる	094		いわさき しゅうたろう	岩﨑 秋太郎	135		かいぬまれな	貝沼 玲奈	416
	あきやま ゆき	秋山 由季	236		いわさき すみれ	岩﨑 すみれ	003		かけがわ まのこ	掛川 真乃子	362
	あきやま ゆきほ	秋山 幸穂	118		いわさわ さとり	岩沢 怜里	052		かげやま たつき	影山 巽基	133
	あさい けんや	淺井 健矢	381		いわた しゅうや	岩田 周也	387		かつべ あきたか	勝部 秋高	337
	あさい ゆか	浅居 佑香	034		いわた みく	岩田 美紅	165		かとう こうま	加藤 昂馬	108
	あさい ゆな	浅井 唯那	400		いわはな けんご	岩花 建吾	295		かとう ゆう	加藤 佑	198
	あざみ たくま	浅見 拓馬	174	う	うえたけ あつし	植竹 淳史	088		かなざわ めぐむ	金沢 萌	398
	あしだ こういちろう	芦田 弘一朗	038		うえの じゅん	上野 純	086		かねこ ゆずな	金子 柚那	094
	あべ かいと	阿部 海斗	082		うえまつ あせい	上松 亜星	122		かまつか よしひこ	鎌塚 芳彦	054
	あべ なつみ	阿部 夏実	083		うえやま みな	上山 美奈	249		かやのき としき	栢木 俊樹	116
	あまり ゆう	甘利 優	109		うしくぼ えみ	丑久保 瑛美	250		かわい としき	川合 俊樹	061
	あらい まさき	荒井 聖己	345		うの はやと	宇野 勇翔	286		かわした ひろかず	川下 洋和	046
	あらかね なお	荒金 菜緒	301		うのき ゆか	夘木 佑佳	143		かわしま やすひろ	川島 裕弘	260
	あらかわうち たいしん	荒川内 大心	307		うらじ はるか	浦地 陽香	131		かわせ ともひさ	川瀬 智久	008
	あらき しゅんすけ	荒木 俊輔	434	え	えりかわ たつや	江利川 達也	140		かわなが つばさ	川永 翼	272
い	いいの じゅんや	飯野 淳也	369		えんどう なおき	遠藤 直輝	051		かわの まりこ	河野 茉莉子	050
	いがき あきひろ	井垣 暁太	325		えんどう りょうへい	遠藤 涼平	343		かわもと じゅんぺい	川本 純平	019
	いくざわ りょう	生澤 亮	183	お	おおいし りな	大石 理奈	328		かんど ゆうう	神門 侑子	203
	いぐち なおと	井口 直士	458		おおかた ときや	大方 利希也	106	き	きしの ゆうや	岸野 佑哉	374
	いけだ あおい	池田 葵	461		おおかわ ひずき	大川 緋月	200		きたじま こうだい	北嶋 晃大	278
	いさか しょうご	井坂 匠吾	153		おおたに かえで	大谷 楓	032		きのした きょうすけ	木下 喬介	353
	いざわ さき	射和 沙季	056		おおたに ひろき	大谷 拓輝	386		きむら あきひろ	木村 晟洋	026
	いしかわ あきら	石川 晃	277		おおたに りこ	大谷 理個	043	く	くどう こうへい	工藤 浩平	058
	いしだ みゆ	石田 美優	090		おおにし ことこ	大西 琴子	189		くぼ ひろき	久保 大樹	221
	いしばし ゆき	石橋 佑季	476		おおの こうき	大野 向輝	484		くぼ ふくの	久保 ふくの	448
	いずみ ちかこ	泉 智佳子	195		おおはし あつし	大橋 敦	274		くらもち しょうた	倉持 翔太	132
	いつき ようすけ	斉 陽介	290		おおはし まりな	大橋 茉利奈	184		くりた こうのすけ	栗田 幸乃助	491
	いとい あずさ	糸井 梓	175		おおむら しゅん	大村 駿	222		くりばやし しょうた	栗林 勝太	014
	いとう かずき	伊藤 一生	428		おかじま みつき	岡島 光希	326		くりはら しゅう	栗原 就	292
	いとう きみひと	伊藤 公人	114		おかだ じゅん	岡田 潤	263		くろき ゆうと	黒木 勇人	375
	いとう きょうこ	伊藤 京子	297		おかべ けんや	岡部 兼也	262		くろやなぎ ゆういち	黒柳 雄一	431
	いとう けん	伊藤 健	138		おかもと ゆうか	岡本 優花	332	こ	こうだ かずき	好田 一貴	042
	いとう こうさい	伊藤 滉彩	101		おくむら しゅういち	奥村 収一	120		こじま ゆうき	小島 佑樹	444
	いとう ひなこ	伊藤 日向子	050		おざわ なるみ	小澤 成美	177		ごのい だいすけ	五ノ井 大輔	335
	いのうえ けいすけ	井上 恵友	129		おちあい あきら	落合 諒	199		こばやし そう	小林 颯	392
	いのうえ たいすけ	井上 泰佑	023		おのえ あつし	尾上 篤	017		こばやし ふみか	小林 史佳	349
	いのはな まい	猪花 茉衣	396		おばた ともみ	小幡 智実	216		こばやし りょうた	小林 亮太	411

146　SENDAI DESIGN LEAGUE 2019

	よみがな	氏名	ID
	こまだ こうき	駒田 浩基	130
	こやし しゅんすけ	小屋 峻祐	084
	こや しょうご	古家 翔吾	207
	こやま あさこ	小山 朝子	397
	こやま かおり	小山 佳織	242
	こやま ゆうき	小山 祐紀	033
	ごん すんそく	権 純碩	351
	こんどう ゆうた	近藤 裕太	350
さ	さいじょう あんみ	西條 杏美	160
	さえき まさこ	佐伯 雅子	373
	さかい けんたろう	坂井 健太郎	155
	さかた はるか	坂田 晴香	460
	さかもと たつや	坂本 達哉	364
	さこぐち まほ	砂古口 真帆	275
	ささき なつほ	佐々木 夏穂	379
	ささき ゆう	佐々木 結	470
	さづか しょうた	佐塚 将太	024
	さづか ゆき	佐塚 有希	144
	さとう じゅん	佐藤 淳	437
	さとう なみ	佐藤 菜美	208
	さとう ひろと	佐藤 寛人	410
	さとう もとはる	佐藤 素春	467
	さとう ゆうじろう	佐藤 裕士郎	463
	さわしま れい	澤嶋 伶	245
し	しげむら ひろき	重村 浩槻	125
	ししど かつのり	宍戸 且典	435
	しのき みお	篠木 美桜	193
	しのはら けん	篠原 健	146
	しまだ ゆみ	嶌田 優実	124
	しまづ りな	島津 利奈	255
	しみず ふみこ	清水 史子	044
	しみず るみか	清水 瑠美香	308
	しめかけ よしかず	七五三掛 義和	214
	しゅ じゅんよう	朱 純瞳	172
	じゅうもんじ もえ	十文字 萌	173
	しらいし このこ	白石 鼓野呼	316
	しんち りょうた	新地 瞭太	363
す	すうほう なほ	数宝 奈保	027
	すがわら みちこ	菅原 倫子	384
	すがわら みほ	菅原 美穂	313
	すぎうら ゆういちろう	杉浦 雄一郎	265
	すぎさき ひろたか	杉崎 広空	252
	すぎもと もえ	杉本 萌	253
	すずき あつや	鈴木 篤也	069
	すずき とおる	鈴木 徹	053
	すずき ひかる	鈴木 輝	450
	すずき りょうた	鈴木 遼太	170
	すなかわ りょうた	砂川 良太	101
	すなだ まさかず	砂田 政和	001
	すみい たかゆき	角井 孝行	259
	すみだ しょうた	住田 昇太	354
	すみよし ふみと	住吉 文登	404
せ	せがわ じゅんぺい	瀬川 隼平	489
	せた なおき	瀬田 直樹	457
そ	そう う	曹 雨	028
	そのだ てつろう	園田 哲郎	469
た	たかせ みちの	高瀬 道乃	094
	たかなし あつし	高梨 淳	382
	たかはし かい	高橋 海	047
	たかはし こうき	高橋 向生	020
	たかはし まり	髙橋 真理	187
	たかはし りな	髙橋 里菜	482
	たかはし りょうたろう	高橋 遼太朗	309
	たかみどう ふうか	高見堂 風花	334
	たくの あおい	宅野 蒼生	237
	たけい りほ	武井 里帆	012
	たけうち こうすけ	竹内 宏輔	136
	たじま ゆういちろう	田島 佑一朗	394
	たなか あつとし	田中 惇敏	473
	たなか たいが	田中 大我	257
	たなか ゆう	田中 優	063
	たなか ゆうが	田中 優雅	424
	たなか ゆうや	田中 雄也	100
	たぶち ひとみ	田淵 ひとみ	118

	よみがな	氏名	ID
	たむら まこ	田村 真子	359
ち	ちょう ちえん	張 致遠	474
つ	つかだ ゆうや	塚田 佑弥	442
	つかもと さり	塚本 沙理	209
	つじかわ たつき	辻川 樹	319
	つだ けんた	津田 健太	210
て	てらさわ たかなり	寺沢 鳳成	010
	てらだ りょう	寺田 亮	060
と	どい かいし	土井 海志	220
	どうぐち いおり	堂口 一織	013
	とうま かずき	藤間 一希	110
	とがし りょうた	富樫 遼太	118
	とがみ なつき	戸上 夏希	048
	どきや ようこ	土器屋 葉子	244
	とくの ゆか	徳野 友香	167
	とみた わかこ	富田 和花子	111
	とりはた けいし	鳥羽田 圭志	097
な	なかい あきと	中井 彬人	425
	なかいえ ゆう	中家 優	158
	なかうえ たかや	中上 貴也	246
	なかがわ りん	仲川 凜	148
	なかがわら かな	中川原 佳奈	282
	なかくら しゅん	中倉 俊	162
	なかじま あんな	中島 安奈	009
	なかじま けんた	中島 健太	119
	ながしま ひろあき	永島 啓陽	050
	なかしま もね	中島 萌音	352
	ながせ あかり	長瀬 紅梨	011
	なかた かえい	中田 嘉英	154
	なかだ とものり	中田 智徳	205
	ながた よしろう	長田 宜郎	340
	なかの てるまさ	中野 照正	196
	なかむら ふみひこ	中村 文彦	372
	なかむら ゆうた	中村 勇太	092
	ながもと さとる	永本 聡	002
	なかやま げんた	中山 源太	279
	ながやま こうへい	永山 晃平	323
	なかやま まゆみ	中山 真由美	091
に	にし まりの	西 鞠乃	031
	にしぼり しんいち	西堀 慎一	105
	にしむら かほ	西村 佳穂	037
	にしむら ゆうか	西村 優花	399
	にしやま はるな	西山 春凪	423
	にたみず こうじ	二田水 宏次	312
ね	ねもと かずき	根本 一希	076
の	のだ あすか	野田 明日香	095
	のだ さきこ	野田 早紀子	030
	のなか としひこ	野中 俊彦	446
	ののむら けい	野々村 慧	218
	ののむら りょうま	野々村 竜馬	322
	のま ありさ	野間 有朝	006
は	はぎわら まゆ	萩原 万裕	240
	はくば ちさと	白馬 千聡	422
	はせがわ かずき	長谷川 和貴	188
	はせがわ しゅん	長谷川 峻	071
	はたけやま あみ	畠山 亜美	401
	はっとり あつひろ	服部 充紘	232
	はっとり たつる	服部 立	117
	ばば せいこ	馬場 聖子	093
	はばら こうき	葉原 光希	331
	はまかわ はるか	濱川 はるか	005
	はやし ゆうや	林 侑也	192
	はら たくみ	原 巧	081
	はら りょうすけ	原 良輔	045
	はるた たかみち	春田 隆道	436
	ばんどう ちひろ	板東 千尋	080
ひ	ひさ あやみ	比佐 彩美	261
	ひさみなと みや	久湊 美弥	367
	ひらばやし こういち	平林 航一	101
	ひろかわ だいき	廣川 大樹	217
	ひろせ いくこ	廣瀬 郁子	465
	ひろた ゆうま	廣田 雄磨	421
ふ	ふかい まりな	深井 麻理奈	089
	ふくい まさゆき	福井 雅幸	016

	よみがな	氏名	ID
	ふくおか まさる	福岡 優	022
	ふくしま こうだい	福島 広大	036
	ふくもと じゅんや	福本 純也	181
	ふじい けんた	藤井 健大	145
	ふじさわ あかり	藤澤 茜里	204
	ふじさわ むつみ	藤澤 睦	142
	ふじた まさき	藤田 正輝	358
	ふじつか まさひろ	藤塚 雅大	303
	ふじわら りょう	藤原 亮	059
ほ	ほうじょう たいち	北條 太一	267
	ほうずみ なるみ	宝角 成美	147
	ほし さくら	星 さくら	479
	ほそかわ みのり	細川 みのり	409
	ほそか もも	細坂 桃	211
	ほりぐち まきの	堀口 真貴乃	178
	ほんま あもん	本間 亜門	085
ま	まえだ さき	前田 沙希	015
	まさき かずき	間崎 紀稀	468
	まさき こうだい	真崎 広大	197
	ますなが りょう	増永 凌	298
	ますもと けい	増本 慶	264
	まちだ ただひろ	町田 忠浩	151
	まつい としかぜ	松井 俊風	360
	まつい としひろ	松井 俊裕	445
	まつおか たいが	松岡 大雅	062
	まつだ いずほ	松田 出帆	149
	まつだ さき	松田 沙稀	104
	まつばら だいち	松原 大地	079
	まつもと いつき	松本 樹	040
	まつもと だいき	松本 大輝	377
	まるやま みねひろ	丸山 峰寛	231
み	みえだ りょうた	三枝 亮太	254
	みかせ ひかり	御家瀬 光	447
	みかど あやか	見角 彩楓	414
	みなと はるな	湊 春菜	346
	みなみ あさぎ	南 あさぎ	472
	みむら ゆうへい	味村 悠平	406
	みやもと あやか	宮本 彩加	490
も	もり ふみゆき	森 史行	438
	もり ゆりか	森 友里歌	238
	もりした あおい	森下 葵	341
	もりた せいや	森田 聖也	021
	もんでん けんじ	門田 健嗣	087
や	やぎ ゆうへい	八木 佑平	223
	やぐち よしまさ	矢口 芳正	480
	やすい ひかる	安井 ひかる	035
	やすだ たかひろ	安田 隆広	152
	やすたけ さとる	安武 覚	429
	やすはら たいき	安原 大貴	213
	やの なおこ	矢野 直子	420
	やまおか あみ	山岡 亜実	067
	やまぐち こうへい	山口 航平	180
	やまぐち りょうた	山口 稜太	439
	やまじ だいき	山地 大樹	269
	やました なつ	山下 奈津	070
	やまだ りんたろう	山田 倫太郎	296
	やまにし まき	山西 真季	168
	やまもと きょうすけ	山本 恭輔	164
	やまもと そういちろう	山本 壮一郎	370
	やまもと たかのり	山本 隆徳	405
ゆ	ゆるぎ そうた	柚木 壮太	247
よ	よこた しんいちろう	横田 慎一朗	324
	よしかわ みゆか	芳川 美優花	099
	よしもと だいき	吉本 大樹	287
	よねもり ゆみ	米盛 裕美	126
り	りきいし あかね	力石 茜	191
わ	わしおか けんじ	鷲岡 賢司	072
	わたなべ あきこ	渡邉 暁子	103
	わたなべ けんたろう	渡邉 健太郎	338
	わたなべ たくみ	渡辺 拓海	229
	わたなべ まりえ	渡辺 真理恵	077
	わたなべ みきこ	渡辺 美季子	487
	わたなべ りこ	渡部 理子	329
	わたなべ りな	渡邉 莉奈	266

INDEX_school
学校名索引

	学校名	ID
あ	愛知工業大学	040 092 130 135 158
	愛知淑徳大学	266
	青山製図専門学校	340 350
	秋田県立大学	112
お	大阪大学	034 035 036 147 149 220 323 349 360
	大阪芸術大学	027 153
	大阪工業大学	059 061 066 079 082 090 095 116 120 181 249 260 386
	大阪市立大学	072 124
	岡山理科大学	051
か	神奈川大学	015 024 081 362 490
	金沢工業大学	020 308
	関西大学	042 104
	関東学院大学	108 109 119 122
き	北九州市立大学	238 436
	九州大学	045 046 197 312 411 434 473 474 476
	九州産業大学	044 048 177
	京都大学	003 006 008 037 071 131 138 180 184 372
	京都建築大学校	164 165 286 331 354 459
	京都工芸繊維大学	016 017 022 032
	京都市立芸術大学	031
	京都造形芸術大学	014 178 396
	京都美術工芸大学	005 038
	近畿大学	053 063 133 145 187 196 229 247 262 265 287 290 298 438
け	慶應義塾大学	019 062 105 125 129 182 297
こ	工学院大学	172 188 205 217 301 316
	神戸大学	002 009 162 189 237 267 324
	神戸芸術工科大学	047 420 445
	国士舘大学	405
さ	札幌市立大学	447
し	滋賀県立大学	054 244
	芝浦工業大学	140 142 192 392 406 489
	島根大学	154 155 246
	首都大学東京	375 429
	昭和女子大学	033 193 204 240 250 253
	信州大学	152 175 236 428
ち	千葉大学	097 160 167 174 200 254 377
	千葉工業大学	151
	中央工学校	183
つ	筑波大学	211 232 252
と	東海大学	001 422
	東京大学	023 030 060 263 468
	東京藝術大学	255
	東京都市大学	026 056 058 126 296 303 482
	東京理科大学	087 132 168 198 199 203 209 214 216 227 231 257 261 279 292 319 351 353 358 359 364 373 374 381 382 394 397 421 437 458 460 461 472 480 484 491
	東北大学	013 387 425 470 479
	東北芸術工科大学	329 367
	東北工業大学	052 332 335 435
	東洋大学	088 093 103 143
な	名古屋大学	136
	名古屋工業大学	069 091 210 328 399 439
	名古屋造形大学	218
	奈良女子大学	352 414
に	新潟大学	379 401 410
	新潟工科大学	110 111 222 416
	日本大学	010 011 076 077 100 117 146 221 242 245 264 269 272 274 275 277 278 295 307 309 337 338 343 345 346 369 370 384 398 404 446 450 457 463 465
	日本工学院専門学校	444
	日本女子大学	409
	日本福祉大学	325 393 431 442
ほ	法政大学	083 423 467
	北海学園大学	080 282 334 448
	北海道大学	099 424 487
み	宮城大学	012 085 191 195 313
む	武庫川女子大学	067 070
	武蔵野大学	469
め	明治大学	028 084 106 114 144 170 173 223
	名城大学	086 207 208 400
り	立命館大学	043 089 213 259 326 341 363
	琉球大学	021 148 322
わ	早稲田大学	050 094 101 118

APPENDIX

◇付篇

出展者データ2019
開催概要2019
ファイナリスト一問一答インタビュー
表裏一体——SDL連動特別企画
特別講評会企画「エスキス塾」
関連企画やイベントに参加して
SDL2019をもっと楽しむ——仙台建築都市学生会議とは
過去の入賞作品 2003-2018

せんだいデザインリーグ2019
卒業設計日本一決定戦

SDLの会場は、毎年、仙台建築都市学生会議が壁面デザインを担当。
SDL2019では、ファイナル(公開審査)の会場壁面に、歴代の日本一作品のパネルが飾られた。

Photos except as noted by Toru Ito, Izuru Echigoya.

Exhibitors' Data 出展者データ2019

登録作品数：491作品
出展作品数：331作品

*データの内容は、出展者の応募登録の際に、公式ホームページ上で実施したアンケートへの回答をもとに集計したもの(STEP 1-2: 2019年1月8日～2月8日)。

◆出展者の男女別人数(人)

女性 126
男性 213

*複数人のグループはメンバー全員を含む(全339人)

◆出展者の出身地域(人)

海外 2
北海道 8
東北 26
関東 126
中部 63
近畿 79
中国 7
四国 8
九州・沖縄 20

*出展者の出身地を集計
*複数人のグループはメンバー全員を含む(全339人)

◆出展作品のカテゴリー分類①プロジェクト・タイプ(作品数)

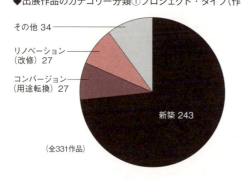

その他 34
リノベーション(改修) 27
コンバージョン(用途転換) 27
新築 243

(全331作品)

◆建築を志した動機(人)

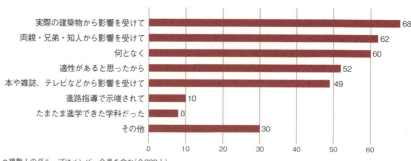

実際の建築物から影響を受けて 68
両親・兄弟・知人から影響を受けて 62
何となく 60
適性があると思ったから 52
本や雑誌、テレビなどから影響を受けて 49
進路指導で示唆されて 10
たまたま進学できた学科だった 8
その他 30

*複数人のグループはメンバー全員を含む(全339人)

◆影響を受けた、あるいは好きな建築家(人)

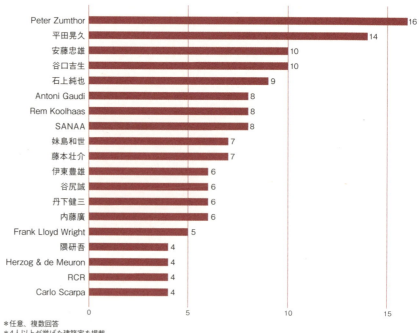

Peter Zumthor 16
平田晃久 14
安藤忠雄 10
谷口吉生 10
石上純也 9
Antoni Gaudi 8
Rem Koolhaas 8
SANAA 8
妹島和世 7
藤本壮介 7
伊東豊雄 6
谷尻誠 6
丹下健三 6
内藤廣 6
Frank Lloyd Wright 5
隈研吾 4
Herzog & de Meuron 4
RCR 4
Carlo Scarpa 4

*任意、複数回答
*4人以上が挙げた建築家を掲載

◆影響を受けた、あるいは好きな建築(人)

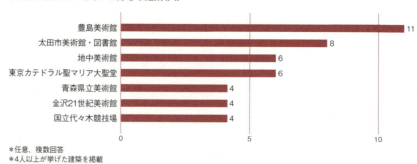

豊島美術館 11
太田市美術館・図書館 8
地中美術館 6
東京カテドラル聖マリア大聖堂 6
青森県立美術館 4
金沢21世紀美術館 4
国立代々木競技場 4

*任意、複数回答
*4人以上が挙げた建築を掲載

◆出展作品のカテゴリー分類②ビルディング・タイプ(作品数)

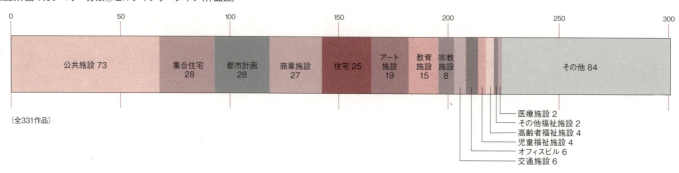

公共施設 73
集合住宅 28
都市計画 28
商業施設 27
住宅 25
アート施設 19
教育施設 15
宗教施設 8
交通施設 6
オフィスビル 6
児童福祉施設 4
高齢者福祉施設 4
その他福祉施設 2
医療施設 2
その他 84

(全331作品)

Program　開催概要2019

せんだいデザインリーグ2019　卒業設計日本一決定戦

・・「卒業設計日本一決定戦」のコンセプト
「公平性」= 学校の枠や師弟の影響を超えて、応募した学生の誰もが平等に立てる大きなプラットフォーム(舞台)を用意すること。
◇学校推薦、出展料不要
◇学生による大会運営

「公開性」= 誰もが見ることができる公開の場で審査すること。
◇広く市民に開かれた場での審査
◇書籍、展覧会(メディアミックス)による審査記録を含む大会記録の公開／アーカイブ化

「求心性」= 卒業設計大会のシンボルとなるような、誰もが認める建築デザインの拠点となり得る会場を選ぶこと。
◇せんだいメディアテークでの開催
◇世界的に活躍する第一線級の審査員

・・開催日程
[予選]2019年3月2日(土)
[セミファイナル]2019年3月3日(日)
[ファイナル(公開審査)]2019年3月3日(日)
[作品展示]2019年3月3日(日)〜10日(日)10:00〜19:00(最終日は15:00まで)

・・会場
予選／セミファイナル／作品展示：せんだいメディアテーク(5階ギャラリー3300／6階ギャラリー4200)
ファイナル(公開審査)：せんだいメディアテーク(1階オープンスクエア)

・・審査方法
1. 予選
全出展作品から上位100作品を選出。審査員が展覧会場を巡回しながら審査する。各審査員は100票をめやすに投票。学生スタッフが投票された目印のシールを展示キャプション(作品情報を表示する札)に貼り付ける。得票数をもとに、協議の上で100作品をめやすに予選通過作品を決定。
■予選審査員
トム・ヘネガン(Tom Heneghan)／西澤 徹夫／武井 誠／栃澤 麻利／中川 エリカ／小野田 泰明／小杉 栄次郎／齋藤 和哉／櫻井 一弥／恒松 良純／友渕 貴之／中田 千彦／西澤 高男／福屋 粧子／堀口 徹／本江 正茂

2. セミファイナル
①グループ審査
審査員を2人ずつに分けた3グループと審査員長、計4グループに分かれて、展覧会場を巡回しながら審査する。先の3グループは、予選通過100作品(100選)を3分割し、それぞれ1/3ずつの作品を分担して審査し、各10作品を選出。各グループごとの選出作品には、上から松竹梅の3段階で評価を付ける。審査員長は100選を中心に審査し、10作品をめやすに選出(今年は上から松竹、梅の2段階で評価を付けた)。
②ディスカッション審査
◎審査員プレゼンテーション
各グループごとに、各選出作品の評価点を解説。
◎ディスカッション
グループ審査での選出作品を対象に、協議の上でファイナリスト10組および補欠3組を決定する。以下の条件を満たせない場合、補欠作品が繰り上げでファイナリストとなる。
◇現地で本人と連絡がとれること
◇指定時間までに本人がファイナル公開審査会場に到着できること
■セミファイナル審査員
審査員長　平田晃久
審査員　トム・ヘネガン(Tom Heneghan)／西澤 徹夫／武井 誠／栃澤 麻利／家成 俊勝／中川 エリカ
司会　本江 正茂

3. ファイナル(公開審査)
①ファイナリスト10組によるプレゼンテーション(各5分) + 質疑応答(各8分)。
②追加の質疑応答、ディスカッション(70分)により各賞を決定。
■ファイナル審査員
審査員長　平田 晃久
審査員　トム・ヘネガン(Tom Heneghan)／西澤 徹夫／武井 誠／栃澤 麻利／家成 俊勝／中川 エリカ
進行役　櫻井 一弥
コメンテータ(下記の中継会場で、審査の実況解説)
せんだいメディアテーク(7階スタジオシアター)：小杉 栄次郎／齋藤 和哉／友渕 貴之／福屋 粧子

・・賞
日本一(盾、賞状、賞金10万円、賞品 Herman Miller「Aeron Chair Remastered Graphite」〈提供：株式会社庄文堂〉)
日本二(盾、賞状、賞金5万円、賞品 Herman Miller「イームズ・プラスチック・シェル・サイドチェア　ワイヤーベース」〈提供：株式会社庄文堂〉)
日本三(盾、賞状、賞金3万円、賞品 ACTUS「LEDデスクランプ」〈提供：株式会社北洲「FOLKS Lifestyle Supports by ACTUS」〉)
特別賞　2点(賞状)

・・応募規定
1. 応募方法
「せんだいデザインリーグ2019　卒業設計日本一決定戦」公式ウェブサイト上の応募登録フォームにて応募(2段階)を受付。
＊模型の運搬に関わる料金は自己負担。
＊各STEPの締切までに応募登録が完了していない場合は出展不可。

2. 応募日程　STEP1 メンバー登録：2019年1月8日(火)15:00〜2月1日(金)15:00
応募登録　　　STEP2 出展登録：2019年1月8日(火)15:00〜2月8日(金)15:00
作品運送料入金：2018年2月22日(金)
作品搬入：2019年2月27日(水)〜28日(木)
会場設営：2019年2月28日(木)〜3月1日(金)
会場撤収：2019年3月11日(月)〜13日(水)

3. 応募資格
大学または高等専門学校、専門学校で、都市や建築デザインの卒業設計を行なっている学生。共同設計の作品も出展可能(共同設計者全員が応募資格を満たすこと)。
＊出展対象作品は2018年度に制作された卒業設計に限る。

4. 必要提出物
◇パネル
A1判サイズ1枚、縦横自由。スチレンボードなどを使用し、パネル化したもの(5mm厚)。表面右上に「出展ID番号」(STEP1登録時に発行)を記載のこと(文字の大きさは24pt以上)。
◇ポートフォリオ2冊(同一内容のもの)
卒業設計のみをA3判サイズのポケットファイル1冊にまとめたもの。表紙(1ページめ)に「出展ID番号」を記載のこと。
◇模型(任意)
卒業設計用に作成したもの。
＊1人あたりの作品の展示可能面積は「幅1m×奥行2m以内」まで。
＊梱包物の総重量は、原則「50kg」まで。
＊パネル、ポートフォリオがそろっていない場合は、審査対象外。
＊ポートフォリオ1冊とファイナリストのパネルは返却しない(アーカイブ用に保管)。その他は原則返却する。

・・主催
仙台建築都市学生会議　　せんだいメディアテーク

Photo by Toru Ito.

Finalist Q&A ファイナリスト一問一答インタビュー

Question——問

① 受賞の喜びをひとことでお願いします。
② この喜びを誰に伝えたいですか?
③ プレゼンテーションで強調したことは?
④ 勝因は何だと思いますか?
⑤ 応募した理由は?
⑥ 一番苦労したことは?
⑦ 大学での評価はどうでしたか?
⑧ 卒業論文のテーマは?
⑨ 来年の進路は?
⑩ どうやってこの会場まで来ましたか?
⑪ 建築を始めたきっかけは?
⑫ 建築の好きなところは?
⑬ 影響を受けた建築家は?
⑭ 建築以外に今一番興味のあることは?
⑮ Mac or Windows?　CADソフトは何?
⑯ SDL(せんだいデザインリーグ　卒業設計日本一決定戦)をどう思いますか?

Photo by Izuru Echigoya.

Answer——答

日本一　ID118　富樫 遼太／田淵 ひとみ／秋山 幸穂
(A型・乙女座／O型・天秤座／A型・乙女座)

① 議論にあげていただけて光栄です。感謝でいっぱいです。
② 秋田で暮らす祖父母。
③ 世界観へと引き込むこと。
④ 目を背けたくても、建築界が向き合わなければいけないテーマであり、それを感じ取っていただけたこと。
⑤ 卒業計画の対象地は秋田で、建築を勉強しているのは東京、その中間地点に位置し自身の故郷である仙台で本計画を発信するべきだと思ったため。
⑥ 3人での協調。
⑦ 学内審査後、大隈講堂公開審査会に選出されましたが、順位伸びずでした。
⑧ 山間集落における集落住民と外部主体の非予定調和的協働について／密集居住区の街路空間における構成要素の生成・維持メカニズムに関する研究／ウェアラブルデバイスを用いた知的生産性評価
⑨ 早稲田大学大学院。
⑩ 夜行バス。
⑪ 理数系科目が得意だったがデザインする仕事がかっこいいと思ったため。／中学、高校時代の部活動で使用していた劇場での体験。／ものづくりが好きで、自分が関わったものが形として残る仕事がしたかったため。
⑫ 幅広いところ。／異分野と積極的に協働できること。／協働して規模の大きい建物を建てられること。
⑬ 象設計集団／Alvar Aalto、Alvaro Siza／隈研吾
⑭ アウトドア／サイケデリックアート／刺繍
⑮ Mac、Revit
⑯ 卒業設計のお祭広場みたい。多くの作品と出会い、自己と相対化することができました。

日本二　ID173　十文字 萌
(B型・乙女座)

① 受肉成功して、うれしいです。ありがとうございます。
② 門脇先生、家族、研究室の人々、手伝ってくれた後輩に伝えました。
③ ものを先に作って、後から考える実験的なプロセスで設計を行なったこと。そのため最初は想定していなかった結果が見えたこと。
④ 人のために作ったものたちが、結果として、都市のためになるという価値の転換が起きていたこと。そのことを平田審査員長の講評の中で気づけたこと。
⑤ 2017年に卒業設計を手伝った先輩が出展していたため。
⑥ 作ったものたちに何が起きているかを言葉にすること。
⑦ 最優秀賞の堀口賞でした。
⑧ 卒業論文は執筆していません。
⑨ 明治大学大学院、構法計画研究室の修士課程に進みます。
⑩ 同じ研究室で出展する同期が運転するレンタカーで来ました。
⑪ 美術と物理の授業が好きだったから。
⑫ 建てたら必ず、その後何年も影響力を持つところ。
⑬ 門脇耕三、山元隆志。
⑭ 日本刀展に行くこと。
⑮ Mac。Vectorworks、SketchUp
⑯ 他の卒業設計展に比べ、広い範囲から多くの卒業設計が集まる場所。その中で自分の設計を見直せる場所。

日本三　ID158　中家 優
(AB型・射手座)

① 素直にうれしいです。
② 輪中の人々。
③ 輪中。
④ 設計密度。
⑤ 日本一を決める場に参加したかったので。
⑥ 設計は楽しかったので、あまり苦痛ではなかったです。体力的には模型が大変でした。
⑦ 専攻内で1番でした。

⑧設計との選択で、卒業論文は書いていないです。
⑨NTTファシリティーズ。
⑩新幹線。
⑪父が建具屋で、その影響で工業高校に進学したことです。
⑫設計。
⑬塚本由晴、貝島桃代、内藤廣、島田陽、長谷川豪。
⑭乃木坂46、欅坂46、日向坂46。
⑮Windows、Vectorworks。
⑯卒業設計の日本一を決める場。

特別賞 ID071 長谷川 峻
(B型・射手座)

①ありがたいです。
②支えてくれた家族や先輩、後輩、切磋琢磨した同期です。
③都市特有の居心地、感覚、浮遊感。
④わかりません。
⑤冊子で、闘っている先輩たちの姿を見てかっこいいと思ったから。
⑥自分の都市に対する思いをどうやって形にしていくか。
⑦優秀賞でした。
⑧卒業論文は書いていません。
⑨大学院に進学します。
⑩LCC。
⑪写真集を見たこと。
⑫問題提起ができるところ。その上、人を内包しているところ。
⑬平田晃久、安藤忠雄。
⑭映画。
⑮Windows、Rhinoceros。
⑯本当にいい機会をくださった大会でした。

特別賞 ID155 坂井 健太郎
(A型・水瓶座)

①ほんとに!?
②井上研究室のみんな、井上先生、僕に建築のたのしさ、奥深さを教えてくれた人たち、家族、友だち。
③人と建築と自然環境の関係性。
④さまざまな視点から設計したこと。
⑤平田晃久審査員長をはじめとする建築家たちがこの作品に対してどう批評してくださるのか、とても気になったから。
⑥提案をまとめること。
⑦学内1位でした。
⑧卒業論文は書いていません。
⑨横浜国立大学大学院。
⑩飛行機で。
⑪某ゼネコンのCMをみて。
⑫可能性にあふれているところ。
⑬青木淳、平田晃久、藤本壮介、BIG。
⑭散歩。
⑮Windows、AutoCad。
⑯現在の立ち位置、これからのスタートの切り方、同じ志を持つ同世代を確認する場。

FINALIST ID022 福岡 優
(不明・天秤座)

①受賞は逃したが、うれしい。
②受賞は逃したが、恩師、友人、家族。
③言葉で語らないこと。
④精密な論理を放り捨てて、感性と批評性そしてユーモアで建築を構築したことが、敗因であり、勝因でもある。
⑤全国の同年代の中での自分の立ち位置を確かめたかったから。
⑥やりたいことが多すぎてテーマが二転三転し、まとめきれなかったこと。
⑦松ヶ崎(最優秀)賞と内藤廣賞でした。

⑧卒業論文は書いていない。
⑨京都工芸繊維大学大学院。
⑩夜行バス(京都-仙台)。
⑪2015年、金沢21世紀美術館で催された『JAPAN ARCHITECTS1945-2010』展で白井晟一、大谷幸夫、磯崎新、高松伸らの図面と模型に衝撃を受け、本格的に志した。
⑫人によって作られたものでありながら、人を従わせているところ。
⑬Rem Koolhaas、Aldo Rossi、磯崎新、Valerio Olgiati、Piranesi、Alberti、Vitruvius、公衆浴場を建設した古代ローマの皇帝たち。
⑭ブック・デザイン。
⑮Mac、Rhinoceros。
⑯憧れの舞台。近年、SDLのみならず卒業設計イベント全体に勢いが失われつつあるが、やはり学外で評価されるとうれしいし、悔しい。それがこれからの建築人生の糧になると思うので、10年後、20年後も建築学生の憧れの舞台として存在し続けてほしい。

FINALIST ID058 工藤 浩平
(O型・天秤座)

①うれしい。
②妻氏。
③伝えること。
④ファンタジー枠。
⑤有名なコンテストなので。
⑥世界をつくること。
⑦良かった。
⑧卒業論文はなく、卒業設計のみ。
⑨今のところ就職。
⑩自動車。
⑪人の心を豊かにするものが創りたかった。
⑫人の心を豊かにすること。
⑬たくさんいる。
⑭今読んでいる本の続き。
⑮Mac、illustrator。
⑯海外からは冷ややかな目で見られているらしいけど、そんなのお構いなしって姿勢が日本の将来を照らしていて好き。

FINALIST ID170 鈴木 遼太
(O型・獅子座)

①受賞していないので悔しい気持ちですが、この舞台に上がることができて良かったです。
②家族、師、仲間たちに伝えました。
③モノの在りようこそが我々の設計領域であること。その先の住みこなしを描くことは建築家のエゴであり、それを下支えする土台としての強度を持った建築を作りたいという意志。
④敗因は審査員の望む回答をすることを拒んだことだと思います。尖っていられるのも学生のうちだけだと思うので、後悔はしていません。嘘です、少しだけ後悔しています。
⑤理由はありませんが、強いて言うなら、そこに「せんだい」があったから、でしょうか。
⑥やはり貯蓄のためのアルバイト。朝はガソリン・スタンド、夜は居酒屋で働いていました。
⑦10選でした。SDLと同じです。
⑧卒業論文には取り組んでおりません。
⑨同研究室(明治大学構法計画研究室)修士課程に進学します。
⑩6時間のドライブを同志たちと楽(苦)しみながらやってきました。
⑪高校時代の同期たち(うち1人は、同ファイナリストの工藤浩平)が建築学科を志していることに影響され、門をたたきました。
⑫対話できるところ。

⑬好きな建築家は福島加津也です。
⑭グルメ情報には常にアンテナを張っています。
⑮Windows、Vectorworks。
⑯僕の名を全国に轟かせるための舞台。

FINALIST ID272 川永 翼
(O型・乙女座)

①反省できる喜びが大きいです。
②この作品に関わり支えてくれた人々に感謝と愛を伝えたいと思います。
③未現像の祖父の記憶と記憶術について。
④この作品を言語化し、相手に伝えることができなかったこと。
⑤理由を考える前に応募していた。
⑥作品の内容を伝えるためのプレゼンテーション。
⑦卒業設計選奨と非常勤賞。
⑧卒業論文はありません。
⑨秘密。
⑩自動車。
⑪父親が建設業をしているため。
⑫よくわからないけど魅力がある。
⑬立原道造とJohn Heiduk。
⑭服飾、詩、記憶。
⑮Mac、Vectorworks。
⑯夢の始まり。

FINALIST ID401 畠山 亜美
(O型・山羊座)

①自分のことを信じて頑張ってきて、その成果をSDLで評価していただけて、良かったです。心からうれしいです。
②模型のお手伝いのみならずいろいろな場面でサポートしてくれた後輩たち、本当に本当に切磋琢磨し合った同期のみんな、好き放題やっている私をどんな時も支えてくれた家族、平賀さん、ゆうしさん、感謝しきれないです。ありがとうございました。
③とにかく、自分の熱意。粟島を建築を自分の卒計を好きな気持ちを伝えることに、全力を注ぎました。
④自分のできるフィールドじゃない!! と感じた部分には風呂敷を広げ過ぎず、自分が今まで生きてきて学んだこと、培ってきたことを発揮しようと努力したことにあると思います。要するに、楽しんだこと。
⑤すごくすごく頑張って模型を作ってくれた後輩のみんなに、自分の勇姿を見せられるチャンスが1ミリでもあるのでは!? と思い、必ず応募しようと決めていました。
⑥こんな案じゃ釜谷の人たちに怒られそうだ、と集落の人たちの顔を思い浮かべながら、自分のやりたいことと調整していくことに葛藤がありました。特に、死者を弔う、ということについてヨソモノの私が建築で何ができるのか、ということをずっと考えていました。
⑦大学では最優秀賞を取ることはできませんでした。敗因はプレゼンテーションにあったと思っていて、そこからSDLの舞台までにかなり練習しました。
⑧新潟県粟島浦村釜谷における集落構造に関する研究——敷地内の通路利用からみる集住のしくみ(卒業設計の敷地と同じ釜谷集落で、建築と道と地縁血縁関係から、集落構造を見ていきました)。
⑨東京大学の川添准教授のところに行きます。
⑩研究室の同期5人で車で来ました。
⑪中学生の頃、数学と絵を描くことが好きだった私に、担任の教師がすすめてくれました。
⑫建築をとおしていろいろな世界に触れられること、が楽しいです。
⑬tomito architecture。
⑭民俗学、文化人類学、社会学の本をたくさん読みたいです。
⑮Mac、Vectorworksです。
⑯建築学生の祭です。圧倒的な数の作品に、血がたぎります。

表裏一体──SDL連動特別企画
特別講評会企画「エスキス塾」

選外の出展者にも講評がもらえる場

*文中の出展作品名は、サブタイトルを省略。
*文中の（　）内の3桁数字は、出展者のID番号。

SDLの良し悪しは、もはや「エスキス塾」にかかっている!?

堀井 義博（講評者、建築家）

「バザール（市場）型」の議論の場

エスキス塾は、全国から集まったさまざまな条件に基づくさまざまな設計提案について異種格闘技戦的に1位を決めようという「カテドラル（伽藍）型」の性格を持つ本選に対し、優劣は決めずにさまざまな設計提案の建築的可能性を、それぞれのままに議論しようという「バザール（市場）型」の性格を持つ。

4回めの今年は、本企画の発案者である五十嵐太郎（東北大学教授、アドバイザリーボード）がどうしても都合が付かなかったため、筆者と建築家の西澤高男に、ゲストとして建築家の髙橋一平を加えた3人で講評に当たった。本選への出展数は昨年とほぼ同数の331作品（昨年は332作品）で、その内、講評の対象としたのは39作品だった（表1参照）。

やり方は昨年同様、主にパネル1枚のみを用いた2分間のプレゼンテーション（以下、プレゼン）を原則、5作品ずつ。ほとんどの参加学生が本選に模型も出展していて、同じ建物内に模型があるにも関わらず、本企画ではそれらの写真だけで、実物を全く用いないことの不自然さと不自由さを感じた。この企画にはまだまだ改良の余地がある。

建築の主題へと置き換える力

毎年見かけるが、プロジェクトの入口から全く中に入れてないケースが多々ある。具体的に言うと、ある種の社会問題を「入口」としてとらえることはできているが、それを建築的な問題に置き換えられず、結果、建築的思索へと全く至ってない。その点、ゲスト講評者、髙橋一平の建築的な瞬発力には目を見張った。未だ自分の言葉を見出せていない学生による、わずか2分間の拙いプレゼンにもかかわらず、彼は瞬時に量的・形態的・関係的問題として提案内容をとらえ直し、すなわち建築の主題へと置き換える。このダッシュ力に筆者は強く刺激された。建築を志す者は、この力を身に付けない限り、社会問題は依然として社会問題のままであり、建築的主題として育てることができない。その結果「よのなかにはこーゆーもんだいがあります」という単なる「ぼくのべんきょうしたことのはっぴょう」に留まってしまう。そこから抜け出すには、まずはこの瞬発力を身に付けねばならない。それには事象を量的・形態的・関係的にとらえるトレーニングが不可欠だ。

参加者が膨れる締めの懇親会

記憶に残ったのは濱川はるか（005）、高橋向生（020）、河野茉莉子（050）、堀口真貴乃（178）、泉智佳子（195）、細坂桃（211）、それに岩花建吾（295）など。高橋案『生き継ぐ家』（020）は、プラン（平面計画）を更新しつつ代々受け継がれた家の新たな更新を考える作品だったが、プランだけで屋根（架構）が欠けていた。屋根があればもっと建築的提案になり得た。河野+永島+伊藤案『109*2.0』(050)はファイナリストの手前まで勝ち残った秀作。東京、渋谷の道玄坂の顔である商業施設「109」を置き換えることで、シェアやeコマース[*1]などの拡大が20世紀型消費に取って代わりつつある様を表現しようとする建築的な提案だった。泉案『知覚の奥行き』(195)の提案内容自体は、正直に言えばかなり生煮えだったが、計画の前段階で展開されたアートワークに強く魅了された。

締めの懇親会には、本企画の選出に漏れた学生も自案を持って参加してくれたし、所用から解放された五十嵐太郎も合流した。また福島から建築家の佐藤敏宏も参加し、恒例化しつつある、学生たちへ肉薄取材も行なわれた。こういった裾野の広さこそが、本企画の主要構造なのだと思う。

編註
*1 eコマース：インターネット上で商品やサービスを売買する電子商取引。

表1　SDL2019「エスキス塾」参加者一覧

グループ	作品ID	氏名	学校名	応募	選出の枠
1	006	野間 有朝	京都大学	○	○
1	328	大石 理奈	名古屋工業大学	○	○
1	252	杉崎 広空	筑波大学	○	○
1	060	寺田 亮	東京大学	○	◆
1	470	佐々木 結	東北大学	○	○
2	019	川本 純平	慶応義塾大学	○	○
2	099	芳川 美優花	北海道大学	○	○
2	259	角井 孝行	立命館大学	○	○
2	399	西村 優花	名古屋工業大学	○	○
3	020	高橋 向生	金沢工業大学	○	○
3	362	掛川 真乃子	神奈川大学	○	○
3	253	杉本 萌	昭和女子大学	○	○
3	046	川下 洋和	九州大学	○	●
3	222	大村 駿	新潟工科大学	○	◆
4	027	数宝 奈保	大阪芸術大学	○	○
4	112	相方 健次	秋田県立大学	○	○
4	263	岡田 潤	東京大学	○	○
4	063	田中 優	近畿大学	○	◆
4	023	井上 泰佑	東京大学	○	●
5	045	原 良輔	九州大学	○	○
5	143	夘木 佑佳	東洋大学	○	○
5	322	野々村 竜馬	琉球大学	○	○
5	436	春田 隆道	北九州市立大学	○	○
5	295	岩花 建吾	日本大学	○	◆
6	178	堀口 真貴乃	京都造形芸術大学	○	●
6	175	糸井 梓	信州大学	○	○
6	275	砂古口 真帆	日本大学	○	○
6	434	荒木 俊輔	九州大学	○	○
6	005	濱川 はるか	京都美術工芸大学	○	◆
7	425	中井 彬人	東北大学	○	○
7	195	泉 智佳子	宮城大学	○	○
7	265	杉浦 雄一郎	近畿大学	○	○
7	211	細川 桃	筑波大学	○	◆
7	290	斉 陽介	近畿大学	○	●
8	062	松岡 大雅	慶應義塾大学	○	○
8	050	河野 茉莉子	早稲田大学	○	○
8	359	田村 真子	東京理科大学	○	○
8	469	園田 哲郎	武蔵野大学	○	○
8	167	徳野 友香	千葉大学	○	●

凡例：○は応募による抽選枠　　◆は堀井義博推薦枠　　●は西澤高男推薦枠

*SDL＝せんだいデザインリーグ　卒業設計日本一決定戦
*アドバイザリーボード＝本書5ページ編註1参照。
*仙台建築都市学生会議＝本書5ページ編註2、156～157ページ参照。

さまざまな視点から建築のあり方を考える場

「せんだいデザインリーグ　卒業設計日本一決定戦(以下、SDL)」は、出展者や来場者が、会場に展示された作品を通して対話し、互いにさまざまな価値観を発見する場であると同時に、それぞれがSNSなどで発信することにより、新たな価値観を多くの人々と共有する場でもある。そこで、ファイナル(公開審査)に残った10作品以外の出展者にもプレゼンテーションと講評の機会を与えることを目的として、2016年より、仙台建築都市学生会議の運営で本企画を開催している。
例年どおり、建築学生にとって身近な「エスキス(建築の構想段階に設計案を練るために下図を作成し検討する作業)」という形式で、出展者と講評者が出展作品について対話する。今年は、参加者39人(39作品)が、順次、パネル、ポートフォリオ、学生スタッフの撮影した模型写真を用いて自作についてプレゼンテーション。1作品ごとに、講評者との質疑応答を行なった。
発表者が卒業設計を通じて世界に何を伝えたいのか、今後、学生は建築を通して何を考えるべきかなど、さまざまな視点から建築のあり方を掘り下げ、考えていく議論の場となった。熱く語る講評者と参加者の言葉に、他の参加者のみならず来場者や大会運営スタッフも熱心に耳を傾け、それぞれが考えさせられる場となった。
(菅原 あゆ)

■開催概要
日時：2019年3月4日(月)10:30-12:35／13:30-17:00
場所：せんだいメディアテーク7階スタジオb
講評者：堀井 義博、髙橋 一平、西澤 高男
発表者(参加出展者)：合計39作品39人(表1参照)
応募者：88組
募集：30作品(SDL2019出展登録STEP2〈2019年1月8日～2月8日〉での申込みにより抽選)+9作品(講評者により選出)。
講評者推薦作品は、講評者2人(堀井義博、西澤高男)が応募者の中から候補作品を事前(3月2日)に定員数より多めに選出し、上位から順に連絡して了解が取れた人を発表者に決定。発表者に辞退者やファイナリストが出た場合は、原則として、抽選により落選した応募者から繰り上げ(今年は応募枠28作品、推薦枠11作品)。
講評会：[プレゼンテーション(1作品2分×5組＝10分)+質疑応答18分]×8グループ。
原則として作品ID順(到着出発時間に制約のある発表者の順序は調整)に発表者5組(作品)を1単位とする8グループに分け、グループ順に進行。発表者が順次、出展したパネル、ポートフォリオ、学生スタッフが撮影した模型写真を使って自作を説明した後、作品ごとに講評者による質疑応答。観覧者からの質疑は受け付けない。全作品の発表終了後、講評者全員より総評(15分程度)。
来場者数：約120人(出展者：約100人、一般来場者：約20人)

講評者プロフィール

堀井 義博　ほりい・よしひろ
建築家
東海大学、慶應義塾大学、東北大学大学院、宮城大学、宮城学院女子大学などで非常勤講師を務める。2012年、小島善文、福屋粧子とAL建築設計事務所を共同設立。

髙橋 一平　たかはし・いっぺい
建築家、横浜国立大学助教、法政大学非常勤講師
西沢立衛建築設計事務所を経て、髙橋一平建築設計事務所を設立、主宰。

西澤 高男　にしざわ・たかお
建築家、メディアアーティスト、東北芸術工科大学准教授／SDL2019予選審査員、アドバイザリーボード。(本書112ページ参照)

関連企画やイベントに参加して SDL2019をもっと楽しむ —— 仙台建築都市学生会議とは

全国の建築学生が卒業設計日本一をめざし、白熱した議論を繰り広げる審査と並行して、
会期中、会場の随所では来場者をもてなす企画が、学生会議によって実施されている。
こちらにもぜひ立ち寄ってSDLを満喫してほしい。

梱包日本一決定戦

本選連動企画

SDLに出展する提出物と巨大で繊細な模型を、無事に仙台まで送り届けるために必要不可欠なもの、それは梱包である。
これまでの大会でも、梱包自体をも出展者の作品としてとらえ、強度、中身の取り出しやすさ、運びやすさ、機能美、この4点においてすぐれているものを「梱包日本一決定戦」という形で表彰してきた。17回めを迎える今大会でも、学生会議の企画運営局が主体となり、すぐれた梱包を選出した。
今年もアイディアにあふれる梱包が数多くある中で、見事、日本一に選ばれたのは、千葉大学の三枝亮太さん(ID254)の梱包である。この梱包は、外箱のどの面もダンボールが分厚くなっているため、かなりの強度を誇っている。また、ポートフォリオとパネルの形を型取った収納スペースや、スペーサー(空間を確保するための器具)を必要としないスタイロフォーム製の壁でできた模型の収納スペースがある。無駄がなく機能美にすぐれているこの梱包が日本一となった。
日本二に選ばれたのは、工学院大学の荒金菜緒さん(ID301)の梱包である。この梱包は、外箱に設けた立て付けの良い片開き扉を開けると、中には動物のイラストが付いた小さな扉が4つ現れる。動物のイラストで模型の場所がわかりやすく記されていた。その扉を開けると、内部に模型を保護するシートが貼られているのでスペーサーが必要ない。コンパクトな外観と動物のイラストが可愛らしいと女性陣からの人気が高かった。
日本三に選ばれたのは関東学院大学の甘利優さん(ID109)の梱包である。この梱包は、例年増えてきているタンス型だが、それだけでは終わらない。それぞれの段が手前にスライドするため、とても模型を出し入れしやすいつくりになっている。さらに、すべての段に描かれた模型のイラストにより、どの模型をどこにしまうのかがわかりやすく記されていた。これは他の梱包には見られないすぐれた工夫だと評価された。

(鈴木 佳祐)

梱包日本一=三枝亮太(千葉大学、ID254)

梱包日本二=荒金菜緒(工学院大学、ID301)　　梱包日本三=甘利優(関東学院大学、ID109)

審査日時:2019年3月1日(金)18:00-19:00
審査場所:smt 6階ギャラリー4200 南側ホワイエ
審査員:仙台建築都市学生会議企画運営局
受賞:梱包日本一=三枝亮太(千葉大学、ID254)
　　梱包日本二=荒金菜緒(工学院大学、ID301)
　　梱包日本三=甘利優(関東学院大学、ID109)
賞品:梱包日本一=ライカジオシステムズ「レーザー測定器」(提供:仙台建築都市学生会議)
　　梱包日本二、梱包日本三=賞状

カフェ企画

Cafe yomnom
カフェ ヨム ノム

毎年、300以上の作品が出展されるSDLの会場でしか味わうことのできないコンテンツの1つとして「Cafe yomnom」がある。飲食の禁止された会場内でも、コーヒーや菓子を楽しむことのできるスペースだ。今年のカフェでは特に、コーヒーにこだわり、1杯1杯挽きたてのコーヒー豆を使用。例年よりも薫り高いコーヒーを提供できた。また、「40計画」*1のマフィンは、例年より豊富な種類を大量に用意し、昨年以上の売り上げとなった。一方、カフェ・スペースには、例年同様に、過去3年分の出展作品ポートフォリオを展示。今年の出展作品に加えて、過去の作品にも触れられる唯一の場となった。さらに、スペース内に設置したモニタ1台で、過去にファイナリストに輝いた出展者の現在を取材した映像「ファイナリスト——栄光のその先」(右ページ記事参照)を観覧できるのも魅力だ。会期中、来場者同士が建築への議論を深め、語り合うことのできる空間となった。

(宍戸 千香)

註
*1 「40計画」:手作りマフィンが人気の仙台市青葉区本町にある洋菓子店。

日時:2019年3月3日(日)10:00-19:30/3月4日(月)-8日(金)10:00-18:00/
3月9日(土)10:00-15:00
場所:smt 7階スタジオa(3-4日)/ smt 6階ホワイエ(5-9日)
メニュー:コーヒー(100円)、マフィン6種類(各300円、350円)
協賛:株式会社シェルター
協力:40計画
*価格はすべて税込。

ファイナリスト——栄光のその先　第5回

取材映像企画

SDLは今年で17回めを迎え、これまでに数多くのファイナリスト（上位10選）が誕生してきた。ファイナリストは公開審査において一流の建築家（審査員）の前でプレゼンテーションを許された稀少な存在である。過去のファイナリストを取材して、大会当時の話や現在の様子を映像で紹介するこの企画では、今回、「動く建築」というテーマにスポットライトを当て、2人の過去ファイナリストの現在に迫った。

1人めはSDL2014で日本一受賞の岡田翔太郎氏（岡田翔太郎建築デザイン事務所商事合同会社主宰）。石川県七尾市に200年以上続く祭の山車である「でか山」を建築として徐々に街の中に点在させていき、「祭」という非日常を100年後の未来には日常にするという幻想的な提案をした。ポートフォリオや図面、模型、綿密な計画内容から伝わってきた莫大な熱量は、現在の建築学生にも大きな影響を及ぼし続けている。2人めは、SDL2018で日本一受賞の渡辺顕人氏（建築設計事務所勤務）だ。人工的な生命体の中に建築のアクティビティ（機能や活動）を入れることで、自然環境そのもののように振る舞う建築を提案。アップデートや進化を想定し、情報空間をデジタル・デザインによる新しい建築の可能性として示した。大会で模型が実際に動いている様子は、場内の観客に一際強烈なインパクトを与えた。

今回の取材によって、彼らが今どんなことに取り組んでいるのか、卒業設計が現在の彼らにどのような影響を与えたのかを知ることができた。来場者の大半を占める建築学生は、この映像を見て、彼らの言葉から何を感じ、どんな未来を創造しただろうか。

（宍戸　千香）

*smt＝せんだいメディアテーク
*SDL＝せんだいデザインリーグ　卒業設計日本一決定戦
*学生会議＝仙台建築都市学生会議

SDL2018日本一の渡辺顕人氏。

◆本編および過去のファイナリストへのインタビュー映像上映
日時：2019年3月3日（日）-9日（土）カフェの営業時間中随時
場所：Cafe yomnomのモニタ（左ページ記事参照）
上映時間：本編9分50秒／過去の映像9分24秒
◆紹介記事
SDL2019公式パンフレット（10-11ページに紹介記事掲載）
*会期中に上映した映像は、YouTubeの仙台建築都市学生会議公式チャンネル（右のQRコード）で視聴できる。
YouTube URL=https://youtu.be/CHngqGblW-Y

SDL2014日本一の岡田翔太郎氏。

SDLをsmtと共催、運営する
仙台建築都市学生会議とは

 せんだいメディアテーク
せんだいデザインリーグ
卒業設計日本一決定戦
共同開催

仙台建築都市学生会議

建築を学ぶ有志学生
東北大学
東北学院大学
東北工業大学
東北芸術工科大学
宮城大学
宮城学院女子大学
山形大学
仙台高等専門学校

定期的な情報の受け渡しとアドバイスの享受

アドバイザリーボード

阿部 仁史／五十嵐 太郎／石田 壽一／小野田 泰明／小杉 栄次郎／斎藤 和哉／櫻井 一弥／竹内 昌義／佃 悠／恒松 良純／土岐 文乃／友渕 貴之／中田 千彦／西澤 高男／馬場 正尊／福屋 粧子／堀口 徹／本江 正茂／厳 爽　　*氏名は50音順

仙台建築都市学生会議とは、仙台を中心に建築を学ぶ有志の学生が大学の枠を超えて集まり、せんだいメディアテークを拠点として活動している建築学生団体である。2001年のせんだいメディアテーク開館を機に設立された。
私たち学生会議は、建築や建築を取り巻くデザインに関わる活動を行なっている。主な活動として、社会に対する問題提起として設定したテーマで設計を進めるテーマ設計をはじめ、メンバーが互いにプレゼンテーションをする建築の勉強会、各大学の課題講評会、建築家を招いたレクチャー、即日設計、建築ツアーなどが挙げられる。
そして毎年3月には、せんだいデザインリーグ卒業設計日本一決定戦（SDL）をせんだいメディアテークと共同開催している。

（宍戸　千香）

団体名：仙台建築都市学生会議
設立年度：2001年
活動拠点：せんだいメディアテーク
毎週水曜日に通常会議を開催
2018年度代表＝遠藤 空瑠（仙台高等専門学校専攻科1年）
　　　副代表＝芦野 拳士（東北工業大学3年）
http://gakuseikaigi.com/index.html
info@akuseikaigi.com

2003
千住百面町

2004
都市は輝いているか

2005
gernika "GUERNIKA" museum

2006
積層の小学校は動く

2007
kyabetsu

2008
神楽岡保育園

2009
Re: edit... Characteristic Puzzle

2010
geographic node

Award Winners　過去の入賞作品 2003-2018

2003

- 日本一　庵原義隆　東京大学　『千住百面町』
- 日本二　井上慎也　大阪大学　『hedora』
- 日本三　秋山隆浩　芝浦工業大学　『SATO』
- 特別賞　小山雅由　立命館大学　『軍艦島古墳』
- 　　　　納見健悟　神戸大学　『Ray Trace...』
- 審査員長　伊東豊雄
- 審査員　塚本由晴／阿部仁史／小野田泰明／仲隆介／槻橋修／本江正茂
- 登録作品数232　出展作品数152
- 展示3/7-9・公開審査3/9
- 会場　せんだいメディアテーク 1階オープンスクエア

2004

- 日本一　宮内義孝　東京大学　『都市は輝いているか』
- 日本二　永尾達也　東京大学　『ヤマギハ／ヤマノハ』
- 日本三　岡田朋子　早稲田大学　『アンブレラ』
- 特別賞　稲垣淳哉　早稲田大学　『学校錦繍』
- 　　　　南俊允　東京理科大学　『OVER SIZE BUILDING──おおきいということ。その質。』
- 審査員長　伊東豊雄
- 審査員　阿部仁史／乾久美子／小野田泰明／竹山聖
- 登録作品数307　出展作品数207
- 展示3/10-16・公開審査3/14
- 会場　せんだいメディアテーク 6階ギャラリー4200

2005

- 日本一　大室佑介　多摩美術大学　『gernika "GUERNIKA" museum』
- 日本二　須藤直子　工学院大学　『都市の原風景』
- 日本三　佐藤桂火　東京大学　『見上げた空』
- 特別賞　石沢英之　東京理科大学　『ダイナミックな建築』
- 　　　　藤原洋平　武蔵工業大学　『地上一層高密度日当たり良好（庭付き）住戸群』
- 審査員長　石山修武
- 審査員　青木淳／宮本佳明／竹内昌義／本江正茂
- 登録作品数523　出展作品数317
- 展示3/11-15・公開審査3/13
- 会場　せんだいメディアテーク 6階ギャラリー4200

2006

- 日本一　中田裕一　武蔵工業大学　『積層の小学校は動く』
- 日本二　瀬川幸太　工学院大学　『そこで人は暮らせるか』
- 日本三　大西麻貴　京都大学　『図書×住宅』
- 特別賞　三好礼益　日本大学　『KiRin Stitch──集合住宅再開発における森林共生建築群の提案』
- 　　　　戸井田雄　武蔵野美術大学　『断面』
- 審査員長　藤森照信
- 審査員　小川晋一／曽我部昌史／小野田泰明／五十嵐太郎
- 登録作品数578　出展作品数374
- 展示3/12-16・公開審査3/12
- 会場　せんだいメディアテーク 6階ギャラリー4200

2007

- 日本一　藤田桃子　京都大学　『kyabetsu』
- 日本二　有原寿典　筑波大学　『おどる住宅地──A new suburbia』
- 日本三　桔川卓也　日本大学　『余白密集体』
- 特別賞　降矢宜幸　明治大学　『overdrive function』
- 　　　　木村友彦　明治大学　『都市のvisual image』
- 審査員長　山本理顕
- 審査員　古谷誠章／永山祐子／竹内昌義／中田千彦
- 登録作品数708　出展作品数477
- 展示3/11-15　会場　せんだいメディアテーク 6階ギャラリー4200
- 公開審査3/11　会場　せんだいメディアテーク 1階オープンスクエア

2008

- 日本一　橋本尚樹　京都大学　『神楽岡保育園』
- 日本二　斧澤未知子　大阪大学　『私、私の家、教会、または牢獄』
- 日本三　平野利樹　京都大学　『祝祭都市』
- 特別賞　荒木聡、熊谷祥吾、平須賀信洋　早稲田大学　『余床解放──消せないインフラ』
- 　　　　植村康平　愛知淑徳大学　『Hoc・The Market──ベトナムが目指す新しい国のスタイル』
- 　　　　花野明奈　東北芸術工科大学　『踊る身体』
- 審査員長　伊東豊雄
- 審査員　新谷眞人／五十嵐太郎／遠藤秀平／貝島桃代
- 登録作品数631　出展作品数498
- 展示3/9-15　会場　せんだいメディアテーク 6階ギャラリー4200／7階スタジオ
- 公開審査3/9　会場　仙台国際センター 大ホール

2009

- 日本一　石黒卓　北海道大学　『Re: edit... Characteristic Puzzle』
- 日本二　千葉美幸　京都大学　『触れたい都市』
- 日本三　卯月裕貴　東京理科大学　『THICKNESS WALL』
- 特別賞　池田隆志　京都大学　『下宿都市』
- 　　　　大野麻衣　法政大学　『キラキラ──わたしにとっての自然』
- 審査員長　難波和彦
- 審査員　妹島和世／梅林克／平田晃久／五十嵐太郎
- 登録作品数715　出展作品数527
- 展示3/8-15　会場　せんだいメディアテーク 6階ギャラリー4200／5階ギャラリー3300
- 公開審査3/8　会場　東北大学百周年記念会館 川内萩ホール

2010

- 日本一　松下晃士　東京理科大学　『geographic node』
- 日本二　佐々木慧　九州大学　『密度の箱』
- 日本三　西島要　東京電機大学　『自由に延びる建築は群れを成す』
- 特別賞　木藤美和子　東京藝術大学　『歌潮浮月──尾道活性化計画』
- 　　　　齊藤誠　東京電機大学　『つなぐかべ小学校』
- 審査員長　隈研吾
- 審査員　ヨコミゾマコト／アストリッド・クライン／石上純也／小野田泰明
- 登録作品数692　出展作品数554
- 展示3/7-14　会場　せんだいメディアテーク 6階ギャラリー4200／5階ギャラリー3300
- 公開審査3/7　会場　東北大学百周年記念会館 川内萩ホール

2011
パレードの余白

2012
神々の遊舞

2013
工業の童話
——パブりんとファクタロウ

2014
でか山

2015
都市の瘡蓋(かさぶた)と命の記憶
——広島市営基町高層アパート減築計画

2016
初音こども園

2017
剥キ出シノ生　軟禁都市

2018
建築の生命化

Photos (2003-2005, 2017-2018) by the winners of the year.
Photos (2006-2011) by Nobuaki Nakagawa.
Photos (2012-2016) by Toru Ito.

2011
- 日本一　冨永美保　芝浦工業大学　『パレードの余白』
- 日本二　蛯原弘貴　日本大学　『工業化住宅といっHENTAI住宅』
- 日本三　中川沙織　明治大学　『思考回路factory』
- 特別賞　南雅博　日本大学　『実の線／虚の面』
- 　　　　大和田卓　東京理科大学　『住華街』
- 審査員長　小嶋一浩
- 審査員　西沢大良／乾久美子／藤村龍至／五十嵐太郎
- 登録作品数713　出展作品数531
- 展示3/6-11　会場　せんだいメディアテーク 6階ギャラリー4200／5階ギャラリー3300
- 公開審査3/6　会場　東北大学百周年記念館 川内萩ホール

2012
- 日本一　今泉絵里花　東北大学　『神々の遊舞』
- 日本二　松井一哲　東北大学　『記憶の器』
- 日本三　海野玄陽、坂本和繁、吉川由　早稲田大学　『技つなぐ森』
- 特別賞　西倉美祝　東京大学　『明日の世界企業』
- 　　　　塩原裕樹　大阪市立大学　『VITA-LEVEE』
- 　　　　張昊　筑波大学　『インサイドスペース オブ キャッスルシティ』
- 審査員長　伊東豊雄
- 審査員　塚本由晴／重松象平／大西麻貴／櫻井一弥
- 登録作品数570　出展作品数450
- 展示3/5-10　会場　せんだいメディアテーク 6階ギャラリー4200／5階ギャラリー3300
- 公開審査3/5　会場　東北大学百周年記念館 川内萩ホール

2013
- 日本一　高砂充希子　東京藝術大学　『工業の童話——パブりんとファクタロウ』
- 日本二　渡辺育　京都大学　『世界の終りとハードボイルド・ワンダーランド』
- 日本三　柳里穂子　多摩美術大学　『遺言の家』
- 特別賞　田中良典　武蔵野大学　『漂築寄(ひょうちくき)——旅する建築　四国八十八箇所編』
- 　　　　落合萌史　東京都市大学　『落合米店』
- 審査員長　高松伸
- 審査員　内藤廣／宮本佳明／手塚由比／五十嵐太郎
- 登録作品数777　出展作品数415
- 展示3/10-17　会場　せんだいメディアテーク 6階ギャラリー4200／5階ギャラリー3300
- 公開審査3/10　会場　東北大学百周年記念館 川内萩ホール

2014
- 日本一　岡田翔太郎　九州大学　『でか山』
- 日本二　安田大顕　東京理科大学　『22世紀型ハイブリッドハイパー管理社会——失敗した郊外千葉ニュータウンと闇市から展開した立石への建築的転写』
- 日本三　市古慧　九州大学　『界隈をたどるトンネル駅』
- 特別賞　齋藤弦　千葉大学　『故郷を歩く』
- 　　　　城代晃成　芝浦工業大学　『地景の未来——長崎と建築土木(ふうけい)の編集』
- 審査員長　北山恒
- 審査員　新居千秋／藤本壮介／貝島桃代／五十嵐太郎
- 登録作品数555　出展作品数411
- 展示3/9-16　会場　せんだいメディアテーク 6階ギャラリー4200／5階ギャラリー3300
- 公開審査3/9　会場　東北大学百周年記念館 川内萩ホール

2015
- 日本一　幸田進之介　立命館大学　『都市の瘡蓋(かさぶた)と命の記憶——広島市営基町高層アパート減築計画』
- 日本二　鈴木翔之亮　東京理科大学　『彩づく連鎖——都市に棲むミツバチ』
- 日本三　吹野晃平　近畿大学　『Black Market Decipher』
- 特別賞　清水襟子　千葉大学　『未亡人の家』
- 　　　　飯田貴大　東京電機大学　『杣(そま)ノ郷閣(きょうかく)——林業を再興するための拠点とシンボル』
- 審査員長　阿部仁史
- 審査員　山梨知彦／中山英之／松岡恭子／五十嵐太郎
- 登録作品数461　出展作品数350
- 展示3/1-6　会場　せんだいメディアテーク 6階ギャラリー4200／5階ギャラリー3300
- 公開審査3/1　会場　東北大学百周年記念館 川内萩ホール

2016
- 日本一　小黒日香理　日本女子大学　『初音こども園』
- 日本二　元村文春　九州産業大学　『金魚の水荘——街を彩る金魚屋さん』
- 日本三　倉員香織　九州大学　『壁の在る小景』
- 特別賞　國清尚之　九州大学　『micro Re: construction』
- 　　　　平木かおる　東京都市大学　『まなざしの在る場所——《写真のこころ》から読み解く視空間』
- 審査員長　西沢立衛
- 審査員　手塚貴晴／田根剛／成瀬友梨／倉方俊輔／小野田泰明／福屋粧子
- 登録作品数545　出展作品数385
- 展示3/6-13　会場　せんだいメディアテーク 6階ギャラリー4200／5階ギャラリー3300
- 公開審査3/6　会場　せんだいメディアテーク 1階オープンスクエア

2017
- 日本一　何競飛　東京大学　『剥キ出シノ生　軟禁都市』
- 日本二　加藤有里　慶應義塾大学　『Phantom——ミュージカル《オペラの座の怪人》の多解釈を誘発する仮設移動型劇場』
- 日本三　小澤巧太郎　名古屋大学　『COWTOPIA——街型牛舎の再興』
- 特別賞　大内渉　東京電機大学　『合縁建縁(アイエンケンエン)——海と共生する千人家族』
- 　　　　森紗月　関東学院大学　『あたりまえの中で——このまちに合った、形式を持つ集落』
- 審査員長　千葉学
- 審査員　木下庸子／谷尻誠／豊田啓介／川島範久／浅子佳英／中田千彦
- 登録作品数511　出展作品数352
- 展示3/5-12　会場　せんだいメディアテーク 6階ギャラリー4200／5階ギャラリー3300
- 公開審査3/5　会場　せんだいメディアテーク 1階オープンスクエア

2018
- 日本一　渡辺顕人　工学院大学　『建築の生命化』
- 日本二　髙橋万里江　東京都市大学　『建物語——物語の空間化』
- 日本三　谷繁玲央　東京大学　『住宅構法の詩学——The Poetics of Construction for industrialized houses made in 1970s』
- 特別賞　平井未央　日本女子大学　『縁の下のまち——基礎から導く私有公用』
- 　　　　柳沼明日香　日本大学　『モヤイの航海——塩から始まる島の未来』
- 審査員長　末光弘淳
- 審査員　赤松佳珠子／磯達雄／五十嵐太郎／門脇耕三／辻琢磨／中田千彦
- 登録作品数458　出展作品数332
- 展示3/4-11　会場　せんだいメディアテーク 6階ギャラリー4200／5階ギャラリー3300
- 公開審査3/4　会場　せんだいメディアテーク 1階オープンスクエア

せんだいデザインリーグ2019
卒業設計日本一決定戦
Official Book

Credits and Acknowledgments
[仙台建築都市学生会議アドバイザリーボード]

阿部 仁史(UCLA)／小杉 栄次郎(秋田公立美術大学)／堀口 徹(近畿大学)／
五十嵐 太郎、石田 壽一、小野田 泰明、佃 悠、土岐 文乃、本江 正茂(東北大学大学院)／
櫻井 一弥、恒松 良純(東北学院大学)／竹内 昌義、西澤 高男、馬場 正尊(東北芸術工科大学)／
福屋 粧子(東北工業大学)／中田 千彦、友渕 貴之(宮城大学)／
厳 爽(宮城学院女子大学)／齋藤 和哉(建築家)

[仙台建築都市学生会議]

窪田 友也、橋本 航、村川 達郎(東北大学)／
小野寺 圭史、高橋 和真、福田 翔平(東北学院大学)／櫛田 海斗(東北芸術工科大学)／
芦野 拳士、伊藤 京佑、伊藤 千尋、大村 崚斗、小山田 陽太、鎌田 勝太、今野 琢音、宍戸 千香、鈴木 佳祐、田中 俊太朗、
千葉 圭一郎、照井 隆之介、中澤 碧、吉田 人志(東北工業大学)／浅倉 雪乃、大高 颯人(宮城大学)／
釜石 知佳、菊森 香奈、櫻井 里香、菅原 あゆ、千葉 江里子、鳥村 美果、結城 菜々美(宮城学院女子大学)／
滝田 真大、米谷 知樹(山形大学)／遠藤 空瑠(仙台高等専門学校)

[せんだいメディアテーク]

清水 有、服部 暁典、林 明子(企画・活動支援室)

With sincere thanks to:
伊東豊雄建築設計事務所

Editorial Director
鶴田 真秀子(あとりえP)

Co-Director
藤田 知史

Art Director & Designer
大坂 智(PAIGE)

Photographers
伊藤 トオル　越後谷 出

Editorial Associates
髙橋 美樹／土居 純／羽佐田 紘之、山原 大歩、田中 悠太／平間 真太郎／長友 浩昭／宮城 尚子／山内 周孝

Producer
種橋 恒夫(建築資料研究社／日建学院)

Publisher
馬場 圭一(建築資料研究社／日建学院)

Special thanks go to the persons concerned

せんだいデザインリーグ2019
卒業設計日本一決定戦 オフィシャルブック
仙台建築都市学生会議 ＋ せんだいメディアテーク 編

2019年8月25日 初版第1刷発行

発行所：株式会社建築資料研究社
〒171-0014 東京都豊島区池袋2-10-7 ビルディングK 6F
Tel.03-3986-3239　Fax.03-3987-3256
http://www.ksknet.co.jp

印刷・製本：図書印刷株式会社

ISBN978-4-86358-643-7
©仙台建築都市学生会議 ＋ せんだいメディアテーク　2019　Printed in Japan
本書の無断複写・複製・転載を禁じます。